Hector MELLIN
Radiesthésiste — Chromologue

SECRETS DES COULEURS
des Pierres, des Métaux, des Fleurs, des Parfums, etc.

Chromo-diagnostic,
Diagnostic des Sexes, Conception Dirigée,
Radiations des Plantes et des Fleurs,
Parfums, Glandes, Microbes et Couleurs,
   Mystères des Pierres Fines et Précieuses,
   La Vie des Métaux,
   Magie, Occultisme, Symbolisme,
   Comment lire dans le Passé, le Présent, le Futur,
Envoûtements Désenvoûtements, Transferts,
Les Vies Successives.

Tome II

SECRETS DES COULEURS

des Métaux, des Pierres, des Fleurs, des Parfums, etc.

OUVRAGES DU MÊME AUTEUR

1. **Radiesthésie Domestique et Agricole.** (Epuisé).
2. **Secrets des Couleurs,** Tome I.
3. **Influences Nocives.** (Machinisme agricole et Equipement Rural).

En préparation

4. **Secrets des Couleurs,** Tome III.
5. **Radiations Nocives émanant des Terrains, des Habitations, des Meubles, des Bibelots, des Bijoux.**

Hector MELLIN

Radiesthésiste-Chromologue

SECRETS DES COULEURS

des Métaux, des Pierres, des Fleurs, des Parfums, etc.

Tome II

Travaux Radiesthésiques
de l'auteur

Radiesthésie Générale

Etude et protection
(des effets d'habillement, tentures, tapisseries, bijoux, objets d'art, bibelots, Maisons, Fermes, Châteaux, Terrains, Sous-sols).

Radiations nocives
Toutes prospections (Règne animal, végétal, minéral)

Radiesthésie Psychométrique

Mesures des facultés naturelles ou acquises, morales et intellectuelles, des aptitudes aux études et professions

Analyses physique et psychique
des qualités et imperfections d'ordre moral, sentimental, commercial et industriel

(d'après photo, écritures, cheveux, effets d'habillement, liquide physiologique, papier ou coton épidermique)

Téléradiesthésie

Recherches à toutes distances : Paris, Province, Etranger

Téléprospections et détections sur plans et cartes
(Mines, Carrières, Eaux, Trésors, Objets perdus, Disparus, etc.)

Ecrire :
Hector MELLIN
Radiesthésiste
42, Rue des Écoles, CHARENTON (Seine)

INTRODUCTION

En présentant notre Tome II « SECRETS DES COULEURS » nous avons pensé que le Tome I n'en serait que les préliminaires.

Le second volume, en effet, comporte une série de chapitres traitant de phénomènes touchant à des forces qui nous environnent de toute part, forces peu connues et peu étudiées jusqu'ici.

Les esprits chagrins seront sans doute choqués de voir figurer aux côtés de la Radiesthésie : la Chimie et l'Alchimie, la Physique et la Métapsychique, la Science et la Foi, la Thérapie et l'Art divinatoire. Mais la Radiesthésie ne permet-elle pas précisément de ramener à un même principe toutes les Sciences ?

Ne nous effrayons donc pas de ces choses peu familières, elles trouvent, non seulement, leur raison d'être mais encore leur explication. Et, si certaines d'entre elles sont de nature à nous faire entrer dans l'Occultisme, nous ne devons pas dédaigner cette possibilité et les rejeter avant d'avoir tenté de comprendre le sens même superficiel de méthodes déductives et intuitives qui permettent de soulever le voile recouvrant le Grand Inconnu.

L'âme a tellement tendance à s'enfoncer dans la matière qu'il n'est pas superflu d'essayer de l'en dégager et de la confronter avec les problèmes de la Destinée en abordant l'étude de choses mystérieuses qui ne sont pas perçues par les sens physiques habituels.

Pour les ignorants, l'occultisme se réfère à la sorcellerie, aux fantômes, aux revenants et à la magie diabolique. Mais pour l'initié « Occultisme » veut dire « Science des Choses Cachées ». « Occulte » signifie donc ce qui est caché. Or, ce qui est caché n'a rien de péjoratif, ni de contraire à la compréhension saine de l'homme équilibré.

Au fond, n'est-ce pas le rôle de la Radiesthésie de prospecter sur tout ce qui est caché ?

Les termes occultisme et occulte épouvantent un peu les esprits non informés. On croit généralement qu'il s'agit spécialement de manœuvres peu honorables, sinon louches.

De là de nombreux critiques qui jugent sans savoir, ou qui n'osent pas dépasser les limites ordinaires de l'homme visible.

— 9 —

Les sciences occultes ne se sont-elles pas présentées à travers tous les âges avec leurs théories, leurs méthodes, leurs procédés, leurs doctrines philosophique, psychologique, métapsychique, morale et sociale dont la connaissance, il faut bien le dire, fut toujours dissimulée aux vulgaires pour n'être réservée qu'à une catégorie d'hommes capables d'utiliser les forces secrètes de la Nature ?

Il est bon de préciser que la Nature comporte des forces saines et des forces malsaines et que, suivant l'esprit désintéressé ou égoïste des individus, on en arrive à envisager la magie bénéfique ou maléfique.

Voilà pourquoi on donne souvent un sens peu favorable à des choses qui provoquent l'inquiétude ou l'appréhension chez ceux qui n'ont pas les connaissances nécessaires ou qui, par hypothèse paresseuse, redoutent de spéculer sur les origines et les destinées de l'Homme et de l'Univers.

— 10 —

En vertu du principe de la communion des vivants et des morts, je verse le fruit de cet ouvrage au bénéfice des âmes de l'Abbé Platel, saint homme, dont j'eus la grâce d'être le dernier baptisé, et de ma sœur Marie-Anne toute jeune ravie aux tristes bonheurs d'ici-bas. Au-delà des morts, ils se sont manifestés à moi pour m'inspirer de la révélation intuitive de Dieu, de l'âme immortelle et faciliter mon élévation au-dessus des réalités matérielles de cette terre.

Hector Mellin.

Charenton, octobre 1941.

SECRETS DES COULEURS
DES MÉTAUX, DES PIERRES, DES FLEURS, DES PARFUMS, etc.

PREMIÈRE PARTIE

CHAPITRE PREMIER

Diagnostic par les couleurs. — Accord de Résonance. — Maladies Positives et Négatives. — Un exemple de Chromo-diagnostic. — Technique du Chromo-diagnostic. — Sens des Interprétations.

DIAGNOSTIC PAR LES COULEURS

Si les couleurs trouvent leurs correspondances dans les plantes, les métaux, les pierres, les roches, les astres, etc., on ne peut, à première vue, repousser l'idée qu'elles s'associent ou s'opposent à des troubles, à des maladies et à des microbes.

En conséquence, une couleur peut être indiquée ou contre-indiquée à un individu sain ou malade.

Ce premier pas franchi, il nous est dès lors facile d'admettre que si une couleur convient à un organisme c'est que ce dernier réclame ses radiations. Si, au contraire, il ne les accepte pas c'est qu'il n'en a nul besoin.

Après cela il nous reste à trouver le moyen de savoir comment une couleur est attirée ou repoussée.

Comme on l'a sans doute déjà deviné, il s'agit d'un procédé radiesthésique.

Naturellement ce problème, encore peu connu, est du ressort du Médecin ou du Vétérinaire, mais peut être aussi de celui du Radiesthésiste-chromologue, sous le contrôle du praticien.

Indiscutablement, il s'agit là d'une méthode d'investigation peu courante mais susceptible de fournir de précieuses indications de contrôle encore non pressenties ou à peine entrevues.

Cette question de chromo-diagnostic a déjà attiré l'attention de nombreux membres du Corps Médical, parmi lesquels nous citerons : les Docteurs FOVEAU de COURMELLES, Jules REGNAULT, Paul CHAVANON, Camille SAVOIRE, Albert LEPRINCE ; les Vétérinaires DESJACQUES et AYSOY.

Le Docteur LEPRINCE a depuis longtemps fait établir une trousse composée de 12 écrans et d'un pendule prismatique qui, au moyen de l'interposition des écrans sur le creux de la main, permet de déceler par réflexes pendulaires certaines altérations organiques.

Par ailleurs, Madame Jacqueline CHANTEREINE, élève du distingué radio-physicien MAGER, emploie des disques colorés qu'elle appelle « syntonisateurs ». Ces disques lui permettent de détecter la nature vibratoire existant entre telle couleur et tel organisme, tel organe humain, tel tissu, telle glande, telle tumeur, tel système de la vie végétative ou fonctionnelle.

Tout en restant dans les modestes limites de notre rôle de radiesthésiste-chromologue, nous avons de notre côté établi une série de correspondances colorées par rapport à certains troubles, maladies et microbes.

Loin de nous la pensée de proclamer infaillibles nos étalonnages, mais nous sommes intimement persuadés qu'entre les mains des médecins-radiesthésistes ou de leurs auxiliaires ils sont de nature à apporter une large contribution dans les moyens cliniques d'investigation appelés à faire partie du chromo-diagnostic.

ACCORD DE RÉSONANCE

On a déjà beaucoup parlé et beaucoup écrit sur l'accord de résonance. Il est un fait indiscutable c'est qu'en radiesthésie il rend d'appréciables services.

En principe — et le radiesthésiste le moins exercé peut le démontrer — lorsque le pendule tourne dans le même sens sur la paume de la main d'un individu et sur un aliment ou une boisson, on dit qu'il y a accord de résonance.

A cet effet, il n'est pas inutile de s'entendre sur le sens des mouvements du pendule.

En se rapportant à la formule électrique de nos jours, plus (+) et moins (—), il est facile de faire un rapprochement avec cette formule et de la prendre comme base de départ pour l'explication des mouvements pendulaires.

Effectivement, si le pendule tourne dans le sens des aiguilles d'une montre — sens horaire — on dit qu'il tourne positivement (+). Cette giration positive correspond au sens bon ou indiqué.

Si le pendule tourne dans le sens contraire des aiguilles d'une montre on dit qu'il tourne négativement (—). Cette giration en sens inverse, ou négative correspond au sens mauvais ou contre-indiqué.

Si le pendule oscille comme un balancier on dit que ce n'est ni bon, ni mauvais. C'est indifférent ou neutre (N).

La compréhension de ce principe est en rapport très étroit avec la fameuse formule des 3 substances — principes de PARACELSE — lesquels sont applicables à tout.

Les anciens alchimistes appelaient cela Pierre Philosophale, une pierre à faire la lumière et non de l'or comme les pseudo-spagiriques le pensaient.

Or, que faut-il pour obtenir la lumière électrique ?

Une électricité positive (+) et une électricité négative

(—). Les deux font l'électricité neutre (N) ou **électricité tout court**.

En réalité l'électricité positive ou négative n'existe qu'en puissance, comme l'écrit Léon Dubs. Il ajoute : aussi longtemps que les deux ne sont pas réunies nous ne voyons rien ; mais seulement au moment précis où les deux se neutralisent, nous voyons l'étincelle qui nous indique la présence de l'électricité neutre (N).

En somme, c'est l'anéantissement de deux corps différents — un (+) et un (—) — donnant naissance à un troisième différent des deux premiers dans le matériel. Absolument comme dans l'immatériel le (+) est égal au futur, le (—) au passé, le (N) au présent.

Voilà ce qui nous fait dire qu'une couleur isolée de sa couleur de contraste est impondérable, mais devient pondérable quand elle est associée à une autre couleur de signe opposé.

C'est le phénomène de polarité dans le travail de l'évolution, laquelle ne peut se manifester que dans la fusion de deux éléments de qualité contraire.

Rappelons qu'il est des couleurs positives, des couleurs négatives et des couleurs neutres. A ce sujet, on voudra bien se reporter à notre « SECRETS DES COULEURS » Tome I, page 105.

Egalement, il est des maladies positives (+), des maladies négatives (—) et des maladies neutres (N). Ces dernières étant des états tendant à la maladie dans le sens de l'infection ou dans celui de l'amélioration.

Notons, en outre, comme le dit encore Léon Dubs, que les maladies ont toutes trois formes avec plusieurs aspects suivant les constitutions et correspondent elles aussi à la doctrine de Paracelse : soufre (+), sel (—), mercure (N). Trois formes que nous retrouvons dans la chimie : une combinaison de deux matières en forme une troisième. Nouvelle affirmation de cette loi universelle.

Ainsi un rhumatisme peut être de forme sanguine (+), musculaire ou lymphatique (—), nerveuse (N).

L'asthme peut être de forme cardiaque (+), catharrale (—), nerveuse (N).

La grippe peut être de forme digestive (+), respiratoire (—), nerveuse (N).

La phtisie peut être de forme sanguine (+), lymphatique (—), nerveuse (N) et ainsi de suite.

Comme on le voit, tout est fait, tout fonctionne selon trois principes primordiaux et fondamentaux : Loi du « Ternaire » se retrouvant dans tous les mondes, dans tous les règnes, dans tous les plans.

L'homme n'échappe pas à cette trilogie. Il est en bonne santé, ou malade ou en instabilité.

Sa santé dépend de l'équilibre des trois éléments soufre, sel et mercure, lesquels correspondent respectivement au jaune (+), au bleu (—) et au gris (N).

On comprend, dès lors qu'une discordance entre les trois substances est un dérèglement, la cause profonde et principale de la dysharmonie, en un mot, le déséquilibre dans la santé.

Il résulte de tout cela que le soufre ou le jaune dominants deviennent, l'un ou l'autre, ou l'un et l'autre, des éléments perturbateurs, de même, une dominance de sel ou de bleu, de même aussi et surtout une dominance de mercure, de gris ou de vert.

Le neutre (N), comme on le sait, résulte du contact ou de l'association d'un élément (+) et d'un élément (—). Produit qu'il faut chercher à éviter au même titre que le produit de l'ultime désintégration du radium : gamma entre alpha (+) et béta (—).

Nul n'est censé ignorer que le gamma est d'ordre électro-magnétique et que tout ce qui est de cette classe est déshydratant, partant de nature à préparer le terrain néoplasique, tout comme le vert d'ailleurs. Par contre, dans le cas d'un cancer évolué, le vert bien dosé et bien appliqué peut créer un phénomène d'interférence pour la plus grande efficacité de la thérapeutique du médecin traitant et, par conséquent, pour le plus grand bien du malade.

*
* *

A la lumière de ce qui précède nous pouvons tirer la conclusion suivante :

Si une couleur fait tourner le pendule dans le sens des aiguilles d'une montre au-dessus de la paume de la main gauche d'une personne, on dira que cette couleur est attirée, qu'il y a accord de résonance, donc indiquée.

Si une couleur fait tourner le pendule dans le sens contraire des aiguilles d'une montre, on dira qu'elle est repoussée, qu'il n'y a pas accord, donc contre-indiquée.

D'autre part, si cette couleur est positive et qu'elle soit attirée nous penserons au lymphatisme ; si la couleur est repoussée, il s'agit fort certainement d'un système sanguin très riche. Inversement, si la couleur est négative et qu'elle soit attirée il ne peut être question que d'un individu pléthorique ; si elle est repoussée, il s'agit probablement d'un système circulatoire très pauvre en globules rouges.

Enfin, si la couleur est neutre (N) comme le vert et qu'elle fasse osciller le pendule, il y a forte présomption pré-cancéreuse.

UN EXEMPLE DE CHROMO-DIAGNOSTIC

Nous sommes appelé par Madame H... auprès de son mari commissaire-priseur.

« On le traite à la morphine, pour qu'il meure sans trop de souffrances », nous déclare la femme de l'Officier public.

« Tel que vous le voyez en ce moment il est dans le coma depuis bientôt deux jours, il est, parait-il, atteint d'un cancer au foie.

Mon gendre, qui est médecin, lui a fait subir plusieurs contre-visites, mais tous les diagnostics abondent dans le sens d'une tumeur maligne devant aboutir à la mort prochaine.

Mon mari est donc condamné. Mais comme on ne sait jamais, je vous ai fait venir pour me dire si c'est vraiment cette terrible maladie qui me l'a amené au bord de la tombe ? »

*
* *

Au moyen de nos témoins colorés, nous diagnostiquons un ulcère à l'estomac, nous ajoutons que le moribond est encore opérable.

C'était un dimanche, le lundi il est transporté en clinique, le mardi il est opéré d'un ulcère à l'estomac, et un mois après, il rentre chez lui pour reprendre ses occupations.

Cela se passait il y a environ quatre ans, et le commissaire-priseur est toujours de ce monde.

TECHNIQUE DU CHROMO-DIAGNOSTIC

Pour procéder au chromo-diagnostic, il est indispensable d'avoir à sa disposition un certain nombre de couleurs principales sur tissu coton.

Nous attachons beaucoup d'importance au support de la couleur qui ne doit jamais être en soie. La modeste satinette ou l'humble gros grain ne seront jamais remplacés par la cellophane ou la gélatine.

Les tons à se procurer sont les suivants :

Violet, bleu-roi, vert-prairie, jaune-serin, jaune-d'or, orangé, rouge-cerise, corail-rose et pourpre.

On y ajoutera le Blanc et le Noir qui ne sont pas des couleurs mais serviront à compléter cette gamme.

En tout 12 bouts de tissu, lesquels superposés de différentes manières donneront par leurs nombreuses combinaisons un lot supplémentaire important de couleurs intermédiaires dont une partie est décrite plus loin.

Voici maintenant la technique essentielle du chromo-diagnostic :

La personne à examiner est assise face au Nord, ou allongée tête-Nord, pieds-Sud.

Dans l'un ou l'autre cas, le sujet présentera la paume de la main gauche, ou offrira son plexus solaire.

Les écrans seront successivement passés en revue, dans leur situation isolée d'abord, et différemment superposés ensuite.

Le pendule sera présenté en oscillation au-dessus de chacun d'eux.

Tant que le pendule tournera dans le sens des aiguilles d'une montre, nous aurons la quasi-certitude que la couleur se rapportant à l'écran convient à la personne examinée, qu'elle lui est indiquée.

Si le pendule tourne dans le sens contraire des aiguilles d'une montre, ceci indiquera que la couleur est repoussée et, par conséquent, ne convient pas.

Si le pendule oscille, on concluera que la couleur est indifférente, mais ce sera aussi une indication que la personne examinée ou un de ses organes ne présente plus un état parfait de santé, mais seulement un déséquilibre pouvant être le prélude de choses graves ou l'indice d'une santé ébranlée en voie d'amélioration.

En définitive, trois natures de réactions pendulaires sont à envisager au-dessus des écrans colorés :

1° La giration positive au-dessus d'une couleur pouvant être indiquée même à titre prophylactique ou pour combattre un trouble, une maladie.

2° La giration négative au-dessus d'une couleur ne convenant pas à un état.

3° L'oscillation qui dénote un état pathologique pouvant pencher dans le sens de l'aggravation ou de l'amélioration.

* *

A noter que l'un ou l'autre des mouvements du pendule peut répondre à un trouble à venir (+), à un trouble passé (—) ou à un trouble présent (N).

Comment faire cette discrimination ?

Dans ce cas, sans écrans colorés, on tiendra dans la main libre une pointe dirigée vers la terre.

Voici les interprétations à ce sujet :

1° Girations directes et vigoureuses en face d'un organe ou organisme sain.

2° Girations indirectes, plus ou moins entretenues suivant la gravité sur un organe ou un organisme malade.

3° Oscillations s'il s'agit d'une maladie ancienne, d'un coup, d'une blessure, d'une intervention chirurgicale passée.

SENS DES INTERPRÉTATIONS

Si l'on pose l'écran blanc sur la paume de la main gauche d'un sujet et que le pendule présenté au-dessus de cet ensemble tourne négativement, autrement dit, s'il est *repoussé* on aura là l'indication d'une bonne santé et d'une grande vitalité.

Au contraire, si le pendule tourne positivement, c'est-à-dire s'il est *attiré*, on conclura à l'un des états suivants :

Epuisement, acidose, décalcification, pleurésie ou bronchopneumonie.

Dans le même ordre d'idées voici toute une série de correspondances :

Ecran *violet*

Repoussé = Psychisme très développé, alcalinité, joie, gaieté.

Attiré = Déficience cérébrale, céphalées, insomnies, tristesse, mélancolie.

Ecran *bleu-roi*

Repoussé = Hypochlorhydrie, hyponervosité, lymphatisme chronique, fièvre, sensation de froid (algidité), perte de la sensibilité à la douleur (analgésie), hydropisie du péritoine (ascite).

Attiré = Acidité stomacale, hypernervosité, inflammation de l'endocarde (membrane qui tapisse le cœur intérieurement), inflammation de la partie musculaire du cœur (myocardite), absence de liquide citrin et alcalin, point de côté (péricardite), angine de poitrine, rate quelquefois percutable.

Ecran *bleu-roi* superposé à l'écran *vert*, ou *bleu-vert*

Repoussé = bonne marche du foie et de la vésicule biliaire.

Attiré = Engourdissement des membres, éruptions vésiculeuses ou pustuleuses, insuffisance hépathique et vésiculaire.

Écran *vert-prairie*

Repoussé = Bonne circulation, sang pur, absence totale d'hérédo-tendance, bon fonctionnement des glandes.

Attiré = Insuffisance hypophysaire et thyroïdienne, furonculose, anthrax, staphylocoque, syphilis acquise ou héréditaire, pyorrhée.

Écran *bleu-roi* + *vert-prairie* + *jaune-serin*, ou *vert-malachite*

Repoussés = Aucune tendance cancéreuse.

Attirés = diathèse épithéliale, tendance néoplasique, ulcères carcinomateux.

Écran *jaune-serin*

Repoussé = Faiblesse musculaire, anémie, tuberculose, **nervosité**, convulsions, spasmes, déminéralisation, dépérissement graduel, pertes séminales involontaires.

        Attiré = Force, système nerveux équilibré.

Écran *jaune-or*
Repoussé = Bonne minéralisation.

        Attiré = Déphosphatation.

Écran *orangé*
Repoussé = Numération globulaire normale, équilibre physique, nerveux et psychique.

        Attiré = Manque de globules rouges, asthme humide, pâles couleurs, troubles pulmonaires et des organes de procréation, nonchalance.

Écran *orangé* + *rouge-cerise* ou *rouge érythrine*
Repoussés = Artério-sclérose, affection veineuse, flux excessif des règles (ménorragie), hémorragie utérine (métrorragie), affections vermineuses.

        Attirés = Flueurs blanches, chlorose.

Écran *rouge-cerise*
Repoussé = Tempérament sanguin et pléthorique, inflammation des bronches, trachéite.

        Attiré = Manque de vitalité, insuffisance cardiaque, chorée **électrique et hystérique.**

Écran *noir*

Repoussé = Diathèse arthritique, hyperacidité.

Attiré = Alcalose, lymphatisme.

Écran *rose*

Repoussé = Optimisme, vigueur.

Attiré = Hystérie, affection nerveuse, neurasthénie, prostration, inquiétude (hypocondrie).

Écran *blanc* + le *noir* ou *gris*

Repoussés = Troubles gastro-intestinaux, vésiculaires et céphaliques, auto-intoxication, vomissements, nausées.

Attirés = Hérédo-tendance.

Écran *mauve*

Repoussé = Discernement sain, grande mémoire, excellente activité cérébrale.

Attirés
Écran *blanc* + le *violet* ou *mauve* = Lymphatisme, amnésie.

Écran *blanc* + le *bleu-roi* ou *bleu-clair*

Repoussés = Virilité, très bonne cérébralité.

Attirés = Folie toxique, insuffisance hypophysaire, asthénie générale, sénilité, frilosité.

Écran *violet* + le *rouge-cerise* ou *violet-rouge*
Repoussés = Sensualité cérébrale.
　　　　　　　　Attirés = Troubles spléniques, hypotension.

Écran *blanc* + *l'orangé* ou *bistre*
Repoussés = Malformation sexuelle.
　　　　　　　　Attirés = Excès d'urée dans les urines (azoturie).

Écran *bleu-roi* + le *jaune-serin* + *l'orangé* ou *vert-mousse*
Repoussés = Maladies des voies urinaires.
　　　　　　　　Attirés = Intoxication par l'ingestion de viandes de conserve avariées (botulisme).

Écran *jaune-serin* + le *noir* ou *noir-jaune*
Repoussés = Très fortement acide.
　　　　　　　　Attirés = Faiblement alcalin.

Écran *violet* + le *blanc* + le *bleu-roi* ou *violacé*
Repoussés = Ivrognerie, hilarité maladive.
　　　　　　　　Attirés = Troubles de la dure-mère, passion du jeu.

Écran *violet* + *l'orangé* ou *pourpre-rouge*
Repoussés = Exagération des plaisirs de la chair.
　　　　　　　　Attirés = Asthénie sexuelle.

Écran *vert* + *le jaune-serin* ou *jaune-vert*
Repoussés = Neurasthénie chronique.
　　　　　　　　　Attirés = Joie exubérante, gaieté irraisonnée.

Écran *bleu-roi* + le *jaune-serin* + *le rouge-cerise* ou *rouge-noir*
Repoussés = Hyperacidité.
　　　　　　　　　Attirés = Hypoacidité.

Écran *jaune-serin* + le *jaune-or* ou *jaune-soleil*
Repoussés = Faiblement acide.
　　　　　　　　　Attirés = Très fortement alcalin.

Écran *bleu-roi* + *vert-prairie* + *jaune-serin* ou *vert émeraude*
Repoussés = Diabète pancréatique.
　　　　　　　　　Attirés = Gravelle, pierre.

Écran *violet* + *rose* ou *indigo spectral*
Repoussés = Folie douce.
　　　　　　　　　Attirés = Génie.

Écran *rouge-cerise* + *l'orangé* + *le violet* ou *grenat-pourpre*
Repoussés = Hystérie.
　　　　　　　　　Attirés = Frigidité.

Écran *rouge-cerise* + le *jaune-serin* + *le violet* ou *brique*.
Repoussés = Bon fonctionne-

ment vésiculaire et de l'intestin.

　　　Attirés = Insuffisance biliaire, diminution des forces par auto-intoxication.

Écran *noir* + *violet* ou *violet-noir*
Repoussés = Hypertrophie des ganglions mésentériques, gonflement, induration et nodosité des glandes.

　　　Attirés = Faiblesse musculaire.

Écran *jaune-serin* + le *vert-prairie* + le *bleu-roi* ou *vert-eucalyptus*
Repoussés = **Suppuration, caries** osseuses, fistules, abcès, goître, ulcères, hypertrophie des glandes endocrines.

　　　Attirés = Manque d'acidité stomacale, insuffisance de secrétion.

Écran *noir* + le *jaune-serin* + le *vert-prairie* + le *bleu-roi* ou *noir-verdâtre*
Repoussés = Saturnisme, morphinisme, alcoolisme.

　　　Attirés = Force, bonne circulation artérielle, tempérance, vieillissement tardif.

Écran *bleu-roi* + le *violet* ou *indigo*
Repoussés = Bon fonctionnement de l'intestin.

　　　Attirés = Mauvaise circulation artérielle.

*
* *

• Nous arrêtons là cette liste des correspondances colorées et des états, pensant bien qu'elle pourra être reprise et considérablement augmentée par les chercheurs.

Les combinaisons sont multiples, comme les maladies d'ailleurs, et laissent la place à de nombreuses autres correspondances ayant pour point de départ les trois couleurs fondamentales, lesquelles permettent d'obtenir plusieurs centaines de tons différents dans un champ élargi des mélanges.

*
* *

Ajoutons en terminant que la superposition des couleurs doit se faire dans l'ordre hiérarchisé du spectre soit : rouge, orangé, jaune, vert, bleu, violet pour les couleurs principales et noir, gris, rose, blanc, mauve, bleu-clair pour les couleurs secondaires.

En conséquence, l'empilage doit se faire en partant du rouge jusqu'au violet d'une part et du noir au bleu-clair d'autre part. Autrement dit le rouge et le noir sont toujours en-dessous et ainsi de suite.

CHAPITRE II

Diagnostic des Sexes

(Etats Conceptionnels)

Diagnostic prénatal. — Œuf fécondé ou non. — Prospection en antenne — Fille ou garçon. — Prospection directe. — Prospection sur photographie. — Procédé des couleurs. — Causes d'erreurs.

DIAGNOSTIC PRÉNATAL.

Le diagnostic prénatal en radiesthésie est une technique peu répandue et dont la faculté consiste à établir un mystérieux accord de résonance par une prise physiologique, à pénétrer mentalement l'intimité des tissus, et à annoncer la nature du sexe à naître.

Certes, la désignation d'un sexe avant sa naissance n'est pas toujours chose très facile ; au surplus, ce problème est loin d'être accessible à tous sans exception.

En vérité, si cette possibilité est l'apanage de quelques privilégiés possédant un don naturel capable de se développer dans le sens des études auxquelles on l'entraîne, elle ne peut, par contre, s'acquérir que très difficilement si l'individualité n'est pas prédestinée.

Nous allons exposer de notre mieux cette technique par laquelle tout sujet doué doit pouvoir se confirmer, s'affirmer et accroître ses avantages naturels dans des analyses où les moyens physiques connus sont encore si peu réguliers.

ŒUF FÉCONDÉ ET NON FÉCONDÉ

C'est par la basse-cour que nous débuterons.

Avant la mise en incubation, une double économie à

réaliser réside dans l'élimination des œufs non fécondés.

En voici le moyen :

On se procurera deux pendules de moyen volume : un en bois blanc peint en blanc, un autre en bois dur peint en noir, préalablement ignifugés au silicate de potasse.

Avant de commencer, on aura soin de désimprégner à l'aimant courbe la table sur laquelle on est appelé à faire cette élimination.

Cela fait, on alignera les œufs du Nord au Sud, avec espacement de quelques centimètres entre chaque. Les deux bouts, ou les chalazes du jaune, dans l'axe magnétique terrestre, la chambre à air, ou le chorion vers le Sud.

Ainsi disposés, on désimprégnera les œufs comme indiqué pour la table.

L'opérateur droitier fera face à l'Ouest, le gaucher face à l'Est.

La main qui tient l'un des deux pendules sera armée d'un témoin double (positif et négatif) cuivre et zinc par exemple. Puis, par prospection directe, c'est-à-dire le pendule présenté au-dessus de chaque œuf, on obtiendra des oscillations au-dessus des œufs non fécondés qui seront mis à part pour la consommation.

Quant aux œufs fécondés, ils donneront lieu à une giration positive pour le sexe mâle, et à une giration négative pour le sexe femelle, suivant le cas.

PROSPECTION EN ANTENNE

Vient ensuite la sélection des futurs sujets (poulettes ou coquelets) suivant que l'élevage se destine à la ponte ou à la chair.

A cet effet, on prendra une plume de poule pondeuse que l'on disposera sur un tissu bleu, et une plume de coq vigoureux sur un tissu rouge ; deux témoins qui serviront respectivement : le premier pour le sexe femelle, le second pour le sexe mâle.

On provoquera l'oscillation du pendule blanc présenté au-dessus du témoin femelle, en même temps que la main opposée pointera chaque œuf à examiner au moyen d'une aiguille métallique à tricoter. Le détecteur tournera positivement pour tous les œufs fécondés femelles, et négativement pour ceux fécondés mâles.

Après un certain nombre de prospections, on aura intérêt à changer de témoin et de pendule. On prendra alors le témoin rouge-plume-coq et le pendule noir. Cette fois on obtiendra des girations positives en face des œufs fécondés mâles et des girations inverses sur ceux fécondés femelles.

Pour conclure, insistons sur la nécessité de bien désimprégner les œufs avant chaque opération, car si ceux-ci ont été apportés par la fermière, gageons que le prospecteur trouvera beaucoup plus de poulettes qu'il en existe en réalité. Au contraire, si c'est le fermier qui les a touchés, les coquelets l'emporteront.

FILLE OU GARÇON

L'exposé qui précède nous amène naturellement à envisager la prospection sur les mammifères supérieurs en général, et sur les humains vivants plus particulièrement; domaine dans lequel le radiesthésiste peut valablement suppléer aux déficiences de la science, et annoncer à la maman en espérance — la conception prise à n'importe quel moment — si c'est fille ou garçon en évolution, dans le fruit qu'elle porte, et dont les formes de l'espèce sont déjà décelables. A peine les deux éléments reproducteurs se sont-ils rencontrés que le sexe est déjà celui d'un futur homme ou d'une future femme.

Cette préconnaissance du sexe, qui semble facile à réaliser à première vue, n'en est pas moins délicate, quant aux précautions à prendre dans le but d'éviter les causes d'erreurs qui sont nombreuses dans les prospections de ce genre.

Certes, ici comme ailleurs, on ne peut prétendre réaliser 100 % de succès. Quelle est donc la science qui peut s'en vanter ? Mais le radiesthésiste rompu peut obtenir 85 à 90 %, ce qui n'est pas négligeable en raison de l'extrême simplicité des moyens utilisés.

PROSPECTION DIRECTE

Aussi bien, lorsqu'il s'agit de faire un diagnostic de sexe « in utéro » on le fera avec le maximum de garantie après le troisième mois de gestation, période de la vie intra-utérine après laquelle le fœtus prend son sexe.

Plus tard, lorsque l'on sera suffisamment sensible, on pourra se dispenser de cette limite et pronostiquer dès les premiers jours de la conception. C'est-à-dire, avant l'apparition des caractères spéciaux dans le travail latent de la sexualité.

La démarcation, entre l'état embryonnaire et l'état de fœtus asexué, ne présente en réalité aucune difficulté particulière à l'opérateur familiarisé, et capable de distinguer les radiations sexuelles en puissance.

Si l'on prend l'exemple d'une femme dont les apparences de grossesse ne font aucun doute, on prendra une mèche de cheveux à la future maman que l'on mettra dans un tissu bleu, puis on la fera allonger sur un tissu noir, tête Nord, pieds Sud ; les deux mains séparées de l'opérateur seront passées dans le sens du corps allongé afin de détruire les radiations étrangères au sujet à prospecter.

Ce travail préparatoire achevé, on aura à la main le pendule blanc et le témoin bleu-cheveux, le tout dégagé du champ radiant de la future maman, et c'est la main opposée, le doigt en antenne, qui pointera l'utérus gravide.

Dans le cas d'une grossesse unipare-fille, le pendule blanc tournera positivement, inversement s'il est question d'une grossesse unipare-garçon. Le pendule noir tournera positivement sur une grossesse unipare-garçon, et négativement sur une grossesse unipare-fille.

On procédera au contrôle en employant cette fois un témoin rouge-cheveux-père et le pendule noir ; les réactions seront en sens inverse de celles obtenues avec le pendule blanc.

Certains cas spéciaux peuvent cependant mettre le radiesthésiste dans un cruel embarras :

Supposons que le pendule blanc et le pendule noir aient tourné sur le siège de la conception. Que faudra-t-il en déduire ? La déduction sera que l'on a certainement affaire à deux jumeaux de sexe opposé.

Parfait ! Dira-t-on !

Mais alors, s'il s'agit d'une gestation bipare : deux jumeaux ou deux jumelles ! Comment le savoir ?

Rien de plus simple !

A ce propos, il est utile de souligner qu'il y a deux sortes de jumeaux :

1° Les vrais jumeaux qui, bien souvent, sont du même sexe et sont le produit du même fruit.

2° Les faux jumeaux qui, généralement, sont de sexe opposé et résultent d'autant de fruits fécondés chacun pour leur compte.

Le sexe masculin donne 25 tours positifs de pendule noir, le sexe féminin en donne 21 au pendule blanc.

On fera donc la série et la discrimination comme suit :

Si, après 25 tours positifs, le pendule noir s'arrête, il y a forte présomption pour un fœtus mâle unique. S'il change de sens giratoire et donne 25 autres tours, mais négatifs, il est à présumer qu'on se trouve en présence de deux identiques, en l'espèce deux futurs garçons.

Si après 25 tours positifs, on obtient 21 tours négatifs c'est l'indice de garçon et fille.

Le pendule blanc donne seulement 21 tours positifs, c'est fille. Ces 21 tours sont suivis de 25 tours négatifs, c'est fille et garçon. Enfin, 21 tours positifs de pendule blanc suivis de 21 tours négatifs, c'est deux filles. Si le pendule blanc renverse sa giration et donne encore 25 tours positifs, c'est deux filles et un garçon, etc.

Un autre cas, très rare d'ailleurs, peut se présenter : c'est celui d'une grossesse multipare-garçons ou multipare-filles (triplée, quadruplée, quintuplée), ou encore celui d'une grossesse bi-sexuelle multipare.

Dans les deux premiers cas, le pendule blanc donnera autant de séries de **21** tours qu'il y a de filles ; le pendule noir donnera autant de séries de **25** tours qu'il y a de garçons.

Quant au troisième cas, celui de deux sexes présents dans la grossesse multipare, c'est par le pendule noir que commencera le diagnostic ; le sexe mâle étant toujours dominant, même en infériorité. On obtiendra donc en premier les séries de **25** tours égales aux garçons représentés, puis les séries de **21** tours égales au nombre des filles présumées.

Dans l'ordre de ce que nous venons de dire, il est à retenir que les séries de **25** et **21** tours, de **21** et **25** tours se succèdent sans interruption par un renversement automatique et **inconscient des girations pendulaires.**

*
* *

Nous ne parlerons pas de l'hermaphrodisme humain, monstruosité vaguement bi-sexuée du type androgyne, dont les cas sont extrêmement rares au point de vue dualité de sexe chez le même fœtus. Mais on peut affirmer que, devant un cas de cette espèce, les pendules resteront immobiles.

Il en sera de même sur les éléments qu'il est convenu d'appeler « intersexués », monstres étranges, bizarrement constitués ou incomplètement séparés, à caractères insolites, intéressant, à leur fantaisie, tel ou tel partie de l'organisme déséquilibré, déplacé, modifié ou déformé.

*
* *

Comme on le voit, un diagnostic prénatal n'est pas chose si facile qu'on pourrait le croire généralement. C'est pourquoi nous ne saurions trop recommander aux opérateurs de se familiariser avec les radiations des géniteurs des deux sexes, sans quoi ils courront fatalement à des échecs.

En dehors de cela les erreurs sont toujours possibles, même pour le chercheur le plus consciencieux, lorsqu'il s'agit d'interpréter les réactions pendulaires sur une femme en espérance. Par ailleurs, il faut se garder de traduire avec l'esprit ce que les yeux constatent trop volontiers.

PROSPECTION SUR PHOTOGRAPHIE

Au surplus, dans le cas où il serait impossible de prospecter sur la personne elle-même, on sollicitera l'un quelconque des témoins suivants : cheveux, imprégnation épidermique subabdominale, liquide physiologique, et plus particulièrement une photographie récente. On opérera de cette façon par résonance, et les résultats seront en tous points comparables à ceux obtenus par prospection directe.

*
* *

Si, par impossible, la photographie était plus ou moins ancienne, on se syntoniserait sur un genou droit masculin pour garçon, et sur un genou gauche féminin pour fille. Quoiqu'il en soit, on demandera toujours une photo isolée et non en groupe.

*
* *

Incontestablement, des radiations si faibles, à ondes si petites, n'arrivent pas jusqu'à nous. Le côté merveilleux de ce phénomène télesthésique peut, semble-t-il, s'expliquer de la façon suivante :

C'est par un phénomène de résonance que le métagnome perçoit les radiations de l'individu par l'intermédiaire de sa photographie, laquelle est, on le sait, fluidiquement reliée à la personne qui a posé devant l'objectif, serait-elle à l'autre bout du monde.

Or, pour qu'il y ait résonance, il faut qu'il y ait syntonisation. C'est-à-dire, accord entre l'opérateur métagnome et l'élément à prospecter à distance. Cet accord n'est obtenu que si le prospecteur entre dans les premiers degrés de l'hypnose : vide intellectuel, silence, abstraction. C'est à cette seule condition qu'il obtiendra cette dissociation mentale qui lui permettra de pénétrer la personnalité du sujet présent ou absent.

A ce point, il n'est pas interdit de supposer que le prospecteur-radiesthésiste émettrait des radiations qui se déposeraient sur la photographie ; se mouleraient, en quelque sorte, à cette dernière, et, par son truchement, gagneraient effectivement la personne représentée là où elle se trouve, à n'importe quelle distance, et reviendraient à leur point de départ chargées de la copie textuelle de l'état présent des radiations de l'individu.

En d'autres termes, c'est une télésyntonisation qui s'établirait entre le prospecteur-métagnome et la personne représentée, sorte de liens immatériels qui nous relient aux uns et aux autres.

Voilà qui démontrerait de façon décisive, comme l'écrit le Docteur A. Leprince, que l'homme peut se prolonger dans l'espace à des distances considérables.

L'individu qui possède cette forme d'activité se comporterait comme un être extensible, une sorte de capteur-émetteur capable d'envoyer et de recevoir des radiations de et à n'importe quel point du globe.

C'est d'après un processus analogue que les radiations cérébrales émises par deux individus, situés aux deux extrémités de la terre, peuvent se mettre en communication ; manifestations psychiques intérieures et extérieures qui nous font entrevoir le phénomène de télépathie réciproque ou provoquée, où la conscience intérieure agit à l'insu de la conscience extérieure.

C'est aussi bien le fait d'établir un télédiagnostic sur une reproduction quelconque d'un sujet situé à des milliers de kilomètres de sa photographie.

On voudra bien nous permettre de citer un exemple typique :

Le samedi **17 octobre 1936**, nous sommes invité par le regretté Abbé MERMET, prince de la radiesthésie, à faire une conférence à la Salle Centrale à *Genève*.

Nous commençons notre conférence devant une salle comble. A la seconde partie de celle-ci, malgré les très réelles difficultés d'une opération radiesthésique faite dans ces conditions, nous annonçons que, dans un lot de vingt enveloppes contenant les unes et les autres des photographies de femmes et d'hommes au hasard d'un mélange effectué par une personne de l'auditoire, nous allons donner le sexe de la cinquième, de la dixième, de la quinzième, de la vingtième et dernière.

En pointant le lot d'enveloppes de l'index, nous décelons dans l'ordre : une femme, une femme, un homme et une femme.

Afin d'éliminer toute pensée de supercherie, une autre personne de l'assistance est priée de les vérifier de cinq en cinq.

Le résultat obtenu est de **100 %**.

Le lendemain, cette manifestation radiesthésique est relatée dans toute la presse des bords du Léman. Le « *Courrier* » et « *La Tribune de Genève* » nous font une sympathique hospitalité de leurs colonnes.

PROCÉDÉ DES COULEURS

Voici un procédé qui nous donne entière satisfaction :

Il consiste à découper, dans un même morceau, cinq

carrés de papier jaune-serin, et cinq autres de papier bleu-outremer, chacun de 5 cm. × 5 cm.

L'indicatif garçon étant le jaune, celui de fille étant le bleu.

*
* *

Les carrés jaunes serviront donc de témoins-garçons, les carrés bleus de témoins-filles.

Au surplus, et pour plus d'efficacité, les carrés jaunes pourront être doublés séparément de la photo d'un bébé-garçon ou d'une mèche de ses cheveux, les carrés bleus seront doublés de la photo d'un poupon-fille ou d'une mèche de ses cheveux.

*
* *

L'opérateur disposera en face de lui la photographie, prise à n'importe quel moment, de la femme en espérance.

Il procédera à la désimprégnation d'usage au moyen d'un aimant courbe ou d'un canon de soufre.

En dessous seront alignés, sur un même plan, les carrés jaunes et les carrés bleus, espacés l'un de l'autre d'un centimètre environ.

Le pendule noir sera ensuite présenté au-dessus du premier carré jaune. Il tournera alors positivement. Si la giration obtenue sur la photo est la même il s'agit très probablement d'un garçon. Si, au contraire, le pendule renverse sa giration il n'y a pas garçon.

Pour contrôle, on fera la même opération sur le premier carré bleu. Si c'est fille le pendule tournera négativement sur le carré bleu et sur la photo.

*
* *

On continuera l'opération en empilant le deuxième carré bleu sur le premier. Si le pendule tourne négativement sur les deux carrés bleus superposés et la photo, il y a de fortes raisons de croire à la présence d'une grossesse doublée de sexe féminin, et, ainsi de suite, pour une grossesse triplée, quadruplée ou quintuplée.

*
* *

La même méthode servira dans le cas d'une grossesse doublée, triplée, quadruplée ou quintuplée de sexe masculin.

Dans ces cas, on peut être amené à empiler deux carrés jaunes, soit l'égal de deux garçons et que notre pendule gire encore au-dessus d'un ou plusieurs carrés bleus. Ce sera l'indication d'une grossesse multiple avec faux jumeaux. C'est-à-dire un garçon-deux filles, deux garçons-deux filles, trois garçons-une fille, etc., et inversement.

*
* *

Rappelons qu'en génétique, on admet couramment que les vrais jumeaux sont de même sexe et issus du même fruit fractionné pour une cause due à un état pathologique troublé. Tandis que les faux jumeaux sont de sexe opposé et sont la résultante mystérieuse d'autant de fruits séparés et fécondés.

*
* *

Il est utile de ne pas négliger la possibilité d'une grossesse concernant un ou plusieurs de ces monstres dits « intersexués ». Dans ce cas on aura recours à des carrés de papier vert-pomme. Le vert étant en effet le résultat d'un mélange de jaune témoin-garçon et de bleu témoin-fille.

Certains esprits pourront s'étonner qu'une photographie prise à n'importe quel moment, avant la conception, puisse nous servir de témoin-grossesse.

Nous répondrons que la photographie du passé se trouve automatiquement et presque sur le champ relié à l'état pathologique du présent. A noter cependant que les radiations grossesse arrivent avec un certain retard.

Partant de ce principe, on aura intérêt à refaire le diagnostic sur plusieurs jours.

En tout cas, le deuxième mois de gestation offrira plus de chances de succès. Les radiations grossesse seront alors certainement présentes.

L'explication est qu'il se produit tôt ou tard une résonance entre la photographie proche et le sujet éloigné. Loi des semblables qui, à distance, s'ajoutent.

Ainsi, s'expliquerait peut-être la mise en communication d'éléments identiques éloignés **même de plusieurs milliers de kilomètres**.

C'est ainsi que — à de rares exceptions près — une photographie nous permettra de dire 10, 20, 40, 80 ans après si la personne représentée est vivante ou décédée ; si c'est une femme, si elle a eu des enfants, combien et de quel sexe.

**

Pour surprenantes que puissent paraître ces révélations, les succès remportés dans cet ordre d'idées sont suffisamment nombreux pour lever tous les doutes que l'on peut avoir sur la réalité objective de ces recherches dont la constante est aussi précieuse que celle de n'importe quel autre domaine.

**

Ce n'est pas une raison suffisante, parce que nous ne pouvons pas expliquer d'une façon satisfaisante les réactifs des multiples radiations que comporte la Nature — dont ce que nous connaissons n'est même pas l'égal de ce que nous ne connaissons pas — pour rester indifférents aux possibilités radiesthésiques.

C'est un fait, que ces procédés très simplifiés sont capables de nous révéler ce que les appareils physiques connus à ce jour sont incapables de faire.

CAUSES D'ERREURS

Les causes d'erreurs sont nombreuses. La principale est ordinairement d'ordre pathologique, notamment dans le siège de la conception.

C'est ainsi que la future maman peut faire de la vaginite, de la salpingite, de l'ovarite et renverser le sens d'interprétation.

Dans un examen prénatal, on ne s'entourera jamais assez de précautions. Il est, par conséquent, prudent avant de se prononcer, de s'assurer si les organes de génération sont sains et non troublés, et si la partie qui a présidé à la conception est vierge de radiations persistantes à la suite d'une relation conjugale peu ancienne.

D'autres causes, mais d'ordre plus général, sont : l'arthritisme, la tuberculose, la syphilis, même héréditaires qui, eux aussi, sont à la base d'une interprétation erronée.

Par ailleurs, un kyste ovarien, un fibrome, des couleurs saturées, des enfants que la maman a pu prendre sur ses genoux, sont des facteurs primordiaux de cette modification radiante.

Logiquement, une femme malade peut faire traduire une grossesse dans le sens inverse de la réalité. Ce phénomène de changement tient à ce qu'une femme à l'état hygide et enceinte change de polarité; qu'une femme à l'état morbide et en gestation garde sa polarité.

De même s'il s'agit d'une radiesthésiste en espérance prospectant sur sa propre photographie, celle-ci aura à traduire en sens inverse des indications pendulaires. C'est-à-dire que si le pendule tourne positivement — ce qui à l'ordinaire est l'indication garçon — elle interprétera fille.

Cela tient à ce que la future maman et sa photographie sont deux semblables dans la limite de leur rayonnement et, par conséquent, se repoussent.

Or, la répulsion, au sens radiesthésique du mot, équivaut au mouvement giratoire négatif du pendule.

L'enfant est-il mort, avant sa naissance, que les pendules oscilleront pour s'arrêter ensuite sur le pubis pointé en antenne.

En dehors des apparences extérieures qui ne laissent subsister aucun doute sur la grossesse, hormis aussi les symptômes indiscutables et caractéristiques du début, la femme peut avoir des raisons de penser qu'elle est en espérance du fait de l'absence du flux périodique depuis plusieurs mois. Ce n'est pas toujours vrai, puisqu'une femme peut continuer à avoir ses menstrues tout en étant grosse ; comme elle peut ne plus rien voir sans, pour cela, être en droit de penser qu'elle porte quelque chose dans son sein.

A ce propos, on retiendra que le pendule neutre tourne positivement sur un utérus gravide, et négativement sur un utérus non gravide.

Nous entendons par pendule neutre, un détecteur composé de deux antagonistes, de polarité différente et opposée, équilibrés au point de vue de leur valeur de combinaison chimique.

S'agit-il de prospecter sur photographie, les mêmes causes produiront les mêmes effets, et se répercuteront à des distances prodigieuses, à savoir, toutefois, qu'une photographie quelconque (non grossesse) peut donner grossesse par radiations induites d'une personne étrangère et enceinte.

Sous d'autres rapports, les radiations du sexe de l'enfant à naître sont formées avec un certain retard sur la photographie. D'où la nécessité de refaire, sur plusieurs jours, l'examen : d'abord directement sans témoins, puis avec portrait-témoin fille ou garçon, enfin, en tenant par la main un jeune enfant.

On conviendra que rien de positivement sincère ne peut être obtenu sans que les précautions les plus sérieuses, et les contrôles les plus rigoureux président au diagnostic prénatal.

Déjà un peu surpris par les révélations qui précèdent, on le sera davantage encore lorsque l'on apprendra qu'il est possible de porter radiesthésiquement des diagnostics précoces avant la conception. C'est ce que nous allons étudier.

CHAPITRE III

Diagnostic des Sexes

(Etats Préconceptionnels)

En forme de préambule. — Force électro-motrice d'induction. — Flux inducteurs. — Rayonnements des corps. — Ambiances déterminantes. — Déterminisme des sexes. — Fille ou garçon. — Stérilité. — Un cas de fécondation. — Mécanisme. — Des diverses régions militant en faveur de tel ou tel sexe.

EN FORME DE PRÉAMBULE

Avant de faire part de nos suggestions sur le mécanisme de la prédétermination des sexes, nous croyons utile de rappeler les lois et les facteurs principaux capables de préparer la fonction la plus importante de toutes : celle de la reproduction d'un sexe déterminé.

*
* *

Indubitablement, les lois récemment découvertes en ce qui concerne la conception dirigée ont fait d'énormes progrès, en s'appuyant notamment sur une discipline librement consentie des œuvres de chair dans les jours reconnus propices à la conception.

*
* *

Mais ces découvertes semblent n'être qu'une fonction partielle ou de second plan, dans la formation du sexe ; elles n'éloignent pas, à première vue, la possibilité de l'existence d'agents matériels extérieurs de nature excitante ou calmante — radiations des corps, des lumières et des couleurs — pouvant intervenir à plus d'un titre dans la sécrétion endocrine, en exaltant certaines fonctions (hormone), ou les ralentissant (chalone).

C'est pourquoi, nous estimons que les uns et les autres peuvent produire dans le corps humain des effets spéciaux comme l'acidité et l'alcalinité dans fille ou garçon.

En effet, nous ne devons pas perdre de vue que, si

l'action des glandes endocrines entre pour une bonne part dans l'exercice sexuel, la conception, ou la stérilité, l'une et l'autre, peuvent être dominées et dirigées par le milieu ambiant dans lequel vivent ordinairement les géniteurs des deux sexes ; milieu qui les disposerait à l'obtention de tel sexe plutôt que tel autre.

Et, c'est là, à notre avis, plus qu'ailleurs, que l'on devrait rechercher la formule de fille, de garçon, ou de stérilité.

*
* *

Il est vrai que l'immense majorité des humains ne diffère guère des animaux, elle ne présente qu'une particularité : celle de ne pas connaître un traître mot de la reproduction à volonté, au gré des procréateurs, du sexe désiré.

*
* *

La différence, que pourrait faire le Roi des Animaux, est qu'il peut parfois se targuer d'une syntonisation de deux esprits tendant au lien charnel, à la volupté et à l'enfant, quand il se présente.

*
* *

Quant au sexe très peu s'y arrêtent, ou ignorent les faits. Leur égoïsme les fait se préoccuper davantage des plaisirs de la chair, des expédients, des procédés de fraude, ne cherchant qu'à tricher avec la nature. C'est là de la stérilité raisonnée, prélude à une vie sans idéal, à un avenir lugubre.

*
* *

Pour ceux qui réellement, sincèrement aiment le grand acte comme un don suprême, suivi d'une entente amicale, d'une douce euphorie, en vue d'obtenir des enfants dans la fécondité recherchée, ils n'ont pas plus que les précédents le souci du sexe dans leurs rapports. Quelques-uns, cependant, souhaitent, désirent, ou escomptent une fille ou un garçon, mais cela n'est pas toujours suffisant.

FORCE ELECTRO-MOTRICE D'INDUCTION

La physique nous apprend que si l'on approche d'un aimant un morceau de fer doux, celui-ci par influence, se comporte comme un aimant.

Il se crée dans le fer un courant instantané de sens opposé à l'aimant inducteur (Loi de Lenz).

Si l'on éloigne le fer induit, il prend cette fois le même signe que l'inducteur et conserve pour un certain temps le flux communiqué (Fig. 1).

En étendant la loi de Lenz aux substances les plus diverses et aux humains, nous constatons que le contact direct d'un élément électro-alcalin — géologique, minéralogique, chromatique — a sur l'individu une action décalcifiante ; que cette action devient calcifiante après éloignement de la masse inductrice.

Un élément de caractère électro-acide a de près une

action désacidifiante pour devenir acidifiante une fois éloigné.

A ce sujet, on nous permettra de rapporter quelques

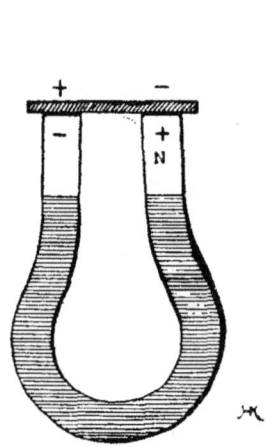

Fig. 1.

observations. En voici deux qui méritent d'être retenues pour si surprenantes qu'elles puissent paraître aux non informés :

Nous sommes appelé à la ferme de G..., le fermier nous informe que depuis son installation, et malgré l'emploi judicieux de vaccins anti-abortifs, il perd tous ses veaux par avortement épizootique (brucellose).

Notre premier soin est d'étudier, la ferme, les bâtiments, le sol et les animaux.

Rapidement, nous concluons à un sol inducteur d'acidose.

Instruit par notre prospection radiesthésique, nous faisons déposer au Sud des étables 300 kilos de chaux-vive, 10 kilos de charbon de bois à l'Ouest, sans préjudice des pointes que nous faisons enfoncer dans la terre.

Quelques semaines après notre passage, le fermier nous annonce que la mortalité est réduite à zéro. Nous en avons des nouvelles, le phénomène résiste depuis trois ans.

Remarque : les causes accidentelles n'étaient pas d'origine microbienne, mais seulement dûes à l'intervention d'un coefficient d'acidité très élevé ; lequel déterminait une albuminerie des organes de procréation avec évacuation avant terme du produit de la fécondation.

Par la suite nous avons appris que, d'après les commémoratifs des fermiers voisins, les prédécesseurs avaient constaté le même phénomène insolite et que pour cette raison les fermiers n'y restaient pas.

A Soissons, un homme fait des hyperostoses des apophyses transverses des vertèbres cervicales et dorsales.

Avec le médecin de famille, nous étudions le lieu et découvrons une masse de chaux-vive au Sud de la maison d'habitation ; le malade en était marchand.

Nous avons simplement fait enlever cette chaux, après

avoir reconnu que la maison se trouvait dans son plan tangent et que les radiations de cette chaux étaient à l'origine de ses souffrances.

Non seulement, les prolongements osseux se sont résorbés après disparition de la cause qui les provoquait, mais le malade a été guéri.

*
* *

Remarque : la maison était dans l'axe du pinceau radiant de la chaux, qui, à distance, déterminait une hypercalcification.

FLUX INDUCTEURS

Il est donné de constater physiquement et radiesthésiquement que des corps sont paramagnétiques et d'autres diamagnétiques.

Les premiers ont la propriété d'être attirés par l'aimant, les seconds d'être repoussés.

*
* *

On sait également que d'autres jouissent du phénomène de la piézo-électricité. C'est-à-dire qu'ils renversent leur charge sous une pression ou une déformation.

C'est le cas de la calcite (carbonate naturel de chaux), de la tourmaline (boro-silicate d'alumine).

Au repos, ces deux roches sédimentaires sont de charge

négative et deviennent positives si on les presse ou les écorne. La durée de la nouvelle charge est en rapport avec la masse, la pression exercée ou le coup donné pour obtenir la cassure.

* * *

D'autre part, on ne peut nier le phénomène d'**électrophorèse** dans le domaine électro-statique.

Si l'on prend un morceau de cire à cacheter, ou de résine, on constate que leur charge normale est de **signe positif**, mais si on les frotte avec un chiffon de laine, ils se chargent d'électricité résineuse, soit négative.

* * *

La même expérience peut être faite sur un bâton de verre. Au repos, le bâton de verre est négatif. Si on le frotte, il s'induit d'électricité vitreuse, soit positive.

Il en sera de même de l'ambre frotté.

Nous pensons que tous les corps et les êtres vivants possèdent cette faculté plus ou moins développée.

Afin d'illustrer au maximum notre théorie, rappelons le principe de la loi de Coulomb :

Deux forces de même signe se repoussent,
Deux forces de signe contraire s'attirent.
Voici quelques données absolument immuables :

Verre frotté et cire non frottée se repoussent,
Verre non frotté et cire frottée se repoussent,
Verre non frotté et cire non frottée s'attirent,
Verre frotté et cire frottée s'attirent.

Il est facile à tous de trouver confirmation de ce qui précède au niveau de deux électrodes — l'une positive, l'autre négative — dans le passage d'un courant galvanique.

Une action différente est exercée au niveau de l'anode et de la cathode en produisant des effets interpolaires :

Le pôle positif provoque une action analgésique,
Le pôle négatif une action emménagogue.

Ajoutons que ces phénomènes n'existent que durant le contact, mais après enlèvement de l'électrode, la place de l'anode retient le signe positif de l'inducteur, et provoque une excitation motrice calorifique.

La place de la cathode s'imprègne de négativité et d'une sensation de calme.

D'autres constatations viennent à l'appui de notre thèse :

En cryothérapie — traitement par le froid — on sait que l'application d'une pièce métallique refroidie à 60° donne lieu à une **violente réaction inflammatoire.**

En dermatologie — dans la thermocoagulation — on

introduit une aiguille métallique positive afin d'obtenir la coagulation par négativité.

Signalons encore le phénomène d'électrogénèse chez un magnétiseur, lequel se charge du mal du malade, alors que le malade prend la charge vitalisante du magnétiseur.

De même le magnétisme de l'assassin se projette sur la victime, le magnétisme de la victime sur l'assassin.

Un bijou, un meuble, un vêtement conservent pour un temps indéterminé le magnétisme, bon ou mauvais, de l'ouvrier qui les a travaillés ou le magnétisme de celui à qui ils ont appartenus.

Ces manifestations d'ordre électro-statique ne sont pas toutes visibles, mais leur existence est indéniable.

Toute personne éprise de science pourra comprendre que les corps électro-positifs s'entourent d'un champ de force électro-négatif ; tandis que les corps électro-négatifs s'auréolent d'un champ de force électro-positif.

Nul ne songera à contester la chromosphère qui entoure le Soleil, l'atmosphère et la stratosphère qui entourent la Terre, l'aura qui auréole l'homme, le grain de sable qui est encerclé d'une sphère d'activité, le feu d'une zone circulaire calorifique, la glace d'une zone de froid, la fleur d'un champ parfumé, le bruit d'un espace circonjacent d'ondes sonores, le poste émetteur de T. S. F. d'une couronne d'ondes hertziennes.

RAYONNEMENT DES CORPS

Il existe dans la nature un nombre considérable de corps simples et complexes. On ne nous en voudra pas de penser et même d'affirmer que tous, sans exception, rayonnent une énergie.

La physique les classe en deux catégories :

1° Les électro-négatifs,
2° Les électro-positifs.

Les corps électro-négatifs sont alcalins, froids et calmants.

C'est le cas de certaines roches sédimentaires : le calcaire, le sable, la magnésie.

Des métaux natifs tels : le nickel, l'étain, le zinc, l'argent.

Des minerais tels : la garniérite, la cassitérite, l'argyrite.

Des couleurs telles : le violet, l'indigo, le bleu ainsi que le blanc et les ultra-violets.

L'alcalinité de ces derniers est d'ailleurs démontrée dans l'application biologique en vue de favoriser une ossification plus rapide et une diminution concomitante du rachitisme.

Les corps électro-positifs sont acides, chauds et excitants.

Au nombre de ceux-ci citons les roches comme le granit, l'ardoise, la lignite, la tourbe, le charbon, le carbone, le pétrole.

Les métaux natifs tels : le fer, le manganèse, l'or.

Les minerais tels : le wolfram, l'aluminium, la magnétite, la blende.

Les couleurs telles : le jaune, l'orangé, le rouge et les infra-rouges.

AMBIANCES DÉTERMINANTES

Avec ce qui vient d'être dit, et l'étude des phénomènes de l'iridescence et de l'aura (1), nous inclinons à penser que si un organisme vivant ou un corps quelconque sont, l'un et l'autre, capables de rayonner une énergie magnétique, électrique, thermique, chromatique, une fluorescence ou une phosphorescence visibles ou invisibles ; ils peuvent pareillement extraire ces forces d'organismes voisins ou lointains, et accomplir des travaux d'induction, de réflexion et d'absorption de la plus grande variété, sous

---

(1) « Secrets des Couleurs » Tome I. Imprimerie Saint-Denis à Niort (Deux-Sèvres), et à La Maison de la Radiesthésie, 16, rue Saint-Roch, Paris.

des formes diverses de prise et de cession, sur la matière animée, autant que sur la matière inanimée. Exemple : les phénomènes d'attraction et de répulsion à des distances considérables, d'ordre mécanique, chimique, électrique, lumineux et autres.

L'hypothèse émise et admise, qu'un homme normal est de charge extérieure opposée à celle de la femme normale, va nous servir de terme de comparaison dans l'explication de l'action qui relève de la nature propre des corps.

Effectivement, le signe extérieur de l'homme normal est de nature positive, le contraire d'une femme normale. Nous entendons là limiter cette charge, respectivement positive et négative, à quelques centimètres de la couche demi-transparente qui enveloppe la surface des corps organisés.

Signalons en passant que les organes d'absorption et d'élimination, les glandes sont asexuées, sauf cependant les organes de procréation.

C'est ainsi que le cœur de la femme a le même signe que le cœur de l'homme, comme une rate masculine et une rate féminine sont de même polarité.

Retenons toutefois que l'homme, dans son ensemble, est plus ou moins positif, que la femme est plus ou moins négative suivant que l'un et l'autre sont blonds ou bruns.

Si on habille de rouge les uns et les autres, on observera deux phénomènes bien distincts : l'un de réflexion, l'autre d'absorption, en retenant que les radiations colorées se propagent de manière différente à travers les blonds et les bruns.

*
* *

Considérons deux femmes blondes, l'une habillée de rouge et l'autre de bleu.

Dans le premier cas, les radiations rouges se briseront à la surface de la peau de la blonde, et seront réfractées avec plus ou moins de violence.

Dans le second cas, les radiations bleues pénétreront l'épiderme de la blonde, lequel a la même propriété que l'ambiance du tissu qui l'habille.

*
* *

Prenons maintenant deux femmes brunes, l'une habillée de rouge et l'autre de bleu.

Les radiations rouges s'ajouteront à celles de l'épiderme de la femme brune qui les absorbera ; tandis que les radiations bleues seront d'autant plus déviées que la réfrangibilité épidermique sera grande. De toute façon, la réflexion ou l'absorption peut troubler l'organisme.

*
* *

Il va sans dire que nous ferons les mêmes constatations sur les hommes blonds et bruns.

— 66 —

***

Cela revient à dire qu'une femme blonde et un homme blond absorbent les radiations bleues qui sont les leurs par destination naturelle. Le contraire sera observé chez une femme brune et chez un homme brun, lesquels absorbent naturellement les radiations rouges en réfractant les radiations bleues.

***

Par ailleurs, si la femme blonde est habillée de bleu, elle rayonnera des radiations rouges, deviendra acide, excitera ceux qui la touchent, calmera ceux qui la regardent. Mais une fois déshabillée de son bleu, elle aura une action réfrigérante par contact épidermique.

***

La femme brune habillée de rouge rayonnera du bleu, elle calmera ceux qui l'approchent, deviendra alcaline, mais excitera la rétine de ceux qui la regardent à distance. Tandis que déshabillée de son rouge, son contact favorisera l'exaltation.

Le radiesthésiste observateur pourra, dans les mêmes conditions, constater les mêmes effets engendrés par les mêmes causes sur les effets d'habillement et leurs propriétaires respectifs.

C'est ainsi que la femme normale effectivement de signe extérieur négatif — le contraire de l'homme normal répétons-le — impliquera à son corsage porté un signe intérieur positif et un signe extérieur négatif.

Les pôles se renverseront lorsque le corsage sera enlevé.

*
* *

Plus subtil encore est le phénomène observé sur l'extérieur d'un gant masculin, ou féminin, porté ou non porté, à la main gauche ou à la main droite.

Un gant masculin porté à la main gauche est :

négatif à l'intérieur,
positif à l'extérieur.

Alors que le même gant non porté est :

positif à l'intérieur,
négatif à l'extérieur.

Un veston porté s'induira du signe contraire à celui qui le revêt. Il renversera sa charge lorsque le propriétaire l'aura quitté.

*
* *

La force électro-motrice d'induction peut avoir pour générateur une région, un climat, une ville, un village, une maison, une masse minéralogique, un individu, un meuble, un bijou, une couleur.

*
* *

De ce qui précède, nul ne songera à contester qu'on ne peut aller se reposer n'importe où, et que dans la nécessité reconnue de villégiaturer, on ne peut indistinctement s'imposer, sans étude préalable, le thermalisme de telle ville d'eau. De même que si un climatisme marin est d'un effet salutaire pour d'aucuns, de préférence à un climatisme alpestre, d'autres ne s'accomoderont ni de l'un, ni de l'autre et réclameront un climatisme de la plaine.

Exactement comme les couleurs bleues sont généralement destinées aux personnes blondes, les rouges aux personnes brunes, les vertes aux personnes rousses, les tendres aux enfants et les violettes aux personnes âgées.

* *

Ce sont là des moyens au service d'une fin ; ils déterminent une résultante dans la vie organique, résultante qu'il est aussi impossible de nier, que d'en expliquer les phases et les évolutions.

* *

L'explication de production de ces phénomènes, pour subjective qu'elle puisse paraître à première vue, est trouvée, pour une bonne part, dans l'influence du milieu externe sur le milieu interne de l'homme, des animaux, des végétaux, des métaux, et réciproquement.

* *

Avec la connaissance de ces premières données, n'est-il pas possible d'admettre qu'un être vivant, un corps séjournant dans l'ambiance d'une masse chargée d'un signe défini, prendront un signe contraire aussi longtemps qu'ils resteront au contact de cette masse, et qu'après éloignement, ils se chargeront de son influx.

On conçoit aisément que, s'il y a ou non résonance entre deux éléments appelés à vibrer en harmonie, c'est peut-être là d'une part, la raison d'une assurance bien assise, d'une endurance à toute épreuve, d'une solide vitalité ; d'autre part : le début d'un déséquilibre, d'une hésitation, d'un manque d'énergie, d'une infériorité, d'un trouble ou d'une maladie ; conséquence finale, bonne ou mauvaise, des actions par contact et des actions à distance.

On admettra, sans trop de difficulté, que tout est régi par des impondérables aussi puissants qu'ignorés, à la fois conditions et conséquences et jouant un rôle aussi curieux qu'inattendu, non seulement dans les domaines que nous venons de passer en revue, mais encore et principalement dans celui de la prédétermination des sexes et de la prédisposition à la stérilité.

L'importance de ces remarques étant évidente, nous allons aborder ce nouveau problème.

DÉTERMINISME DES SEXES

On a vu en quoi consistent les phénomènes bien connus d'induction, de répulsion, de renversement des charges et le rôle joué par les influences alcalino-négatives et acido-positives.

Au risque de nous répéter, rappelons que les corps se classent en électro-alcalins et en électro-acides.

Les êtres vivants eux-mêmes n'échappent pas, semble-t-il, à cette classification.

Nous ne retiendrons ici que la catégorie des reproducteurs humains, notre but étant de démontrer, aussi clairement que possible, comment et pourquoi, dans certains cas, les sujets mâles domineraient, dans d'autres les sujets femelles l'emporteraient.

A ce sujet, nous avons de fortes raisons de croire que les reproducteurs subiraient l'irradiation d'agents extérieurs, hypothèse qui ferait admettre l'ébauche du sexe beaucoup plus haut que l'hypothèse épigamique ; c'est-à-dire, bien avant la vie embryonnaire qui suit immédiatement la conception.

Les couleurs sont au nombre de ces agents extérieurs.

Si l'on ne peut encore faire naître avec certitude le sexe souhaité, du moins peut-on définir les couleurs qui doivent servir aux tentatives sérieuses.

Evidemment, de telles opérations ne deviendraient possibles que grâce à un choix judicieux de couleurs pouvant être mises en cause dans la détermination des sexes.

Le problème reviendrait à étudier le degré de saturation des couleurs, puis d'ioniser séparément les deux géniteurs par la glande hypophysaire, principal moteur de l'activité génitale.

On sait, en effet, que l'hypophyse est une petite glande à secrétion interne, située sous le cerveau, à la base du crâne.

Cette glande pèse environ 1 gramme et produit toute une série d'hormones qui ont la propriété d'exalter le fonctionnement des autres glandes à secrétion interne.

Comme toutes les hormones, celles secrétées par l'hypophyse sont des substances chimiques et, par conséquent, correspondent à une ou plusieurs couleurs.

Par l'emploi des couleurs on peut donc exalter ou calmer l'hypophyse comme on peut aider ou ralentir la puberté, favoriser ou retarder la maturation de l'appareil génital.

Assurément, dans les manifestations glandulaires, une part importante revient aux hormones propres des glandes mises en activité ou en sommeil par l'hormone hypophysaire, mais les couleurs constituent, sans aucun doute, une ressource supplémentaire en vue d'obtenir fille ou garçon.

**

La première idée qui vient à l'esprit est que les radiations colorées frappent la rétine et par voie réflexe déterminent une action physico-chimique excitante ou calmante, acidifiante ou alcalinisante de l'hypophyse, laquelle semble bien être tributaire de l'ambiance, visant ainsi à modifier le terrain hormonal des glandes de génération dans la conception calculée.

**

Les couleurs par elles-mêmes ne font aucun apport mystérieux aux glandes, mais elles ajouteraient probablement quelque chose à l'hypophyse.

L'action colorée peut donc intervenir dans le processus de l'évolution du sexe en se transmettant comme par contagion. On s'avise alors que les couleurs peuvent jouer le rôle d'organisatrices de l'embryon.

**

Il ne s'agit donc pas d'une impossibilité définitive et l'on peut envisager l'emploi des couleurs à des fins conceptionnelles en agissant sur l'hypophyse.

— 73 —

Ce serait par une sorte d'induction des glandes organisatrices, accompagnée d'un mécanisme encore obscur, pour impliquer une accumulation de radiations colorées propres à favoriser le sexe.

Déjà, de nombreux cas ont été enregistrés en ce qui concerne la frigidité et l'éveil fonctionnel par l'intermédiaire de l'organe spécifiquement sensible aux radiations colorées, c'est-à-dire l'œil.

Comme on le voit, c'est peut-être aller un peu vite d'affirmer que le sexe n'est résoluble qu'accidentellement, et de s'imaginer que rien, en dehors des cellules et du hasard, ne peut favoriser le sexe.

Nous ignorons tout des conditions dans la naissance et le développement du sexe, mais rien ne nous interdit de penser que les couleurs sont capables de les favoriser.

S'il n'existe actuellement aucun procédé sérieux qui permette de créer à volonté le sexe désiré, il est très vraisemblable que les couleurs parviendront un jour prochain à inspirer la science de l'avenir afin d'influencer les yeux pour gagner l'hypophyse point de départ de fille ou garçon dans les échanges organiques.

FILLE OU GARÇON

Le choix du sexe, malgré les progrès réalisés dans « La Conception Dirigée », n'a donné jusqu'ici que de maigres résultats au point de vue pratique.

Le problème capital de la prédétermination reste entier, et la solution cherchée est encore du domaine de l'hypothèse et d'une efficacité très lointaine.

Cependant, les études physiologiques faites sur les huit jours propices — généralement du 11ᵉ au 18ᵉ jour de la phase mensuelle — dans la fonction suprême, renseignent un peu mieux les géniteurs sur les mystères conceptionnels et les principes essentiels des jours favorables et défavorables à la conception.

Cette importante question a toujours orienté les recherches de la Science vers les éléments procréateurs et leur secrétion.

On a d'abord pensé que le sexe tenait à la nature riche ou pauvre de l'alimentation.

On a supposé que les ovules et les spermatozoïdes pouvaient être de deux sexes.

Une autre théorie, dite syngamique, a recherché le résultat dans la fusion des deux.

Enfin, une des dernières découvertes tend à admettre qu'un sexe puissant s'impose à l'autre plus faible.

Sauf erreur de notre part, on n'a pas encore songé à l'influence des ambiances déterminantes capables d'amener une modification notable du p.H des organes sexuels.

Il est hors de doute, qu'en plus des lois connues de la génération, des agents puissants et ignorés peuvent, de l'extérieur, exercer une action physico-chimique dans la fonction des glandes à sécrétion interne.

Nous inclinons à penser qu'il s'agit là d'une énergie potentielle venant de l'extérieur, de signe défini, laquelle créerait un état latent de l'ovaire et s'accuserait proportionnellement au dynamisme des géniteurs au moment de leur fusion. Cette énergie positive ou négative s'organiserait ensuite au profit du sexe de l'ovule.

Il faut également envisager la stérilité pure et simple : résultat d'une sorte de décharge disruptive de l'un des deux systèmes génitaux faussé par le taux d'acidité ou d'alcalinité des organes concrescents mâles ou femelles, de la semence ou de la double secrétion de l'ovaire et de l'hypophyse, à la fois excitante (folliculine), et calmante (lutéine).

En un mot, nous assisterions à un renversement du système d'ensemble sous l'influence d'une action externe.

— 76 —

C'est ce qu'il est convenu d'appeler « infécondité non raisonnée ».

Sans doute, il peut se passer quelque chose d'autre. Mais, ce « quelque chose » ne serait-il pas un phénomène d'énergie chimique imposé par les milieux externes aux milieux internes, avant ou après la fécondation, tant dans la détermination du sexe que sur l'apparition de la sexualité au cours de la vie fœtale ?

On sait que l'ambiance alcaline extérieure crée une induction de constitution acide à l'intérieur de l'organisme. Par conséquent, cette acidité peut avoir pour corollaire une interférence de la charge oxydante des ovules et des spermatozoïdes. Ou bien, cette charge assignerait, par contraste, un signe positif ou négatif au fœtus dès les premiers symptômes de son apparition. Compte tenu bien entendu de l'altitude, car nous savons qu'un organisme vivant se charge d'autant plus en positif qu'il est élevé au-dessus du niveau de la mer, ce qui fait que les couples des montagnes donnent plus facilement des éléments femelles.

Par ailleurs, nous avons appris, auprès des nombreux praticiens que nous fréquentons, que, dans certains cas concernant uniquement la femme, celle-ci peut, dans une certaine mesure, avec un nombre accru de chances, favoriser tel sexe ou tel autre en suivant une méthode d'ablution bicarbonatée ou acidulée.

D'un autre côté, nous savons que les gynécologues et les physiologistes attachent beaucoup d'importance à la présence d'une alcalinité déterminée (oxalate de chaux) dans la viscosité séminale et cervicale.

Il est possible que l'allure générale du phénomène, prédisposant à un sexe plutôt qu'à un autre, ne soit pas encore pris sérieusement en considération pour faire admettre que la cause existante de l'extérieur puisse produire des effets variés à l'intérieur.

Cependant, les concordances que nous avons maintes fois observées nous conduisent à penser qu'il s'agit là — non pas d'une coïncidence due à une cause accidentelle — mais bien d'un changement réel consécutif à l'absorption, par l'organisme, de radiations émanant du milieu environnant.

Comme on le voit, les organes internes répondraient assez fidèlement aux excitations réflexes des éléments externes, lesquels offrent leurs effluves de façon permanente et ininterrompue à ceux qui vivent constamment dans leur zone radiante circulaire ou rectiligne.

En résumé, l'élément externe étant de signe positif induira en négatif ; inversement, s'il est de signe négatif, il induira en positif.

Tout dépend, par conséquent, de la polarité de l'inducteur pouvant agir sur la lutéine et la folliculine en chargeant à outrance de l'une ou de l'autre l'hypophyse ou l'ovaire.

Voici esquissé d'une façon schématique le fait d'un renversement de charge ou d'une surcharge pouvant conduire à fille, à garçon ou à rien.

Alors ! Pourquoi ne chercherions-nous pas une autre cause possible de fille ou garçon dans les ambiances déterminantes ?

C'est une nouvelle hypothèse que nous formulons, et sans la prétendre absolue, elle peut aussi bien que d'autres constantes, entrer en ligne de compte dans le résultat recherché du sexe.

Parmi les éléments qui militent nettement en faveur des filles, il faut retenir les régions calcaires, marneuses et molassiques ; tandis que les régions granitiques et porphyriques inclinent à déterminer un sexe opposé.

Une catégorie d'expériences faites sur les espèces animales par le Docteur-Vétérinaire Aysoy et relatées dans « *La Côte d'Azur Médicale* » semble apporter une sérieuse confirmation à notre théorie.

En effet, il est dit que M. Michailoff démontre que la sexualité chez les mammifères dépend de la quantité de la charge des spermatozoïdes.

Dans ses travaux originaux, le Docteur-Vétérinaire Aysoy, précise, dans la même Revue, que le problème de l'hérédité de la sexualité est subordonné à l'action de la composition chimique du milieu.

Nous ne sommes ni médecin, ni vétérinaire c'est pourquoi nous ne cherchons pas à nous attribuer le mérite de l'inventeur. Comme on vient de le voir, d'autres avant nous, avec une autorité qui nous fait défaut, ont déjà traité de la question.

Mais, où nous croyons avoir découvert une autre formule de pronostic de fille ou garçon avant la conception, dans un domaine jusqu'ici inexploré, c'est dans l'analyse radiesthésique des milieux ambiants ; quelquefois si semblables en apparence, mais si variés dans leurs manifestations.

Ce qui précède nous permet de démontrer avec une évidence tangible qu'il y a lieu de ne pas négliger la qualité acidifiante ou alcalinisante des milieux ambiants, parmi lesquels une part du résultat dans l'évolution du sexe à naître n'est pas à dédaigner.

Exception faite bien entendu d'une malformation physique toujours possible, qu'il faut étudier et traiter autrement en raison des difficultés d'origine ou acquises chez l'un des deux procréateurs, ce qui n'est pas de notre compétence.

**

Précisément, nous nous demandons s'il n'y aurait pas là matière à tirer des conclusions pratiques, notamment, dans l'étude des corps alcalino-terreux, basiques ou autres substances appartenant au domaine de la géologie. Tout ce qui existe, vibre et radie, pouvant servir de substratum, tant du point de vue fécondation que du point de vue stérilité : les individus et les corps pouvant être mis en cause ensemble ou séparément.

**

La stérilité n'est donc pas toujours imputable à la femme.

C'est une grande injustice de toujours incriminer la soi-disant plus faible, lorsqu'il y a stérilité ; alors que le soi-disant plus fort porte en lui sa grande part de responsabilité.

STÉRILITÉ

Ce Seigneur et Maître, qui s'attribue ce titre présomptueux, devrait bien abandonner un peu de son despotisme, car il n'échappe pas à la critique dans le néant de la stérilité. En effet, à moins d'impossibilités réelles, que nous nous abstiendrons de passer en revue, des causes nombreuses sont, de sa part, à la base de cette carence souvent radicale de la reproduction.

*
* *

Le coupable, bien souvent, c'est l'homme.

Si notre attention devait être maintenue sur les causes principales, ce serait par celles de l'instabilité du pH sanguin de l'homme, de son hypersécrétion endocrinienne, ou bien encore d'une intoxication par drogues, par tabac ou par alcool.

Sans doute, sa compagne peut être victime d'une grande acidité ou d'une hyperalcalinité acquise sous l'influence de son voisin inducteur provoquant le dérèglement de certaines glandes, ou un chimisme ovarien d'opposition.

*
* *

Le déséquilibre est alors organisé et la route est barrée à l'armée des animalcules venus pour féconder.

Une fois de plus, nous inclinons à penser que c'est vers les milieux ambiants que nous devrions logiquement tourner les yeux, en acceptant les modalités propres à les combattre ou à les favoriser.

Afin d'illustrer ces données, voici deux observations qui ne manquent pas d'intérêt :

1° Le Docteur B... nous prie de l'accompagner chez un ménage sans enfants après huit ans de mariage.

Le médecin nous prévient qu'il n'y a aucune malformation sexuelle ou constitutionnelle, ni maladie incurable chez ses clients ; que par ailleurs, on ne peut les taxer d'égoïsme puisqu'ils désirent des enfants.

Arrivé sur place nous sommes mis en éveil par la proximité de la Marne qui, par infiltrations, rend le sol fortement humide.

Nous concluons rapidement à une grande acidité des époux.

Par des éléments chimiques et des couleurs appropriés nous entreprenons de modifier l'ambiance établie, et pronostiquons une grossesse prochaine avec comme résultat un garçon.

Six semaines plus tard le Docteur nous informe que l'espérance est amplement justifiée.

Le délai de **270** jours écoulé, les époux sont heureux d'annoncer la naissance d'un garçon.

2° Ailleurs, il s'agit d'un ménage infécond et dont la vie commune était attristée par l'absence de progéniture.

Sur notre invitation, les conjoints se rendent chez le

Docteur D... Là nous établissons que la seule responsable est la femme.

Originaire de la Sologne, région marécageuse, elle conserve l'influx de son pays natal.

Nous procédons à une désimprégnation de la jeune femme, puis en nous rendant au domicile des époux, nous créons dans la chambre à coucher une ambiance alcaline par éléments colorés.

En annonçant une grossesse assez rapprochée, nous indiquons que le produit sera un garçon.

Le succès ne se fait pas attendre car quelques mois après nous recevons du mari une lettre dont voici le texte intégral :

« Je suis heureux de vous annoncer que ma femme
« commence actuellement son quatrième mois d'espé-
« rance et que nous vous attribuons, elle et moi, cet heu-
« reux événement.

« En effet, mariés depuis quatre ans, nous n'osions plus
« espérer une naissance.

« Sur vos conseils, nous nous sommes rendus chez le
« Docteur D... et en sa présence vous avez, par vos
« moyens colorés, remis en état l'organe dont la défi-
« cience était la seule cause de stérilité.

« C'est en effet, immédiatement après cette visite que
« la conception a pu avoir lieu.

Après le délai imparti au travail de la nature, le papa nous écrit à nouveau en nous adressant ses félicitations jointes à celles de la maman et la photographie de son bébé.

A notre connaissance nous comptons une trentaine de succès de ce genre.

Il en est d'autres obtenus sans le concours des couleurs.

En voici un à titre d'exemple :

Appelé pour une conférence en province, nous sommes invité à faire notre séjour chez des conjoints sans enfants et mariés depuis six ans.

Le soir de la conférence nous nous trouvons réunis chez les précités.

Il y avait là M. le Curé, des parents et divers invités.

Tout le monde devisait gaiement, les conversations roulaient principalement sur les faits cités au cours de notre causerie.

Mais, voici l'heure de se mettre à table.

Une table blanche comme la neige, délicieusement fleurie, abondamment garnie et, par conséquent, fort prometteuse, même pour les moins gourmands.

Ce jour-là c'était la fête, on avait mis les petits plats dans les grands.

On se mit donc à table.

Vers le milieu du repas, le bon vin aidant, les conversations prirent une ardeur accrue sur les phénomènes radiesthésiques.

— 85 —

Tout un chacun se découvrit le « don ». Le pendule, très docile, répondait à toute une série de questions aussi variées qu'insoupçonnées.

M. le Curé faisait du pendule entre deux bouchées-à-la-reine.

Une jeune fille interrogeait le sien comme on effeuille la marguerite.

Un invité, bon vivant et au teint fleuri, était attentif aux mouvements du pendule au-dessus de son verre de vin fin.

Etait-ce indiqué ? Etait-ce contre-indiqué ?

Inutile de dire qu'il le faisait tourner dans le sens favorable à la dive bouteille.

Une dame, dont le péché mignon était d'aimer les friandises, demandait à son voisin, pétillant de santé, si les choux à la crème ne lui étaient pas contraires.

Quand soudain, la maîtresse de céans nous avoua son désespoir de ne pas être maman, et nous pria de lui dire s'il n'était pas en notre pouvoir de favoriser sa légitime aspiration ?

Notre réponse fut affirmative.

Que faut-il faire pour cela, questionna-t-elle ?

Tout à l'heure, au café, Madame, vous demanderez à votre mari l'autorisation de venir prendre place à notre droite.

Le dîner copieux et bien arrosé se prolongeait un peu trop au gré de Mme H... qui brûlait de désir de prendre sa nouvelle place.

Enfin ! Voici l'heure du café. Sans plus attendre Mme H... **vint s'asseoir** à notre droite.

Du même coup, un silence complet fit place au gai bavardage.

Chacun avait les yeux tournés vers nous et se demandait, non sans quelque curiosité, ce qui allait se passer.

Rien de bien extraordinaire comme nous allons le voir.

Une rapide et discrète incursion nous indique que les causes de la carence maternelle étaient imputables à Mme H...

Notre examen, plus psychique que physique, étant terminé nous annonçons ce qui suit :

La chose se réalisera sous peu et ce sera un garçon !

*
* *

Ce fut un éclat de rire presque général. Cependant, quelques-uns des invités pour n'avoir pas marqué bruyamment un sentiment de soudaine gaieté n'en eurent pas moins un sourire malicieux des yeux.

Et, ce fut tout !

Les conversations reprirent leur train dans le même enthousiasme que précédemment.

*
* *

L'heure avancée nous rappela à la réalité. Chacun regagna son domicile. Quant à nous, il fallait songer au retour pour le lendemain matin.

*
* *

Quelques semaines plus tard nous recevons une lettre des époux H... nous disant leur joie d'être en droit d'espérer un enfant.

En effet, après le délai imparti au travail de la Nature nous recevons un faire-part annonçant la naissance de leur fils J...

Ici, ce ne sont pas les couleurs qui furent mises en jeu.

Quoi. Alors ! Demandera-t-on ? ?

Tout simplement une induction magnétique par voisinage, ce qui permit à Mme H... de prendre les radiations communiquées en vue de créer chez elle la possibilité qui lui faisait défaut.

Un an après la naissance du premier, Mme H... avait un deuxième fils.

Avouons qu'il eut été vraiment dommage de rester sourd à l'appel de notre hôtesse, d'autant que l'opération, dans sa noble simplicité, n'avait demandé que quelques instants d'entretien.

Cela s'appelle faire du magnétisme sans imposition de mains.

Nous avons d'autres succès grâce à l'imposition directe des mains, cette fois. C'est toujours du magnétisme.

Comme on vient de le voir, il est relativement facile, pour un radiesthésiste, de dire s'il faut incriminer le sol, les couleurs, l'homme ou la femme et d'apporter les éléments modificateurs qui, dans une certaine mesure, peuvent contribuer à donner satisfaction aux conjoints désireux de créer une famille.

La radiesthésie, qui nous fournit le moyen d'explorer le monde physique, permet bien souvent de corroborer certains résultats fournis par les autres recherches de laboratoire.

Le moyen consiste à étudier le sol, les environs et les géniteurs pour arriver à pronostiquer valablement.

***

C'est ainsi que nous avons à notre actif un bon nombre d'enfants spirituels. Par les mêmes procédés, nous avons contribué à provoquer la ménorrhée chez beaucoup de jeunes filles nubiles et chez lesquelles la puberté n'était pas caractérisée par la maturation et la chute du premier ovule.

***

Dans le même ordre d'idées, nous sommes intervenu efficacement chez des jeunes hommes pubères dont l'adolescence était contrariée par une ectopie testiculaire.

***

Ainsi, en utilisant le pendule comme moyen de recherche on peut, d'une part, évaluer approximativement les chances des futurs sexes avant la fécondation, activer la formation, régulariser le flux mensuel ; d'autre part, corriger et discipliner l'action physico-chimique des facteurs externes et internes.

A la faveur de ce qui vient d'être dit, nous estimons qu'il y a lieu de ne pas négliger l'étude des terrains : humain, végétal, minéral, sans omettre l'activité des milieux colorés, les tares physiologiques ou sociales et les expédients anticonceptionnels.

. . . .
. . . .

Le mécanisme de notre méthode consiste à établir l'angle azimutal des humains par rapport au plan magnétique Nord-Sud.

Si ce dernier se situe au Nord, ou dans ce secteur, nous dirons qu'il est alcalin et capable de militer en faveur des sujets mâles. Au contraire, si nous le situons au Sud, ce sera pour nous l'indice probable d'un sujet acide avec tendance à donner des enfants du sexe opposé.

Ce rayon spécifique peut se situer à l'Ouest, sur le gris, dans ce cas nous traduirons stérilité. Mais s'il se situe à l'Est, sur le vert, il peut être question d'une hérédo-tendance qui nécessitera l'intervention du médecin en vue de faire des piqûres spéciales dès les premiers jours de la gestation.

L'important est de pouvoir identifier les aptitudes fécondantes de l'homme et de la femme ; étude complétée par un examen aussi sévère qu'attentif de leur état général, des milieux géologiques et colorés qui, de l'extérieur, peuvent agir sur le potentiel alcalinité et acidité des glandes à secrétion interne.

*
* *

Voilà des règles qui, à notre avis, entrent en ligne de compte dans la proportion des sexes et peuvent, dans une certaine mesure, être employées dans le sens le plus favorable des reproducteurs.

*
* *

Le jour où la chromologie sera passée dans la pratique courante, combien d'époux sauront gré aux couleurs de leur avoir octroyé le droit à une progéniture sexuée de leur choix ?

*
* *

Pour en terminer avec ce chapitre, ajoutons que les plages sableuses prédisposent généralement à l'infécondité des estivants.

Des régions calcaires ou marneuses comme le Boulonnais, le Soissonnais, la Picardie, le Cambrésis, la Champagne prédisposent au sexe faible.

D'autres régions : carbonifères, granitiques ou nettement volcaniques comme les Flandres, la Vendée, l'Auvergne favorisent le sexe fort. Ce qui revient à dire qu'une région alcaline provoque l'acidité chez le reproducteur et que l'acidité de ce dernier favorise le sexe faible, inversement pour une région acide.

*
* *

Le fait de constater une mauvaise dentition chez l'homme et les mammifères domestiques, habitant des régions calcaires ou mollassiques, est à retenir, alors que les éléments anatomiques des dents ne sont que très rarement attaqués chez ceux vivant au-dessus des roches éruptives, ou autres formations géologiques présentant un caractère acide.

Cela vient de ce que les formations de nature sédimentaire sont souvent alcalines et provoquent l'acidité ; les autres étant en majeure partie composées d'éléments d'origine ignée contribuent à maintenir les dents en parfait état.

A Epinal, par exemple, la majeure partie des indigènes ont les dents cariées et souvent absentes. Il en est de même au Gurten, près Berne (Alt. 800 m.). Au surplus, on remarque chez les habitants de ce plateau mollassique un nombre imposant de goîtres. Cette hypertrophie du corps thyroïde est d'ailleurs commune à tous les pays montagneux, ce qui démontre que l'altitude et la mollasse, roche de calcaire mêlée de sable et d'argile, agissent défavorablement sur l'état général et sur les dents en particulier.

Ailleurs, dans le Plateau Central, exemple opposé ; les habitants ont les dents saines et solides.

Dans un autre domaine, chacun de nous peut remarquer que les bruns ont généralement de belles dents comme leurs frères des pays chauds. Tandis que les blonds des pays froids ont les dents plus fragiles.

* * *

Cela revient à dire que les personnes brunes absorbent les radiations rouges et par opposition se chargent d'alcalinité. Les personnes blondes absorbent les radiations bleues et se saturent de radiations acides.

* * *

Notre conclusion sera la suivante :

Si, une femme vit au-dessus d'une formation calcaire, s'habille de blanc, de violet, d'indigo, de bleu, et si par surcroît elle absorbe souvent du bicarbonate de soude et prend fréquemment des bains : son état la disposera aux filles.

Au contraire, si elle séjourne au-dessus d'une formation argileuse, ferreuse ou charbonneuse ; si elle se couvre de jaune, d'orangé, de rouge et de noir ; si elle prend peu de bains, si elle affectionne les fruits acidulés, elle tendra à avoir des enfants du sexe fort.

* * *

Voilà qui confirme cet instinct chez certaines personnes d'aller de temps en temps prendre contact avec leur sol natal. Par extension, on comprendra la nécessité pour beaucoup de celles-ci de prendre des vacances dans un pays d'une géologie différente de celle au-dessus de laquelle elles vivent habituellement, et ce afin de bénéficier d'une inversion de polarité conforme aux tendances de l'état normal de santé.

Ainsi s'expliquerait peut-être aussi le fait que certains individus et végétaux vigoureux transplantés ne survivent que peu de temps après leur déplacement.

Inversement, lorsque provenant d'une région où ils végétaient, ils prennent de la vigueur et de la santé après avoir été transplantés dans une région géologiquement et chimiquement différente de la première.

Voilà quelques causes si secrètes de fécondité, de fille, de garçon, ou de stérilité dont les apparences donnent une certaine valeur au principe de l'influence des milieux externes.

Sans doute, ce n'est pas encore là la bonne solution. Mais qui sait ? Reprises et étudiées par d'autres, ces révélations peuvent contribuer à trouver la véritable solution du problème d'importance majeure qui est celui de la prédétermination du sexe.

En présence de ces constatations, on voit que la Radiesthésie correspond peut-être à un plan nouveau d'évolution dans le déterminisme des sexes. Elle offre, en tout cas, un caractère de nouveauté pouvant accélérer la progression des connaissances humaines dans ce compartiment.

CHAPITRE IV

Glandes et Couleurs

Diverses glandes. — Correspondances colorées. — Pinéale. — Hypophyse. — Thyroïde. — Thymus. — Rate. — Surrénales.

———

Tout le monde sait que le rôle des glandes est très important tant au point de vue de l'absorption, qu'à celui de l'élimination.

Ce sont des organes dont la fonction est de produire une sécrétion et par leurs cellules d'élaborer des produits spéciaux excrémentitiels ou récrémentitiels.

*
* *

Il n'est pas de notre compétence de faire à cette place une description générale des glandes et de leurs fonctions. Ce que nous désirons avant tout c'est donner quelques exemples de leurs polarités et de leurs correspondances colorées. Notre ambition ne va pas plus loin.

*
* *

A ce sujet, nous retiendrons principalement les glandes endocrines et accessoirement les glandes à deux modalités.

Disons cependant qu'il y a deux sortes principales de glandes :

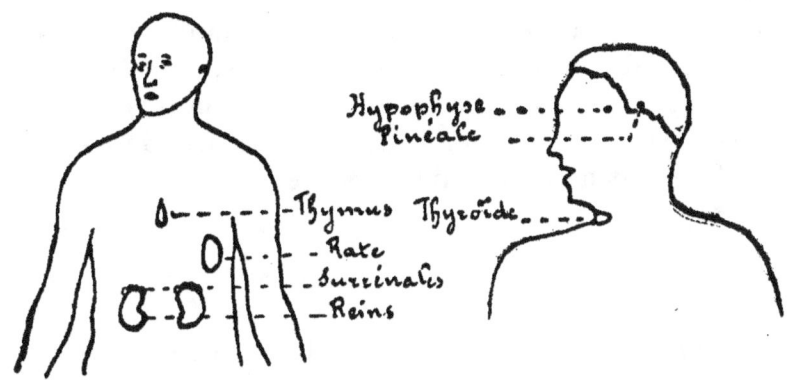

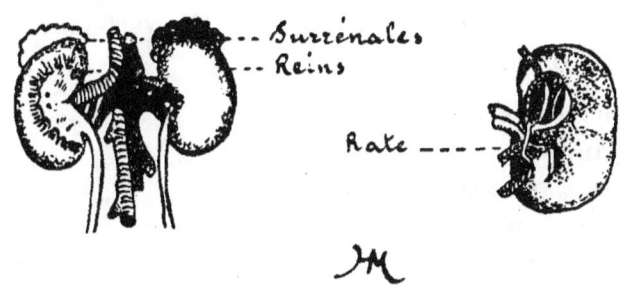

Fig. 2.

1° Les glandes à sécrétion externe (exocrines) : glandes salivaires, de l'estomac et de l'intestin.

2° Les glandes à sécrétion interne (endocrines) ; les principales sont au nombre de sept, (Fig. 2).

Pinéale, hypophyse, thymus, thyroïde, rate, capsule surrénale droite, capsule surrénale gauche.

Celles-ci se différencient des autres glandes : **digestives** (salivaires, gastriques, pancréatiques, hépatiques), défensives (sébacées, sudoripares, lacrymales) du fait que ces dernières ont pour mission principale de débarrasser l'organisme de ses divers déchets.

*
* *

Au point de vue radiesthésique, les glandes ont elles aussi leurs analogies colorées.

A titre d'exemples, nous ne donnerons ici que les correspondances concernant les sept glandes principales, à sécrétion interne, et considérées comme purement endocrines :

Pinéale, vert-bleu pour le côté négatif, vert-jaune pour le côté positif,

Hypophyse, vert-jaune,
Rate, jaune-or,
Thymus, jaune-serin,
Thyroïde, noir,
Capsule surrénale droite, bleu,
Capsule surrénale gauche, bleu.

*
* *

Les glandes, entre elles — le croirait-on — sont organisées en piles de Volta et correspondent à une couleur positive ou négative suivant le cas.

*
* *

En voici quelques formules décelées au pendule :

LA PINÉALE

La glande pinéale, ou épiphyse est de forme conique, de la grosseur d'un pois et de couleur rouge violacé.

Cette glande dont nous avons donné une description assez détaillée dans nos ouvrages précédents (1) possède deux pôles, un (+) et un (—).

Sa sécrétion facilite le développement normal du bébé. de son cerveau et de ses organes génitaux.

Le pôle droit pour le sexe masculin est positif, l'équivalent du rouge.

Le pôle droit pour le sexe féminin est négatif, l'équivalent du bleu.

Le pôle gauche pour le sexe masculin est négatif, pour le sexe féminin positif, respectivement bleu et rouge.

Voilà donc expliquée la couleur violacée de cette glande, puisque bleu et rouge mélangés font pourpre, ou violacé.

Radiesthésiquement parlant, il est relativement facile, au moyen d'un témoin bleu et rouge, de se rendre compte si la glande pinéale est normalement polarisée dans ses deux signes et si ceux-ci sont en équilibre vibratoire.

---

(1) Radiesthésie Domestique et Agricole.
    Secrets des Couleurs. Tome I.

L'HYPOPHYSE OU PITUITAIRE

L'hypophyse est un organe, de 8 à 10 millimètres de diamètre, situé à la base du crâne dans la cavité de la selle turcique.

Elle est composée de deux lobes apparemment indépendants, le côté antérieur positif (rouge), le côté postérieur négatif (bleu). Sa sécrétion concerne des hormones d'une particulière efficacité.

En hyperfonction (rouge dominant) elle augmente le flux du lait et de l'urine, facilite l'accouchement ; active la virilité, la puissance cérébrale et le courage.

En hypofonction (bleu dominant) elle diminue la mâle énergie, favorise l'obésité et le diabète.

Equilibrée, elle régularise l'activité des surrénales et du corps thyroïde.

THYROIDE

La glande thyroïde est un petit organe vasculaire sanguin situé en avant du larynx.

Sa fonction principale est de règler l'activité cérébrale et sexuelle ainsi que la production de l'énergie.

Elle se compose de deux lobes rejetés de chaque côté de la partie supérieure de la trachée-artère, partie moyenne et antérieure du cou, au-dessus de l'os hyoïde.

Le côté positif (rouge) à droite pour l'homme, à gauche pour la femme.

Le côté négatif (bleu) à gauche pour l'homme, à droite pour la femme.

Le produit de l'activité de cette glande tombe dans la circulation générale (glande récrémentitielle).

Si le côté positif absorbe plus de radiations rouges que le côté négatif n'absorbe de radiations bleues, c'est le déséquilibre provoquant une excitabilité nerveuse, une respiration courte, des yeux brillants, plus ou moins exhorbités ou saillants, une hypertrophie visible du cou (goître exophtalmique).

Si le côté négatif absorbe plus de radiations bleues que le côté positif n'absorbe de radiations rouges, c'est encore un déséquilibre, se traduisant par un arrêt du développement mental et physique. C'est aussi l'indication de crétinisme, d'anémie, de carie dentaire. Le sujet a des cheveux hirsutes, un visage bouffi et un ventre proéminent.

En équilibre cette glande donne de l'égalité, de la vivacité, de l'intelligence, des dents saines et blanches, une grande souplesse abdominale.

C'est au moyen du rouge et du bleu, respectivement positif et négatif, que l'on pourra se rendre compte radiesthésiquement de cet équilibre.

Le côté droit du corps thyroïde fait pile de Volta avec le côté gauche des organes de procréation, et inversement.

*
* *

LE THYMUS

Le thymus est un corps oblong bi-lobé, situé derrière le sternum, entre les poumons et la partie supérieure du cœur.

Il gouverne la croissance de l'enfant, et atteint son plus gros volume à l'âge de la puberté pour disparaître ensuite.

Ce corps a une apparence grisâtre et ressemble assez fidèlement au ris de veau.

Dans l'ensemble, il correspond au jaune dominant, et a lui aussi un pôle négatif (bleu) à sa partie supérieure, et un pôle positif (rouge) à sa partie inférieure.

*
* *

LA RATE

La rate, la plus grosse des glandes à sécrétion interne, se situe à gauche de l'estomac.

De signe négatif dominant, elle fait pile de Volta avec le foie (positif), lequel foie fait pile à son tour avec la vésicule biliaire.

Cette masse spongieuse, qu'est la rate, est alimentée par l'artère splénique et décharge son contenu dans le foie. Elle produit les globules blancs du sang dont l'augmentation anormale provoque la leucémie.

En tant que processus pathologique, la leucémie, ou leucocythémie, débute par la pâleur et l'affaiblissement graduels du malade. La mort survient au bout d'un an ou deux maximum.

S'il n'existe pas de guérison absolument certaine, il y a des survies qui semblent tenir du miracle.

En voici un exemple :

En 1934, nous sommes appelé par le Professeur B..., Directeur des Hôpitaux, auprès de son gendre souffrant d'une affection caractérisée de la rate par l'augmentation anormale des globules blancs du sang et une diminution concomitante des globules rouges.

La rate est hypertrophiée au point qu'elle a déplacé l'estomac vers le foie qu'il comprime ; par ailleurs, elle exerce une pression inquiétante sur le colon transverse menacé d'occlusion.

Aux dires des spécialistes, le cas est **jugé très grave et** presque sans espoir de guérison.

La numération globulaire donne 40.000 blancs et moins de 2.000.000 de rouges.

En présence du chirurgien et du médecin traitant, nous cherchons au pendule la couleur convenant à son cas et trouvons un bleu lumineux. Puis, au moyen de notre magétisme personnel, nous procédons à une projection de radiations de cette couleur au sein de la rate.

Environ quinze minutes après, la glande avait perdu près de 30 % de son volume initial.

Plusieurs applications furent faites dans les mêmes conditions et deux mois après la leucocythémie était transformée en une polyglobulie.

Dès lors, notre malade était sauvé.

Nous sommes en août 1941, le sujet, malgré une rate légèrement percutable, vaque normalement à ses nombreuses occupations.

LES SURRÉNALES

Les surrénales en forme de capsules sont au nombre de deux et servent de coiffes aux reins.

Chacune d'elles, de charge négative (bleu) fait pile de Volta avec chaque rein positif (rouge).

Par l'adrénaline qu'elles secrètent, elles ont une action physique prépondérante dans l'équilibre et la résistance des systèmes nutritif, respiratoire et musculaire.

En hyperfonction, les surrénales créent l'hypertension, la force, la colère, la vigueur et l'optimisme.

En hypofonction, elles déterminent la paresse, la nonchalance, l'asthénie, la tristesse, l'apathie et la maladie d'ADDISON, ou maladie bronzée, à cause de la couleur ardoisée de la peau des personnes qui en sont atteintes.

Equilibrées, elles sont une source incomparable de vitalité, de volonté et engendrent l'humeur égale, le courage et la dignité.

Comme on vient de le voir, chaque glande correspond, par ses pôles, à une ou deux couleurs de même signe.

Chromologiquement parlant, le positif étant l'égal du rouge, le négatif celui du bleu, il est dès lors facile de concevoir une thérapeutique externe par l'application de tissus colorés équivalents sur la partie des organes déficients ou pléthoriques.

On crée ainsi un phénomène d'induction.

Tant que la couleur est au contact de la glande dépolarisée ou survoltée, on enregistre au pendule une aggravation du déséquilibre, mais lorsque la couleur est éloignée, les pôles des glandes reprennent leur charge normale avec la santé.

CHAPITRE V

Parfums, Hygiène et Microbes

Les Parfums à travers les siècles. — Adversaires et Partisans des Parfums. — Les Odeurs Antipathiques et Sympathiques. — Classification des Odeurs. — Comment se propagent les Parfums. — Action Physiologique des Parfums. — Hygiène par les Parfums. — Parfums et mois de naissance. — Couleurs et Microbes.

De nombreux témoignages de tous les temps nous sont donnés pour nous convaincre que l'usage des parfums date des premiers hommes, et fut cher à l'humanité depuis son apparition sur notre globe.

Cet usage a survécu à toutes les formes d'incrédulité et a révélé que l'emploi des parfums est resté une force attractive, une vertu constante dont l'homme n'a pu se libérer au cours des siècles.

En effet, dès la plus haute antiquité, les parfums jouèrent un rôle important, tant dans la thérapeutique que dans la toilette.

Leurs émanations furent en outre adoptées dans les rites religieux, soit sous forme d'essences naturelles, soit par combustion de substances aromatiques. Les odeurs et les vapeurs embaumées servirent à rendre hommage aux divinités dans les ordres prescrits des cérémonies de toutes les confessions, et à protéger toutes les civilisations arriérées ou avancées.

*
* *

C'est de l'Orient qu'est venue cette coutume.

L'encens brûla sur les autels de Memphis, ville antique des bords du Nil, alors de 700.000 habitants, aujourd'hui réduite à 3.000.

Les prêtres Egyptiens connaissaient déjà un nombre imposant de formules qu'ils gardaient secrètement.

Ils se servaient des substances aromatiques dans la conservation des corps. Ils introduisaient des matières balsamiques à l'intérieur de ceux-ci, puis les entouraient de bandelettes parfumées pour atteindre à la momification complète.

La conservation de certaines momies est telle encore de nos jours que beaucoup d'entre elles offrent une anatomie presque intacte.

*
* *

L'action de remplir un corps d'aromates pour empêcher sa corruption était une pratique des Egyptiens certainement plus en honneur que celle de la conservation artificielle par l'emploi du carbonate hydraté de soude (natron) ou que celle de disposer les corps à conserver au-dessus des failles à projection électro-magnétique.

Ils savaient que les odeurs ont une action antiputride plus efficace que n'importe quel autre produit même chimique.

Les essences et les baumes étaient préparés dans des hypogées pour servir ensuite à l'embaumement et à la coquetterie féminine.

Le fait est que les Egyptiennes, si coquettes déjà, faisaient un large emploi des parfums dans leurs fréquentes et abondantes ablutions en particulier, et dans leur toilette en général.

En ce temps-là, les parfums marchaient de pair avec les fards.

La cinabre avivait l'éclat des lèvres, nuançait les joues ; le blanc de céruse et la craie blanchissaient le teint, le henné teignait les cheveux en noir, en doré, en blond avec une science que nos figaros modernes ont à peine égalée ; le crayon bleu dessinait les veines, le sulfure d'antimoine soulignait les yeux, et le noir de fumée amplifiait les cils de ces belles antiques.

Ces mondaines d'autrefois communiquèrent leurs caprices féminins aux Hébreux.

Les odeurs connurent une vogue sans pareille, non seulement dans la vie courante hébraïque, mais aussi dans les Temples où les parfums brûlaient jour et nuit.

Cette mode gagna ensuite la Grèce. A ce sujet, n'est-il pas écrit quelque part qu'Hippocrate sauva Athènes de la peste en faisant porter des essences fortement odorantes et brûler des bois odoriférants ?

L'usage des parfums prit alors une telle proportion à Athènes que Solon en interdit l'emploi, mais sans succès. Socrate, lui-même, ne fut pas plus heureux dans sa décision, tant l'habitude était entrée dans les mœurs de parfumer les appartements et les salles de festins.

Le raffinement allait même jusqu'à utiliser un parfum pour chaque partie du corps.

C'est ainsi que la violette s'adressait à la tête, la menthe aux bras, la marjolaine aux cheveux, l'huile de palmier aux joues et aux seins, le lierre terrestre aux genoux, le thym sauvage aux chevilles et aux pieds, l'essence de rose aux parties intimes.

Les Romains et principalement les Romaines, comme en toutes choses d'ailleurs, firent un emploi exagéré des parfums.

L'histoire nous dit que Néron possédait une thériaque d'une cinquantaine de substances aromatiques ayant pour propriété de guérir tous les maux.

Après les guerres puniques les Carthaginois de notre ère prirent la succession avec un zèle accru.

Puis ce fut au tour des Vénitiens et des Gênois.

Les Croisés, souvent au péril de leur vie, rapportèrent de fines essences à la dame de leur cœur.

Une charte des parfumeurs fut créée en 1190 par Phillipe-Auguste, charte qui fut confirmée en 1357 par Jean-Sans-Peur, adoptée ensuite en 1547 par Henri II d'Angleterre se disant roi de France, approuvée et sanctionnée en 1582 par Henri III, enfin revisée en un sens plus large en 1658 par Louis XIV.

C'est surtout sous le règne de Henri II (1547-1559) que l'industrie des parfums prit un essor gigantesque.

Diane de Poitiers (1499-1566), favorite de Henri II, tenait parait-il, de secrètes formules de Paracelse et grâce à celles-ci sut garder ses charmes jusqu'à un âge où ses rivales avaient cessé de plaire.

Catherine de Médicis (1559-1589) usait à outrance des parfums. Elle aussi possédait de secrètes combinaisons sur les odeurs les plus suaves outre les poisons les plus violents.

Sous Henri III (1574-1589) et ses mignons, ce fut une véritable débauche d'odeurs, de cosmétiques et de pommades parfumées.

Sous Henri IV (1589-1610) l'habitude de se parfumer tomba en désuétude. On comprendra que ce n'est pas en guerroyant que l'on songe à se parfumer. Pourtant, la belle Gabrielle ne s'en privait pas afin, sans doute, de maintenir son charme séducteur auprès de son royal amant.

Richelieu (1585-1642) faisait parfumer sa chambre au moyen de soufflets spéciaux.

Anne d'Autriche (1620-1703), femme célèbre par son esprit, sut conserver sa fatale beauté jusqu'à 70 ans en utilisant des essences particulièrement recherchées et savamment préparées.

Louis XIV (1643-1715) affectionnait de s'enfermer avec son parfumeur et lui voir composer ses odeurs.

Au temps du Roi-soleil, si l'on mangeait avec les doigts, en guise de couvert, on savait, par contre, se parfumer les mains et les gants.

Louis XV (1715-1774), dit le bien-aimé, et sa favorite, la belle, l'ambitieuse et l'énergique Duchesse de Chateauroux développèrent les habitudes de se parfumer au point qu'à cette époque la Cour de Versailles était dite « *Cour Parfumée* ».

La préoccupation dominante des Courtisans et Courtisanes était de découvrir et de posséder les parfums les plus capiteux et les plus enivrants.

La Marquise de Pompadour dépensait annuellement une fortune pour sa parfumerie.

La blonde Comtesse du Barry (**1743-1792**), d'une beauté pénétrante, mais très frivole, ne fit pas moins de folles dépenses que la précédente pour ses parfums.

Ce fut ainsi jusqu'au règne de Louis XVI (**1774-1793**).

Puis, la Révolution française vint couper court au luxe de se parfumer.

Sous le Directoire (**1795-1799**) renaît le souci des odeurs.

Sous le Consulat (**1799-1804**) c'est un nouvel et irrésistible engouement gagnant jusqu'à la ferveur publique.

Enfin, la vogue se propage sans interruption jusqu'à nos jours.

— 111 —

Dans les cérémonies religieuses ne brûle-t-on pas encore l'encens pour chasser les mauvais esprits ?

Nos mages contemporains, comme leurs ancêtres, lorsqu'ils désirent appeler les puissances supérieures ne se parfument-ils pas la plante des pieds, la paume des mains, le creux de l'estomac et la naissance de la gorge ?

En fait, le meilleur soutien dans l'appel spirituel consiste à brûler sans flammes certaines résines odorantes judicieusement mélangées et préparées à cet effet. On sait que leurs fumées contribuent à créer une ambiance dégagée de toutes forces impures.

Dans un autre ordre d'idées, nous constatons qu'aux environs de Perpignan la première panade du nouveau-né est parfumée au thym sauvage et à l'ail.

Dans le Jura le thym sauvage, en infusions administrées par voies buccale et anale, sert à combattre la fièvre thyphoïde.

La même plante sert contre la coqueluche dans les départements du Nord et du Pas-de-Calais. Aussi, lorsqu'une épidémie de ce genre sévit, le thym sauvage met à l'abri de la contagion les enfants vivant dans de mauvaises conditions hygiéniques. On évite ainsi tous les inconvénients de cette maladie tels que quintes, vomissements alimentaires, broncho-pneumonie et autres.

Ce sont là des données qu'il est facile de contrôler au pendule.

ADVERSAIRES ET PARTISANS DES PARFUMS

Certains adversaires des parfums, et il y en a, déclarent sans ambages qu'ils sont contraires à la santé et inconvenants. C'est de leur part, une grave erreur. Les parfums bien choisis et en concordance avec le mois de naissance sont des auxiliaires très favorables à l'hygiène non seulement du corps, mais aussi de l'esprit.

Un fait existe, c'est que les odeurs fortes immunisent contre les épidémies, et les miasmes les plus délétères sont efficacement combattus par elles. Au surplus, bien syntonisés et correctement dosés, les parfums produisent une impression agréable sur les centres olfactifs.

En affectant l'odorat sous différentes formes, les odeurs gagnent le siège de la lucidité, de l'intelligence et de la mémoire en infusant leur influence restaurative dans les organes de respiration et stimulent leurs fonctions principales et secondaires.

Au point de vue physiologique, le parfum est donc à considérer, car il se communique agréablement aux centres nerveux qu'il régularise.

Nous voyons bien l'essence de feuilles de vigne donner de la lucidité, les violettes blanches favoriser la digestion, les violettes des champs combattre l'embarras gastrique, la gentiane adoucir les maux d'estomac les plus rebelles, l'essence de cèdre agir avec autant d'efficacité que le nénuphar sur les tendances sexuelles exagérées ou maladives !

LES ODEURS ANTIPATHIQUES ET SYMPATHIQUES

Certes, il est des odeurs qui ont une action antipathique sur certains organes. Citons l'estomac sur lequel un parfum mal choisi peut provoquer des nausées, quelquefois des vomissements chez certains sujets, mais ce n'est pas là, à beaucoup près, de quoi repousser d'emblée les bienfaits qu'elles peuvent apporter chez de nombreux autres. La radiesthésie nous permet de faire cette discrimination.

Nous n'étudierons pas à fond le mécanisme chimique des parfums en partant de la chlorophylle. Il nous suffit de dire que le botaniste Ménard en a fait une étude très détaillée au cours de laquelle il dit notamment :

« Le parfum dérive du pigment vert des plantes, lequel
« pigment sert de matériau à la transformation en huile
« essentielle par les glucosides qui s'oxydent au moment
« de l'éclosion de la fleur. C'est alors le parfum, lequel
« est d'autant plus fin que l'huile essentielle est débar-
« rassée des déchets chlorophylliens ».

CLASSIFICATION DES ODEURS

Il n'entre pas dans notre intention de faire ici une description complète des substances aromatiques. C'est un travail trop considérable qui dépasse nos possibilités. Ce que nous désirons, c'est donner, à titre documentaire, une classification sommaire des principaux parfums et aromes pour fixer les idées.

Les voici dans l'ordre :

Odeurs flagrantes : rose, jasmin, safran, lis, tubéreuse, jonquille, jacinthe, muguet.
Odeurs aromatiques : œillet, thym, laurier, girofle, cannelle, myrte.
Odeurs ambrosiaques : ambre, musc, mousse de chêne, civette.
Odeurs calmantes : acacia, seringa, fleur d'oranger, tilleul, camphre, cèdre.
Odeurs alliacées : ail, oignon, échalote, poireau, ciboule.
Odeurs fétides : œillet d'inde, punaise des bois, bouc.
Odeurs nauséeuses : naphtaline, phénol, iodoforme.
Odeurs piquantes : tabac, poivre, moutarde, vinaigre.
Odeurs éthérées : éther, alcool.
Odeurs toxiques : chanvre, café, mancenillier.
Odeurs appétissantes : fumet de venaison, romarin, cannelle, cumin, thym, laurier, absinthe, pain chaud, beurre fondu.
Odeurs emménagogues : menthe poivrée, menthe sauvage, sauge, basilic.
Odeurs enivrantes : origan, foin coupé, cuir de Russie, bétoine fleurie, éther, alcool.

COMMENT SE PROPAGENT LES PARFUMS

Nous savons apprécier un parfum, une odeur et dire s'ils nous plaisent, s'ils nous déplaisent ou s'ils nous sont indifférents.

C'est une faculté des sens connus, commune à chacun de nous. Mais la cause de cette appréciation échappe à notre entendement.

De même que les couleurs frappent notre rétine de différentes manières, les matières odorantes ne touchent pas de façon identique notre odorat et provoquent des sensations diverses suivant les sujets.

Pour les uns, les odeurs se révèlent intenses et excitantes, pour les autres, suaves et agréables, pour les moins sensibles, indifférentes ou repoussantes.

Si le mécanisme des centres olfactifs n'est pas encore élucidé, on sait cependant que le froid atténue la propagation des odeurs, tandis que la chaleur douce l'augmente.

De fait, on admet généralement que les corps sont odorants à l'état gazeux ou de vapeur et que l'été est plus favorable à leurs émanations que ne peut l'être l'hiver.

L'odeur serait, par conséquent, un gaz imperceptible s'échappant d'une substance dont l'action dynamique s'exercerait sur l'appareil olfactif et, par extension, sur les centres vitaux et les fonctions les plus simples.

Ce serait une sorte d'impondérable dont la ténuité et la volatilité agiraient de la même façon que le son sur le nerf auditif et la lumière sur le nerf optique.

*
* *

Ce que l'on ne sait pas assez, c'est que l'activité des parfums peut insidieusement torturer notre système nerveux ou le tonifier, nous livrer à la fatigue autant qu'au délassement.

*
* *

Nous sommes donc autorisé à penser que comme une couleur irradie sa tonalité, l'odeur rayonne très loin ses ondes parfumées.

Ces radiations colorées, ces bouffées concentriques embaumées parcourent l'espace à une vitesse vertigineuse. Ceci bien entendu dans la limite de leur rayonnement rectiligne ou circonférentiel.

*
* *

Cette diffusion cardinale ou circulaire, s'effectuant dans l'éther, touche l'œil et le nez de tout un chacun, autant que les sens correspondants des animaux.

A ce titre, un apiculteur digne de ce nom vous dira que chaque ruche a une odeur particulière, ce qui permet à l'abeille de reconnaître son domicile.

ACTION PHYSIOLOGIQUE DES PARFUMS

Les parfums n'affectent pas seulement l'odorat, **mais** encore tout l'appareil respiratoire, tout le système nerveux et les centres vitaux en agissant comme des stimulants, des calmants, des anesthésiants ou des toxiques.

C'est pourquoi, il est des odeurs agréables et salutaires, d'autres nauséabondes et insupportables.

Retenons qu'une dose infime est toujours mieux tolérée, tandis qu'une dose massive peut devenir désagréable et incommodante.

C'est une question de masse et de sensibilité. Chez les uns, l'odeur complète l'individu par une ambiance favorable, chez les autres, elle le diminue et provoque des troubles divers allant des maux de tête bénins aux troubles nerveux les plus graves, voire même aux syncopes et quelquefois à l'asphyxie.

HYGIÈNE PAR LES PARFUMS

Les parfums ont un pouvoir antiseptique considérable, plus puissant que l'alcool. Ainsi 25 gr. d'essence de géranium, 25 gr. d'essence de verveine, 25 gr. d'essence de thym et 25 gr. d'essence d'origan forment un complexe dont l'action énergique combat tous les éléments pathogènes et putrides.

Cette formule, soigneusement conservée à l'abri de l'air et de la lumière, est capable de donner les meilleurs résultats en cas d'épidémie.

Le moins qu'on en puisse dire c'est que les parfums sont tous plus ou moins microbicides et bactéricides.

C'est sans doute la raison pour laquelle ils étaient à la base de la médecine générale chez les Egyptiens, les Grecs et les Romains.

A ce sujet, nous lisons dans l'Encyclopédie Roret :

« Les antiseptiques chimiques les plus usités de nos jours ont été examinés comparativement. Le plus agissant, le sublimé corrosif à 1/1.000ᵉ tue le microbe de la fièvre typhoïde en 10 minutes, l'éther iodoformé saturé en 36 heures, la solution de sulfate de cuivre à 2 % en 11 jours, l'acide borique à 1 % en 11 jours, l'acide phénique à 1 % en 12 jours. »

Avec les parfums, on obtient aussi rapidement satisfaction, si l'on en juge par le tableau suivant :

L'essence de cannelle tue le microbe en 12 minutes. Le bacille de Koch ne résiste pas davantage.

L'essence de girofle	tue les mêmes microbes en	25 m.
— thym	— — —	35 m.
— verveine	— — —	45 m.
— géranium	— — —	50 m.
— d'origan	— — —	75 m.
— patchouli	— — —	80 m.
— d'absinthe	— — —	4 h.

—	santal	—	—	—	12 h.
—	genièvre	—	—	—	27 h.
—	mélisse	—	—	—	30 h.
—	valériane	—	—	—	32 h.
—	angélique	—	—	—	35 h.
—	céleri	—	—	—	36 h.
—	térébenthine	—	—	—	45 h.
L'encens		—	—	—	52 h.

Comme on le voit ce tableau est fort instructif.

D'autre part, en dehors de leur action microbicide et bactéricide, les essences parfumées sont plus ou moins prophylactiques et contrarient, dans bien des cas, l'évolution des microbes pathogènes et la pullulation des bactéries sur lesquels elles semblent avoir, non seulement, une action curative, mais préventive.

En conséquence, que ce soit par contact direct ou par exposition aux voies respiratoires sous forme d'imprégnation épidermique ou de vapeurs, l'atmosphère parfumée est indubitablement microbicide, au moins antiseptique, sinon **hygiénique**.

D'autre part, nous savons que l'essence de romarin a rapidement raison du pneumocoque. En fumigations et en irrigations nasales, elle combat le coryza aigu ou chronique, le rhume des foins et toutes affections qui causent de la toux (bronchite, laryngite, etc.).

La fumée de l'encens, de la myrrhe et du benjoin associés est indiquée dans le cas de dysenterie et de la fièvre intermittente du paludisme.

— 120 —

L'essence d'iris concrète allongée, d'une bonne eau de cologne, contrarie le méningocoque dans sa multiplication.

L'origan, à l'exquise senteur, ajouté à un tiers de lavande détruit le pyocyanique, le streptocoque. Au surplus, il est antitétanique.

Nous arrêtons là cette liste des parfums et essences microbicides, car nous l'estimons suffisante pour permettre à ceux qui nous lisent de se rendre compte que les parfums ne sont pas à négliger : à la condition toutefois de n'utiliser que des essences naturelles, choisies radiesthésiquement, et non des produits synthétiques dont la propriété est loin d'avoir les mêmes effets sur l'économie humaine.

Incontestablement, les odeurs tirées de substances non végétales, si elles sont parfois très agréables à l'odorat, n'ont pas la même vertu que les essences naturelles.

D'après ce qui vient d'être dit, on ne sera pas surpris devant les statistiques qui permettent de constater que la femme, qui aime à se parfumer plus que l'homme, arrive à gagner un âge plus avancé que le représentant du sexe soi-disant plus fort.

Certes, il ne s'agit pas là d'une règle absolue, mais l'odeur est probablement l'une des causes prédisposantes.

Les parfums tuent les microbes, les bactéries et autres parasites indésirables et dangereux qui nous sucent, nous fatiguent et nous terrassent à la longue.

Les parfums assainissent les foyers d'infection, terrains tout préparés aux malaises aigus et progressifs, aux maladies de toutes sortes. Ils font le grand nettoyage de nos voies respiratoires et digestives, nœuds vitaux très vulnérables à l'envahissement microbien.

L'essentiel est de pas oublier que les parfums sont des moyens simples, naturels, efficaces et peu onéreux pour prévenir et guérir beaucoup de maux qui affligent l'humanité ignorante.

Certes, ce chapitre peut paraître insuffisamment développé, mais les quelques exemples que nous venons de donner sont suffisants en eux-mêmes pour souligner les mérites qui s'attachent aux odeurs.

Nos jolies contemporaines trouveront là matière à les encourager dans l'art de plaire, de rester belles et de vivre vieilles.

Alors ! Messieurs !! Qu'attendez-vous pour les imiter ?

Si vous suiviez leur exemple, malgré la disgrâce d'attitude de quelques-uns d'entre vous, peut-être sentiriez-vous une supériorité vous animer ?

Et, sans être le plus beau garçon du monde vous auriez,

auprès de ceux et de celles que vous approchez, plus de succès que ne vous le confèrent vos avantages masculins.

Comme elles, vous seriez irrésistibles, comme elles vous plairiez au lieu d'être l'homme qui ressemble à Monsieur « Tout le Monde ».

Se parfumer est avant tout une question d'hygiène, et qui se parfume laisse entendre qu'il a soin de sa personne. Or, on n'aime que les gens qui sentent bon.

Pensez-vous que vous inspirerez la sympathie si votre individu n'émane que l'odeur de tabac ou de renfermé ?

* * *

Retenez bien que si vous voulez être en bonne santé, si vous voulez briller, si vous voulez réussir dans vos entreprises tant commerciales que sentimentales, sachez embaumer discrètement du parfum qui s'harmonise avec votre personnalité, avec votre mois de naissance.

Ce sera pour vous un moyen élégant et attractif, avec aboutissement glorieux, sur lequel s'appuieront votre état général, votre supériorité et vos succès en face desquels vos ingénieuses fantaisies masculines n'auront plus que faire.

Vous ne subirez plus l'influence des forces négatives ou alternantes, votre vitalité augmentera considérablement, votre intelligence s'en trouvera décuplée et vous pourrez vous dispenser de vos combinaisons imaginatives ainsi que du coup de fouet artificiel de vos apéritifs.

Vous mènerez à bien toutes vos affaires sous l'impulsion d'une ferme résolution, d'une décision saine et d'un équilibre parfait, non seulement physiquement mais encore psychiquement.

Un bon confort moral, une inébranlable confiance en vous-même feront place à l'affaiblissement, l'irrésolution et le découragement.

*
** *

Oh ! Nous entendons bien quelques grincheux pousser des cris de réprobation.

Comment ? clameront-ils ! C'est un scandale !!

Voilà maintenant que l'on conseille aux hommes de se parfumer !!!

Eh bien ! Oui !! Messieurs les routiniers susceptibles. Ce conseil en vaut un autre. C'est une question d'hygiène, répétons-le, et non de mode.

Ne serait-ce que pour combattre la fétidité du nez et de la bouche de quelques-uns d'entre vous, ou pour annuler ces désagréables odeurs volatiles qui se dégagent des vêtements et sous-vêtements trop longtemps portés, ou encore pour dissiper ces émanations fauves que d'aucuns empestent, sans s'en rendre compte, que l'usage des parfums ne serait pas à négliger.

*
** *

Certainement, il ne s'agit pas de se frotter le corps entier de parfums plus ou moins capiteux ou de se parfumer exagérément comme certaines de nos snobinettes. C'est quelque chose de plus discret que nous préconisons.

Une goutte de votre parfum, astralement et radiesthésiquement déterminé, sur le coin du mouchoir de poche et appliqué ensuite sur chaque narine en faisant votre toilette crée une atmosphère enveloppante et douce qui se dégage de votre personnalité.

C'est ainsi que vous laisserez dans votre sillage un peu de vous-même, suffisant pour appeler l'attention ou simplement le rêve.

*
* *

Voilà de quoi, sans outrager les bonnes mœurs, répandre autour de vous une odeur fine et subtile. C'est tellement plus philosophe et plus agréable !

*
* *

Il va sans dire que s'imprégner d'une odeur, ne dispense pas d'une certaine tenue du corps et des vêtements. Il est par contre d'assez mauvais goût d'imposer à tout le monde le même parfum ou n'importe lequel. Une odeur doit être personnelle suivant la couleur des yeux, la carnation et le mois de naissance. D'autant plus que les effluves odorants varient suivant les personnes qui les portent.

PARFUMS ET MOIS DE NAISSANCE

Nous n'apprendrons rien de nouveau à nos lecteurs en leur disant que chaque mois de naissance correspond à un des douze signes zodiacaux, à une ou plusieurs couleurs, à un ou plusieurs métaux, à une ou plusieurs pierres, à une ou plusieurs plantes, enfin à un ou plusieurs parfums ou odeurs.

De sorte qu'un mois de naissance répond à divers éléments colorés, métallifères, lapidaires, végétaux et aromatiques.

Ayant déjà, par ailleurs, traité des couleurs (1), des métaux, des pierres précieuses, nous ne retiendrons que les parfums et aromes se rattachant à chacun des douze signes du zodiaque et conséquemment à chacun des douze mois de l'année.

Nous commencerons pas le signe du Capricorne concernant les personnes nées du **22** décembre au **19** janvier dont les couleurs correspondantes sont le mauve et le blanc.

Les parfums sont la lavande, le muguet, l'œillet, la violette, l'iris.

Suivant les impressions et les goûts de chacun on pourra ajouter de l'eau de cologne ambrée.

Le Verseau, du **20** janvier au **18** février, s'appuie sur le blanc et le rose et réclame l'héliotrope et le cyclamen. Mais comme l'héliotrope est assez plat par lui-même, on l'associera par moitié à de la lavande pour l'homme et à de l'origan pour la femme.

En dehors de cette formule, l'un et l'autre pourront

---

(1) Tome I Secrets des Couleurs.

adopter l'essence de rose, mais comme celle-ci est extrêmement chère et rare, on aura recours à la composition suivante :

    30 gr. d'essence de santal,
    60 gr.   —   — géranium,
    10 gr.   —   — cèdre.

On sera émerveillé de la similitude d'odeur, le bouquet de ce complexe donnera à s'y méprendre l'impression absolue de la plus fine essence de rose, laquelle ne peut être vendue à un prix abordable, puisqu'il faut **100 kilog.** de pétales pour obtenir **35 gr.** d'essence à raison de **30.000 fr.** le kilog., soit **30 fr.** le gramme.

A défaut des éléments précités, on peut faire soi-même de l'eau de rose d'une odeur très agréable.

Il suffit de se procurer **100 gr.** de pétales de rose muscat, ou de rose dite des quatre saisons, ou encore de rose de Provins, de les mettre macérer quelques semaines dans **80 gr.** d'eau distillée. On obtiendra ainsi, après filtrage, **48 gr.** environ d'une essence fort suave.

**

Les Poissons, du **19 février** au **20 mars**. Peu de parfums sous ce signe. En général, ceux qui sont nés dans cette période de l'année font de l'anaphylaxie avec les odeurs ou en tolèrent peu. Cependant, le jasmin semble leur convenir ainsi que le foin coupé.

La couleur correspondante est le gris-perle.

**

Le Taureau, du 21 avril au 20 mai. Ici ce sera l'aubépine et le réséda pour les deux sexes. Comme complémentaires la femme aura intérêt à rechercher l'œillet, le muguet et la couleur mauve ; l'homme adoptera la fougère et le serpolet avec le bleu-clair.

Les Gémeaux, du 21 mai au 21 juin. Les deux sexes auront avantage à corriger les mauvaises influences de ce signe maléfique, la femme par la lavande, la violette, le muguet, l'iris et le violet ; l'homme par l'encens, le romarin, les parfums ambrosiaques et la couleur coq de roche.

Le Cancer, du 22 juin au 22 juillet, signe très bénéfique qui appelle les parfums violents et le rouge écarlate.

Le Lion, du 23 juillet au 21 août. Sous ce signe bénéfique beaucoup de parfums et capiteux : le romarin, le benjoin, la myrte, le myosotis, le cuir de Russie, l'origan, l'héliotrope, ce dernier, associé par moitié à de la lavande ou de la fougère. La couleur favorisant l'émanation de ces odeurs est le jaune-or.

La Vierge, du 23 août au 22 septembre, a pour concordants parfumés le thym, le cyclamen, la lavande et la verveine mélangées, ainsi que l'origan 75 % et le girofle

25 %. Ces odeurs sont renforcées par le jaune-serin et le blanc.

La Balance, du 23 septembre au 23 octobre, se voit attribuer les essences lourdes avec la couleur vert-d'eau.

Le Scorpion, du 24 octobre au 21 novembre. Signe maléfique comme les Gémeaux, il se corrige par la rose de Jéricho, le lotus bleu, la jacinthe et la couleur bleu-roi. L'homme pourra varier avec le jasmin et la couleur rose, la femme avec l'hyacinthe, le myosotis et le violet.

Le Sagittaire, du 22 novembre au 21 décembre, s'associe volontiers à l'œillet, au jasmin, au musc aux couleurs saturées telles le rouge cochenille et le rouge garance.

COULEURS ET MICROBES

Au même titre que les couleurs et les odeurs, toutes les représentations microbiennes peuvent se faire radiesthésiquement sur un disque chromatique. Leur rayon spécifique servira de terme de comparaison en thérapeutique externe.

Voici quelques correspondances colorées que nous avons reconnues au pendule :

Explication de la planche n° 1.

1° *Bacille typhique.* Se rencontre chez les personnes atteintes de typhoïde vraie ou de paratyphoïde.

Il correspond au rouge-noir. Est neutralisé par le jaune-vert. Il est tué en 15 minutes à 60° ainsi que par le thym et le serpolet associés de 1 heure à 3 heures.

2° *Pneumocoque.* Agent de la pneumonie lobaire (foyer d'hépatisation). Par voie sanguine il provoque des pleurésies purulentes, des méningites, des néphrites, des parotidites suppurées, des péritonites, des métrites et des abcès méta-pneumoniques.

Cocci légèrement effilé, réunis deux à deux (en capsule).

Il correspond au noir et ne s'associe pas au violet avec lequel il est en opposition. La verveine le combat efficacement en moins de 2 heures.

3° *Bacille de la tuberculose ou B. K.* Se présente en colonies sous forme de bâtonnets.

Résiste à la chaleur sèche de 100°. L'ébullition, au contraire, le détruit en quelques minutes. Sa couleur préférée est le jaune-serin. Le soleil et le grand air, le linge blanc et le jasmin l'atténuent rapidement.

4° *Bacille de la dysenterie.* Se présente sous forme de petits bâtonnets. Secrète une toxine qui provoque les symptômes généraux de la dysenterie. Se plait dans le noir. Est détruit rapidement par la chaleur, le rouge violent et l'encens.

5° *Méningocoque.* Coccus intra-leucocytaire du mucus naso-pharyngien et du liquide céphalo-rachidien. Tué en 10 minutes à 55°. Se rapporte au rouge-bordeaux. Le violet et l'essence de girofle le détruisent assez rapidement.

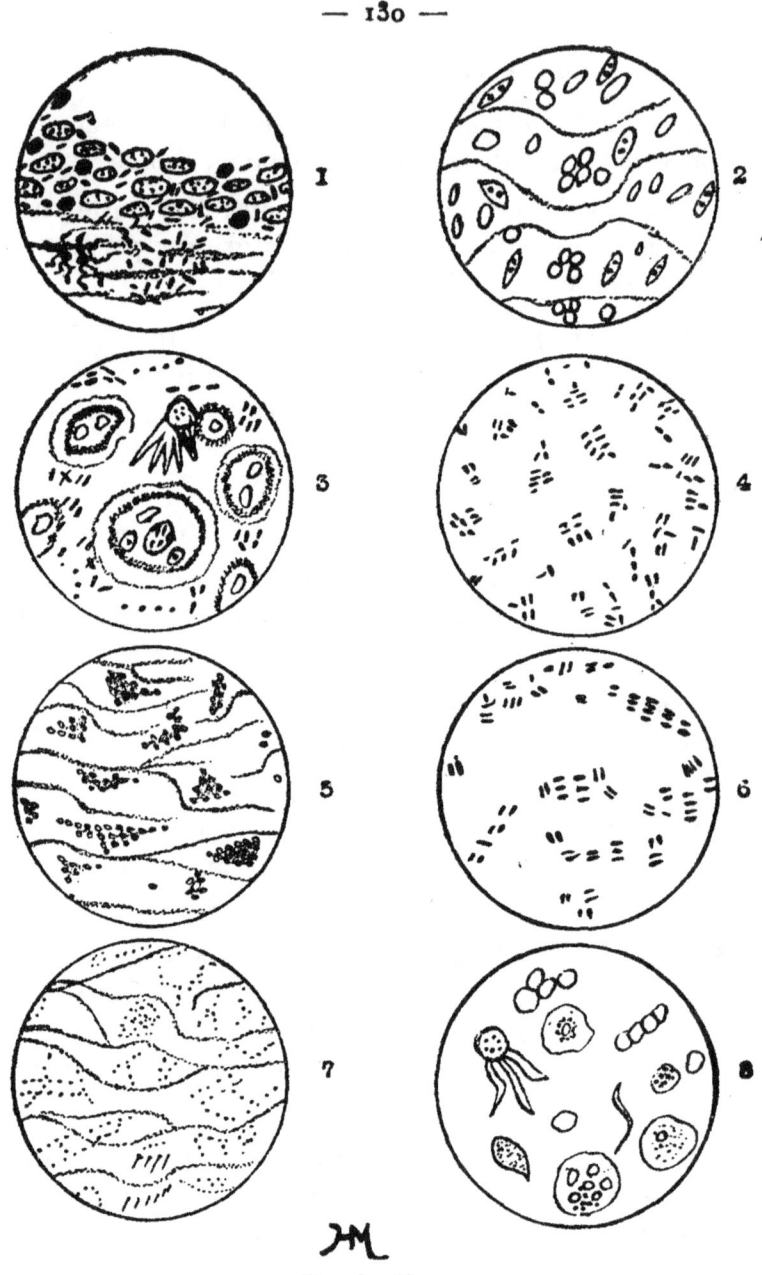

Planche N° 1

6° *Pyocyanique.* Bacille très polymorphe et agent du pus bleu, complication bénigne des plaies.

Il est en antagonisme vis-à-vis de tout élément noir et de l'essence de rose, mais il s'accorde avec le bleu, le rouge et le vert.

7° *Streptocoque.* Elément pyogène du pus et de l'érysipèle. Souvent pathogène il forme des amas purulents. Il prolifère dans le vert-bleu, mais est combattu par le gris, l'eucalyptus, et la lavande.

8° *Hématozoaire du paludisme.* Se présente en quatre formes : corps sphériques, rosaces, croissants et flagelles.

L'impaludisme est dû à la présence dans le sang d'un parasite introduit par piqûres de moustiques. Il évolue dans le gris-noir, mais est combattu par l'indigo et l'orangé associés ainsi que par l'essence de romarin.

CHAPITRE VI

Plantes, Fleurs et Couleurs

La Chlorophylle. — Pourquoi l'Herbe est Verte ? — Les Plantes. — Attributions. — Plantes emblèmatiques et Symboliques. — Les Fleurs. — Action des Fleurs. — Signification des Fleurs.

NOTES DE L'AUTEUR

L'observation la plus attentive se limite aux moyens de voir, de retenir et d'exprimer.

Rarement, ces trois conditions sont réunies chez un même individu.

Celui qui voit, néglige de retenir, celui qui retiendrait n'a rien à voir, et celui qui pourrait exprimer ne peut retenir ce qu'il n'a pas vu.

Celui qui n'a jamais le temps d'être seul avec la nature ne la connaît pas.

Il ne suffit pas de la regarder, il faut la voir, car si elle est si belle, c'est précisément parce que personne ne la voit sous le même angle que son voisin.

LA CHLOROPHYLLE

Avant de passer à l'étude des plantes et de leurs feuilles il n'est pas inutile, croyons-nous, de dire un mot sur la chlorophylle.

La chlorophylle est une substance verte, jusqu'ici encore mystérieuse, qui circule dans les organes aériens des végétaux et manque généralement aux organes souterrains.

*
* *

Une plante dépourvue de chlorophylle vit en parasite, exemple : le champignon, ou en saprophyte telle la flore des mares stagnantes, des eaux croupies ou pourries.

*
* *

La lumière du jour est nécessaire à la formation de la chlorophylle. Dans les endroits sombres, les plantes manquent de coloration verte par suite de l'absence de lumière et d'air, absolument comme le citadin manque de tonalité en ne prenant pas suffisamment contact avec les radiations solaires et l'air pur.

Cette constatation nous permettra peut-être de répondre à la fameuse question posée « Pourquoi l'Herbe est-elle Verte ? ».

POURQUOI L'HERBE EST VERTE ?

Un peu avant les hostilités de 1940 un grand journal du soir faisait part à ses lecteurs que M. Charles Kettering, vice-président de la « *General Motors* » était prêt à dépenser une fortune pour savoir pourquoi l'herbe est verte.

**

Ce problème qui, à priori, semble facile à résoudre, demande plus de connaissances qu'on ne le suppose généralement.

Essayons, de façon absolument désintéressée, d'émettre une hypothèse — oh ! toute gratuite — de nature à ouvrir des horizons à des chercheurs plus savants que nous, sinon d'éclairer la « lanterne » de ce riche Américain :

Nos Maîtres nous ont enseigné que dans la décomposition de la lumière commune, ce sont les radiations bleues qui sont les plus diffusées, donc les plus abondantes dans l'air.

De notre côté, nous avons observé certaines analogies agissantes entre les corps simples, les couleurs spectrales et matérielles.

C'est ainsi que pour nous, radiesthésiste-chromologue, l'hydrogène correspond au bleu, l'azote au jaune.

Du même coup, nous pensons toucher du doigt la solution à donner à ce problème.

L'herbe devient verte par la lymphe qui l'anime. Ce

liquide opalescent tient en puissance une coloration verte qui se révèle entre deux milieux « *Terre* et *Air* ».

Or, c'est dans le système circulatoire de la plante, s'effectuant entre le premier et le second milieu, qu'il est donné de constater que les racines ne sont jamais vertes, que cette couleur est spécifiquement réservée aux parties aériennes : tiges, rameaux, feuilles.

Effectivement, le vert prend naissance au point de séparation des deux milieux « *Terre* et *Air* », point de séparation entre les éléments telluriques et atmosphériques.

Ce verdissement est dû, selon nous, à l'équivalence des rapports azotés de l'air et de la couleur bleue plus ou moins saturée de l'épaisseur atmosphérique.

Toujours d'après notre conception, l'azote (AZ) jaune obscur se combinerait avec l'hydrogène (H), bleu invisible et se décomposerait en présence de l'électricité ambiante et du suc aqueux des végétaux en colorant ces derniers en vert plus ou moins foncé à partir du niveau du sol.

La physique chromatique semble d'ailleurs apporter une confirmation à cette théorie.

On sait que, dans le domaine des couleurs matérielles, on obtient le vert par une combinaison de bleu et de jaune.

Dans la végétation, la fonction chlorophyllienne des

organes aériens n'obéirait-elle pas à un phénomène identique ?

C'est la question que nous nous posons.

Nous aurions peut-être là l'explication du vert végétal. A savoir qu'il résulterait d'une combinaison chimique de l'azote (jaune) et de l'hydrogène (bleu) soit le vert comme résultante.

LES PLANTES

De tout ce qui existe sur notre planète, c'est certainement le règne végétal qui s'impose le plus à notre attention. Partout et toujours nous sommes saisis d'admiration par les beautés naturelles de ce grand dispensateur de sensations, dont le plus clair de son originalité et de sa séduction tient dans ces mots : la végétation agreste ou cultivée.

A la vérité, c'est elle qui nous apporte aliments, remèdes, couleurs, fleurs et parfums.

C'est cette profusion de végétaux, de la vallée à la cîme des montagnes, c'est cette persistance de la plaine à l'altitude qui font le charme de la Nature.

C'est la Nature qui habille les plaines, embaume les vallons, décore la montagne jusqu'à son névé.

Là, ce sont des touffes de rhododendrons, de minuscules crocus, de solitaires chardons bleus ou blancs, des lis sauvages. Ailleurs, ce sont des édelweiss veloutés, de majestueuses digitales, de misanthropes orties blanches, de magnifiques orchidées, de modestes myrtilles, de sympathiques gentianes, etc.

Partout, le monde végétal se manifeste et entretient la vie là où tout serait mort et désert.

A la moindre anfractuosité s'accroche un buisson ; aux éboulis les plus sauvages, aux falaises les plus abruptes, à la paroi des abîmes les plus profonds se cramponnent des plantes et des fleurettes qui égayent les coins les plus rocailleux, les ravins les mieux dissimulés et les escarpements les moins accessibles.

A ne considérer que l'instinct merveilleux des animaux, des oiseaux et des insectes, l'homme qui veut penser, qui veut voir, qui veut sentir trouvera là une rude leçon sous les lois naturelles de la naissance, de l'évolution et de la disparition.

Comme l'homme, la plante naît, grandit et meurt : comme lui, elle possède la propriété de se nourrir, de se développer et de se reproduire ; elle ne diffère de lui que par l'absence d'un système nerveux et par la cellulose qui enveloppe ses cellules.

— 139 —

Observons le petit grain de sénevé, si petit, qui au moindre rayon de soleil germe, croit et grandit jusqu'à devenir un arbre à vastes ramures ; phénomène naturel qui, parmi tant d'autres, passe souvent inaperçu. Pourtant, on recherche son ombre pour s'y reposer, pour étancher sa soif avec les fruits de ses voisins, aussi diversement succulents que nombreux, dans une flore incomparable d'arbres, d'arbrisseaux, de plantes herbacées et florales aux incalculables essences et aux innombrables senteurs.

Voilà ce qu'une infime minorité d'humains pense, voit et sent.

A côté de ces derniers, combien se contenteront de goûter aux délices de Capoue avec une touchante indifférence, le plus naturellement et le plus superficiellement du monde.

En effet, très peu de ceux-ci remarqueront l'énorme travail fourni par la plante qui lutte, qui peine, contourne les roches, heurte les pierres, affronte les intempéries, souffre pour se sacrifier aux espèces vivantes et n'avoir pour toute récompense que le mépris, la meurtrissure ou l'écrasement.

Fort heureusement, il en est qui attachent beaucoup plus d'importance aux merveilles de la végétation dont ils dépendent et vivent, et leur accordent plus qu'une estime médiocre.

Ils pensent aux branches noueuses et tourmentées du chêne, aux tortures physiques de la glycine, aux souffrances de l'olivier, au travail tenace et adhésif du lierre ; au cyclamen qui — tordant cent fois sa frêle tige — parvient à faire admirer sa fleur parfumée ; à la vie cachée du cryptogame, au noble mouvement du phanérogame qui pointe fièrement vers la source d'où il émane et vers laquelle il retournera invinciblement.

Ils voient ces coloris admirables, ces tons curieux, ces nuances délicates qui, avec le charme sylvestre, procurent le repos des yeux, évoquent la promenade sentimentale, incitent à la rêverie.

Ils sentent ces mélanges subtils, si délicieux des parfums naturels des champs qui savent éveiller tant de souvenirs et de pensées agréables à chaque renouveau

Pour ceux qui pensent, voient et sentent, c'est toujours une surprise et une déception de constater que la grande majorité des humains ignore tout ce que la Nature met en jeu à leur intention. Pourtant, tous puisent dans son immense réservoir tout ce dont ils ont besoin, même au-delà de leurs besoins, ils usent et abusent de ses bienfaits avec banalité sinon avec indifférence.

* * *

Mais il n'est pas que des jardins alpestres ou de la plaine. Il est aussi des jardins ruraux, des massifs floraux, des plates-bandes, des appartements, des balcons, des chambrettes, des fenêtres qui se parent du produit de la végétation.

Ici, ce sont les vigoureux bégonias si utilisés dans nos villes et dans nos campagnes, du balcon le plus cossu à la plus humble mansarde, dans les villages, dans les fermes isolées, dans les coins perdus, partout, chez les riches comme chez les pauvres, leurs belles fleurs colorées procurent un charme indéfinissable.

Ailleurs, c'est la beauté pure et immaculée du lis luxueux, les glaïeuls si prospères, les dahlias si brillants, les anémones si abondantes en floraison, les remarquables renoncules, la beauté enchanteresse des montbrétias, les attrayantes et dangereuses tubéreuses, la pittoresque jacinthe, le vigoureux chrysanthème, le rude aster, le gracieux phlox, le canna décoratif, la rustique pivoine, le gypsophile enjoliveur, la ravissante campanule, l'œillet parfumé, la robuste saponaire, la rose magnifique.

Vraiment partout, partout on se sert de la végétation. Elle répond à toutes les aspirations des grands et des petits.

Depuis que le monde est monde, il s'est trouvé, à chaque époque, une catégorie de sensibles, d'initiés qui ont reconnu aux végétaux un autre rôle à jouer.

A travers tous les âges, la technique pantaculaire a utilisé les végétaux comme supports magiques.

Dans le même sens, la science talismanique et l'occultisme se servent des plantes pour représenter les génies prophylactiques contre la puissance du mal de certaines d'entre elles.

Afin de ne pas servir la cause mauvaise, nous nous bornerons à citer quelques plantes bénéfiques :

L'armoise pour protéger les charmes,
La fleur d'amarante pour appeler les forces saines,
La rose-rouge pour combattre les terreurs nocturnes,
Le cèdre pour freiner l'excès sexuel,
L'angélique pour lutter contre l'hypnotisme,
Le chrysanthème pour éloigner les maléfices,
Le bouleau pour prévenir l'envoûtement,
Le nénuphar pour garder la virginité.

***

Sans doute, c'est de là qu'est tirée la formule populaire « Toucher du bois » ? Encore faut-il savoir donner la préférence au tilleul, à l'orme et au frêne, trois bois bénéfiques dont les propriétés occultes ne sont pas à dédaigner.

Le fait d'avoir, chez soi, dans un vase, quelques brindilles de l'un de ces derniers est déjà suffisant en lui-même.

Les branches de romarin ont un symbole plus puissant encore.

***

On peut sourire — pas longtemps — car il faut s'incliner devant l'influence des infiniment petits et des infiniment grands qui peuplent l'univers végétal qui nous entoure, nous pénètre, nous compose ou nous décompose.

Force est donc de passer de l'indifférence à l'intérêt scientifique ou magique qui s'attache aux végétaux.

***

— 143 —

Qui sait : le fait de subir, sans les discipliner, sans les hiérarchiser ces dons merveilleux de la nature nous explique peut-être nos impressions, nos sentiments, nos troubles fonctionnels, etc. ?

Après avoir fouillé le sol de leurs racines, les arbres, les plantes se développent, se colorent, s'aromatisent et se parfument comme par enchantement.

Par des phénomènes naturels et organiques, ils prennent chacun pour leur compte un chimisme particulier, une biologie caractéristique : alcaloïdes, albuminoïdes, colloïdes, métalloïdes, etc.

Ces éléments sont capables de provoquer autant de réactions différentes dans l'intimité de notre individu, de se comporter différemment dans des circonstances données en présence de tel ou tel organisme malade ou bien portant, suivant la masse des premiers et la sensibilité du second.

Après avoir satisfait ses buts utilitaires les plus urgents, l'homme, par la facilité de ses connaissances, devrait se rappeler que, s'il a le pouvoir de semer ce qui lui plaît, de récolter à sa guise, il ne doit pas fouler aux pieds les humbles plantes dont les manifestations sont parfois surprenantes, et peuvent, dans bien des cas, lui procurer un certain capital de félicité qu'il cherche en vain dans la vie ahurissante du matérialisme.

Les végétaux possèdent en effet une chimie exceptionnelle qu'ils puisent partout dans le développement illimité de l'univers des plantes abondamment varié en combinaisons et en propriétés.

**

Il est si facile de tirer de la vie le maximum d'avantages matériels que la majorité des vivants ne se posera jamais la question de savoir où la plante prend ses sucs, son parfum, sa couleur.

Posons nous-même la question et tâchons d'y répondre :

En effet, où prend-elle tout cela ?

Tout simplement dans le sol, dans l'air, quelquefois à des distances considérables, là où se manifestent ces éléments.

**

Un sol siliceux, par exemple, ne comporte, ni fer, ni phosphore.

Cependant, si on y plante un gland de chêne, lequel est vierge de ces deux corps simples, celui-ci devenu un arbre se révélera à l'analyse chimique comme contenant des particules ferreuses et phosphoriques.

Au même endroit, dans le même sol, le frêne se chargera de métalloïdes sulfureux, la salsepareille d'une combinaison iodée, l'ipéca d'un alcaloïde vomitif, la pariétaire de nitrate de potasse, le grenadier de pelletiérine (alcaloïde vermicide), la légendaire ciguë, d'un poison violent, dont Socrate n'hésita pas à boire la coupe pour mourir avec une simplicité stoïque.

***

Selon les traditions médiévales, les plantes de la famille des solanées à propriétés vénéneuses ou toxiques telles : la ciguë, l'aconit, la digitale, le colchique, la morelle, la belladone, la jusquiame, la stramoine, la mandragore quand on sait s'en entourer à bon escient et à dose voulue nous préserveraient d'une bonne part de nos misères pathologiques. D'ailleurs, dans certains pays on pend au cou des enfants des sachets de plantes vénéneuses pour les préserver des maladies infantiles. Ces plantes entrent également dans la composition des philtres destinés à consoler et à apaiser les maux.

***

De plusieurs de ces plantes, notamment la mandragore (scopolia carniolina) qu'il ne faut pas confondre avec la mandragore (atropa mandragora), on tire un alcaloïde anesthésiant très spécial quant à son action et à son emploi et que l'on dénomme scopolamine.

C'est un produit dont l'usage a pour but d'obtenir des aveux spontanés. Mais ces confessions d'une extrême promptitude ne sont pas sincères.

Soumis à l'action de cette drogue hypnotique, le sujet est en complète déficience morale et rendu absolument incapable de démentir les accusations les plus invraisemblables portées contre lui.

Disons en passant que l'antidote est la **strychnine**, laquelle est en opposition formelle avec la nature exacte de l'action exercée par la scopolamine.

Ajoutons que la mandragore est une plante à grandes et larges feuilles d'une saveur et d'une odeur désagréables; elle possède de grosses racines charnues souvent bifurquées et rappelant assez fidèlement un corps humain muni de deux jambes dans l'attitude d'un pendu.

Les plantes que nous venons de citer s'associent au gris pour jouer leur sinistre besogne concernant les os, les dents, les cheveux, l'oreille droite, les reins et la vessie, la frigidité sexuelle, la paresse intestinale, les délires oniriques, les hémorragies et demandent à être combattues comme suit :

Pour les os par l'arroche et l'aster,
— les dents par l'ail et la racine de coudrier,
— la calvitie par la mousse,
— la surdité par la sarriette,
— les reins et la vessie par le figuier et le saxifrage,
— la frigidité par le céleri,
— la paresse intestinale par le séné,
— les cauchemars par le millepertuis,
— les hémorragies par le cyprès, le tamaris et la couleuvrée,
— l'hémoptysie par le gui cueilli sur le chêne.

Tout n'est pas beau dans les plantes. Il est des végétaux dont le symbole correspond aux choses malpropres, obscures et cachées exemple : la s..... connue des « faiseuses d'anges ».

La jusquiame, solanée narcotique et vénéneuse, ne doit jamais être mise dans une chambre à coucher.

En effet, si celle-ci est occupée par deux conjoints, nous assisterons immanquablement à des scènes de ménage quotidiennes, à des discordes conjugales fréquentes.

Le moins qu'on puisse dire, c'est que cette plante provoque des rêves violents et démoniaques, et, par ses qualités agressives, peut se superposer à des troubles divers occasionnés par une carence de bonnes radiations.

On sait, d'autre part, que la jusquiame associée à la mandragore, fait partie d'une technique magique employée par certains magiciens peu scrupuleux, pour déterminer un long et profond sommeil au cours duquel ils peuvent arriver à des fins malhonnêtes ou obscènes et quelquefois dangereuses.

Fort heureusement, il y a en tout la contre-partie ; dans ce cas, le contre-poison de ces manœuvres peu recommandables consiste à porter sur soi, dans un sachet, bleu recto, rouge verso, la racine d'une plante dite sceau de Salomon, qui croit dans les bois au printemps (polygonatum vulgare) ou simplement porter correctement dessiné la figure du sceau de Salomon, ou étoile à six branches.

Et ce n'est pas là un des moindres mystères qui s'attachent à l'action des végétaux. Il est d'autres phénomènes insolites qui se manifestent d'eux-mêmes.

A ce point de vue, nous voudrions rapporter un cas frappant que nous avons observé dans des conditions très sérieuses de contrôle d'un champignon qui, par ses organes de fructification, vivait aux dépens d'une jeune femme considérée comme inguérissable :

*
* *

En compagnie du Docteur G... nous nous rendons dans une ferme de Seine-et-Marne, auprès d'une jeune femme de 27 ans passée assez rapidement de 65 à 31 kilos.

Elle fut examinée par plusieurs médecins, au point de vue hystérique, neurologique et psychanalytique, les spécialistes n'avaient absolument rien trouvé et n'avaient vraiment pu caractériser la cause de cet amaigrissement.

La malade ne souffre pas, mais ne peut se tenir debout, ni marcher, ni parler.

Les seuls symptômes apparents sont une maigreur extrême, la parole perdue, un hébêtement de l'esprit et une astasie-abasie.

Nous apprenons, par la mère, que deux autres membres de sa famille sont décédés prématurément, dans la même chambre, de causes restées inexpliquées.

*
* *

Notre plan est vite arrêté. Etudier la maison et le sol.

Un tour d'horizon, fait avec notre détecteur radiesthésique, nous permet de signaler un endroit morbide vers un placard. Celui-ci est ouvert et y découvrons un volumineux champignon dont la masse spongieuse envahit tous les étages à travers les interstices en laissant tomber de tous côtés des langues béantes et tentaculiformes, enveloppant et rongeant tout sur leur passage.

Nous avions trouvé.

D'après nos observations faites dans le domaine des éléments nocifs, nous cherchons l'orientation du champignon par rapport à la chambre de la malade. Or, il se trouvait à l'Ouest de cette chambre. Dès lors, aucun doute n'était plus possible, c'était bien lui qu'il fallait incriminer.

Il pompait à distance toute la substance aqueuse de la jeune femme, d'où déshydratation et amaigrissement.

Nous fîmes mettre une caisse de chaux-vive et disposer une série de tiges de fer entre la chambre et le cryptogame.

Le résultat ne se fit pas attendre, quelques semaines plus tard nous assistâmes à une reprise en poids de plusieurs kilos chez la malade et à une diminution concomitante de l'indésirable thalle.

Actuellement la jeune femme pèse 52 kilos, **parle, chante et marche**, tandis que, par un juste retour des choses, notre champignon a diminué des deux tiers de son volume initial.

La conclusion première, que nous pouvons tirer de ce cas peu courant, est que des éléments extérieurs peuvent posséder une sorte de priorité dans le processus de la diminution vitale et de la dégradation progressive d'un organisme en mettant en échec toutes les ressources thérapeutiques.

La seconde conclusion est que nos éléments physiques

et chimiques ont pu modifier le milieu dans lequel vivaient la malade et le parasite, et sans la moindre médication, rouvrir les voies de la guérison de la première en assurant la destruction du second.

Nul n'ignore l'envenimement du pin par les chenilles processionnaires, l'urtication du chêne et de l'aubépine par les papillons vénéneux, produisant les mêmes effets que les urticants naturels.

A ce sujet, voici une observation qui ne manque pas d'intérêt :

Dans un jardin, il existe une zone irradiée par la projection verticale d'ondes électro-magnétiques.

Les végétaux, notamment les rosiers, y viennent difficilement.

La propriétaire, croyant bien faire, taille les rosiers. Mais, phénomène auquel elle ne s'attendait pas, les piqûres faites par les épines provoquent une mortification de la peau avec aspect grisâtre du derme. La peau est douloureuse, il se produit une exfoliation chronique et profonde (chute de la peau).

Il nous a suffi d'enfoncer quelques tiges de fer au pied des arbrisseaux pour les rendre sains l'année suivante.

*
* *

Voilà donc un phénomène d'irradiation, ayant comme origine un foyer électro-magnétique, produisant des effets identiques à ceux observés dans les radio et radiumdermites, (brûlures faites par l'électricité et le radium) car, là aussi on remarque une desquamation de la peau.

Il existe de nombreuses théories sur les propriétés des plantes, mais comme il n'entre pas dans notre intention de faire de la médecine végétale, nous nous contenterons simplement d'exposer succinctement les propriétés particulières de quelques plantes notoires.

* * *

Nous savons qu'il n'est pas toujours nécessaire d'absorber une infusion, de boire le produit d'une décoction ou d'appliquer tel cataplasme pour bénéficier des avantages d'une plante ou subir ses méfaits.

Nous n'ignorons pas que le contact ou l'ambiance sont parfois suffisants pour provoquer des réflexes et des contre-réflexes très énergiques.

* * *

M. Faulkner (1) rapporte l'observation très curieuse d'un jardinier qui subit une intoxication par contact épidermique à travers les téguments :

Chargé d'employer une bouillie nicotinée dans son jardin, il avait mouillé son pantalon en aspergeant ses arbres et fut conduit à l'hôpital pour empoisonnement.

Sorti de l'hôpital, il remet le pantalon tragique, et instantanément une nouvelle intoxication survint.

* * *

---

(1) Homéopathie Moderne 1ᵉʳ mars 1934.

M. Hector Durville, dans sa « Physique Magnétique » cite le fait qu'une plante peut agir à travers un flacon tenu dans la main.

C'est ainsi qu'il a constaté les effets purgatifs d'un flacon de séné tenu par un constipé.

Voilà prouvée de façon péremptoire l'action d'ions purgatifs à travers un contenant en verre.

*
* *

Partant du même principe, on peut s'ioniser de telles radiations en portant tel végétal.

Exemple, en ayant sur soi du thuya, lequel est anthelminthique, on peut lutter contre les vers intestinaux.

Avez-vous affaire à un sujet atteint de dipsomanie (envie morbide de boire à chaque instant) du poivre de Cayenne mis dans l'une des poches de l'ivrogne aura les plus heureuses conséquences et pour la bourse et pour la santé.

Dans cet ordre d'idées, les constipés porteront sur eux un morceau d'aloès.

*
* *

Un sachet de fucus ferait maigrir au même titre qu'un tissu bleu, un sachet de fenugrec ferait engraisser dans les mêmes conditions qu'une ambiance rouge.

*
* *

En sachet, la digitale aurait une action accélératrice sur les pulsations cardiaques, tandis que, par imprégnation, elle exercerait une action freinante. On aurait ainsi, et suivant le cas, une activité plus au moins augmentée du cœur.

Sachant que la photographie est reliée à la personne qui a posé devant l'objectif, il nous est dès lors facile de concevoir que la photo imprégnée de telle substance, les radiations de cette dernière, accompagnant celles de la reproduction, ne manqueront pas d'aller rejoindre la personne représentée.

De là découle que, si on ne veut pas s'exposer à l'enjominage, ou à ce que l'on appelle envoûtement, on évitera de confier sa photographie à n'importe qui, pas plus d'ailleurs qu'on ne confiera des cheveux. A moins de savoir se rendre réfractaire aux tentatives possibles de ceux qui chercheraient à nous nuire en empoisonnant notre existence par des troubles mystérieux.

La nature, toujours généreuse, met souvent le remède à côté du mal. En effet, des moyens de s'immuniser efficacement contre ces pratiques résident dans l'emploi du cercle, de la pointe, de la grille, du charbon de bois, du soufre, du choc en retour magnétique. D'où il résulte que ces charges occultes faites à distance peuvent être facilement réduites à leur plus simple expression, voire même anéanties complètement. Il est à noter que, dans le cas d'une défense noblement organisée, l'émetteur de forces mauvaises est très souvent pris à son propre piège.

En 1937, l'auteur de ces lignes est victime d'un amaigrissement subit de 7 kilos. Il cherche radiesthésiquement la cause et n'en trouve aucune dans le domaine pathologique. L'idée lui vient ensuite de chercher si quelque personne charitable ne s'intéresse pas trop à la sienne.

Effectivement, après quelques prospections à distance, il situe la direction d'où venait le fluide maléfique, et, par surcroît, identifie l'émetteur ou plutôt l'émettrice, car il s'agissait en l'espèce d'une fort gentille jeune fille de vingt-deux printemps.

Il la fait venir et lui dit ceci :

« Mademoiselle, c'est très aimable à vous de vous occuper de ma sveltesse, mais sept kilogrammes en un mois c'est très suffisant. Arrêtez, je vous prie, votre travail si vous ne désirez pas vous exposer au choc en retour, non pas que je veuille l'exercer contre vous, mais je vous préviens charitablement, qu'en ce qui me concerne, il fonctionne malgré moi et à mon insu. »

Un peu étourdie par ce langage révélateur, la jeune fille s'en alla vexée, malgré tout, d'avoir été découverte.

*
* *

Or, le curieux de cette histoire, c'est qu'un an après nous rencontrons la dite jeune fille très amaigrie. La conversation s'engage, et à brûle-pourpoint, elle nous demande de bien vouloir, non pas cesser notre travail, puisque nous n'y étions absolument pour rien, mais de la faire engraisser. Comme il faut toujours être charitable envers ceux qui nous nuisent même inconsciemment, nous lui demandons sa photographie.

Le témoin arrivé par le courrier du lendemain est mis en bon endroit avec un émetteur géométrique adéquat et une dose déterminée de fenu-grec. Deux mois après, nous recévons des excuses et des remerciements.

***

Evidemment, il y a là toute une technique qu'il nous est impossible de décrire ici, mais il était nécessaire d'en dire deux mots dans le but d'informer le lecteur et de le mettre en garde contre de telles possibilités. Nous pensons qu'il n'y a là rien d'hétérodoxe à l'avoir fait.

***

Nous voilà prévenus. Il ne tient qu'à nous d'imiter la fée Viviane qui sut tirer le meilleur parti des leçons de l'enchanteur Merlin. Ceci dit sans jeu de mots.

Voilà qui ferait comprendre l'action à distance des enjomineurs magiques et des envoûteurs jadis très répandus, de nos jours encore plus nombreux et plus puissants. Leurs moyens sont toujours les mêmes ; tout au plus, varient-ils de forme. Seules, les recettes se sont accordées aux temps présents.

***

Qui sait ? La fête de la Saint-Jean, l'homme de la Science divine et de l'Esprit, au moment où les herbes du même nom (millepertuis) sont en plein épanouissement, la fête du blé après la récolte, la tradition du buis et du gui n'ont peut-être pas d'autres raisons de défense.

***

Ne sait-on pas que le gui suspendu d'une certaine façon dans une demeure est d'une grande puissance pour la femme qui désire développer ses aptitudes maternelles.

Ainsi serait expliquée l'action reconnue particulièrement bénéfique du laurier-sauce au sud d'une habitation.

Par contre, le marronnier d'inde dans une ferme se montrerait toxique pour les bovidés et les anatidés.

Le cèdre symbole de force et de majesté peut combattre la virilité des espèces vivantes proliférant à l'Est de son emplacement.

La sauge dans les environs d'une demeure est très bénéfique. Une maxime dit : qui a sauge en jardin ne meurt pas demain.

**

Lorsqu'on énonce de tels procédés, on songe malgré tout à la magie des temps révolus, à ces procédés magiques échappés des grimoires anciens encore utilisés dans nos campagnes et dans nos villes.

**

Malgré tout le scepticisme opposé à de semblables pratiques, dès que l'on aborde ce domaine du **merveilleux** et de l'occulte, on est sûr de trouver de nombreuses complaisances et sympathies, et l'on voit les plus incroyants se plier le plus volontiers du monde au cérémonial et aux rites les plus invraisemblables afin de bénéficier des forces mystérieuses, ou d'y échapper, d'en atténuer les maux ou de s'en délivrer.

**

Expliquer scientifiquement ces phénomènes n'est guère possible. Il faut les admettre néanmoins, puisque les faits sont là pour en prouver l'exactitude. Cependant, on peut dire que le même est relié au même. A n'importe quelle distance, une plante est en communication avec les autres de son espèce, une branche vaut l'arbre, une fleur vaut la branche, une photographie vaut l'homme ; des cheveux, des rognures d'ongles valent la personne, de même qu'une figure talismanique vaut l'histoire et les signes qu'elle représente.

A première vue, une plante peut sembler insignifiante, un arbre peut offrir les mêmes raisons de désintéressement. Cela n'a aucune importance si ces derniers sont bons ou simplement neutres. Il n'en sera pas de même si les principes actifs sont toxiques ou diminués par l'absence de plantes d'accompagnement.

On appelle plante d'accompagnement, un végétal dont l'action biologique est opposée tout en étant indispensable. C'est en résumé le bon et le mauvais en étroite corrélation, comme le remède et le mal.

A remarquer que les mauvaises herbes font leur apparition en même temps ou après les plantes sarclées.

C'est ainsi que le seigle sollicite la pensée sauvage, le blé attire le bluet, la laitue le millefeuille, le sainfoin la marguerite des champs, etc.

Poussant en groupe dans un entourage qui lui convient, la gentille pâquerette poussera à la sexualité. Cultivée isolément ou transplantée sans ses éléments d'accompagnement elle perdra ses principes aphrodisiaques.

**

La fameuse mandragore n'a vraiment de valeur que récoltée en Grèce, en Corse, tandis que si on l'expatrie sans son insecte accompagnateur, qui au point de vue physiologique est chargé de la faire fructifier, elle ne jouit plus autant des propriétés énoncées précédemment.

**

Comme l'être vivant, le végétal a sa Patrie.

Le chanvre de nos régions ne possède pas les propriétés enivrantes du chanvre indien.

**

Nul ne peut nier l'action proche ou lointaine des substances matérielles. Des trois règnes de la nature, c'est, sans conteste, le règne végétal qui est le plus agissant sous des formes aussi nombreuses que variées.

**

Tout en tenant compte du rayon d'action, de l'intensité, il est utile de faire intervenir le facteur réceptivité et aussi celui de la sensibilité. Ce n'est un secret pour personne que le végétarisme plus ou moins intégral, donne des résultats différents chez des végétariens apparemment semblables.

Il y a des cas possibles d'anaphylaxie ou d'idiosyncrasie. Chez les uns la sensibilité favorise l'assimilation, chez les autres une tendance organique à ne pas assimiler.

Au surplus, on doit envisager la question des microdoses et des macrodoses. Il est un fait certain, c'est qu'une dose massive peut être sans effet sur un sujet habitué, alors qu'une dose infinitésimale peut être fortement agissante sur un sujet sensible. On peut même s'attendre à voir des alcaloïdes en microdoses combattre avantageusement des troubles engendrés par des macrodoses du même produit en station dans une boutique ou dans une chambre à coucher, même si ces derniers sont sous forme de flacons bouchés.

Il reste évident que la nature du sujet et du produit dépendent pour une bonne part du milieu ambiant et notamment géologique ou chimique.

Ne voyons-nous pas le champenois assimiler rapidement les alcaloïdes, tandis que le vosgien y est moins sensible. Inversement le vosgien, par une sorte de tropisme local, sera attiré vers les métalloïdes, le champenois en sera éloigné.

Les résultats seront inversés pour les deux parties si elles sont transplantées.

Enfin, insistons sur le fait que les grandes valeurs changent le sens du but cherché et que la sensibilité est inversement proportionnelle. Ce qui implique une nécessité de ne pas prendre comme valeurs données à l'avance des valeurs correspondantes attribuées aux variables. Autrement dit, il ne faut pas extrapoler.

Exemples : la rhubarbe et le coing, éléments à deux modalités, peuvent purger les bilieux et constiper les sanguins.

Citons encore la contribution involontaire de la pomme de terre dans la poche d'un rhumatisant de la Somme, qui absorbe les douleurs par une diminution simultanée de son volume. Par contraste ou par nécessité naturelle, elle n'aura aucune action chez un autochtone de la Haute-Saône.

Il est à retenir que le contact fréquent et soutenu des radiations du noyer peut gêner un hypotendu au point de pouvoir déterminer par son seul voisinage un véritable effondrement tensionnel.

Le noyer est hypertensif par contact et hypotensif par ambiance.

Le lin est nécessaire à doses minima pour l'inflammation des reins et de la vessie, tandis qu'à doses optima il diminue l'élimination.

— 161 —

Le mélilot à forte dose exalte l'inflammation utérine, tandis qu'il l'inhibe à dose faible.

Des applications espacées de racines de salsepareille dans un sachet jaune-orangé sont parfaites pour la prophylaxie du goître, tandis que des applications excessives déterminent l'hyperthyroïdie.

Le nénuphar et le cèdre qui sont des calmants à doses normales et permettent de supporter les rigueurs du célibat, le café et la camomille : des excitants dans les mêmes conditions de dosage, seront à processus inverses, à doses fortes.

L'ipéca à doses hyperphysiologiques n'est-il pas expectorant ? Tandis qu'à doses infimes il est antispasmodique et contrarie l'expectoration.

Le bleu, le mouron, la rose de Jéricho, la pivoine favorables, par leur fraîcheur, aux femmes en mal d'enfant, peuvent être antidotés par la présence du jaune et de la tubéreuse.

Bien plus, ces derniers peuvent donner naissance à des accès éclamptiques caractérisés par des spasmes convulsifs épileptiformes et des urines albuminuriques.

On se souvient que le jaune appelle les radiations azotées et affecte les reins. En conséquence, pas de jaune ni de tubéreuse dans la chambre ou à proximité d'une future maman. Par contre, l'un et l'autre sont susceptibles de favoriser considérablement la rétraction du poumon et la cicatrisation des lésions pulmonaires dans le cas post-opératoire du pneumothorax.

* * *

Les végétaux peuvent aussi bien avoir une action topique :

L'inhalation de fumée de belladone et de jusquiame contre l'asthme,

La fumée de sauge brûlée sans flamme, et les pleurs de vigne sont souverains pour les maux d'yeux,

La chélidoine pour le lobe droit du foie et les duvets superflus,

Le millepertuis pour le catarrhe vésical et vaginal,

Le persil pour faire tomber les seins, la rose blanche pour les raffermir,

La carotte crue pour la vésicule biliaire,

La capillaire pour la toux sèche,

L'arrête-bœuf pour le diabète,

La joubarbe pour le muguet (inflammation épidémique de la bouche),

Le gui de chêne pour l'épilepsie,

Le gui de chêne attire la lumière astrale et met en rapport avec les forces supérieures. Peut-être un jour découvrira-t-on les étonnantes propriétés de cette plante que les Gaulois vénéraient comme étant le symbole de l'immortalité de l'âme. En dehors des vertus extraordinaires attribuées à cette plante le gui est préconisé comme capable de faire baisser la tension artérielle.

Le jasmin pour la pleurésie,
Le chou, le navet-rave pour l'entérite,
La menthe poivrée pour l'aménorrhée, la mémoire,
L'ortie, la renoncule, la scamonée pour les agents infectieux,
Le pourpier pour l'élimination de l'acide urique,
La lavande pour la paralysie, l'épilepsie,
L'aigremoine et la ronce pour les pertes blanches,
L'avoine et la pulmonaire pour l'hémoptysie,
Le colchique pour la goutte,
La bourrache pour la pleurésie,
L'épinard pour les inflammations intestinales,
L'épine-vinette pour l'hydropisie,
La lavande pour le cerveau,
L'origan pour l'asthme humide,
L'orme pour la sciatique,
Le pavot pour la toux nerveuse,
La rue pour la fétidité du nez et de la bouche,
Le sureau pour les poumons,
Le navet et l'oignon combinés pour les troubles prostatiques,
Le serpolet, la vanille, la verveine pour la céphalée,
Le benjoin pour les ulcères,
La cade pour la gale,
La sauge pour les apoplexies,
La térébenthine pour la gravelle et la pierre,
L'armoise pour la chlorose.

Si vous avez des cors — pas de la famille de l'instrument cynégétique, ni de celui célèbre du paladin ROLAND — des cors aux pieds, naturellement ! Où voulez-vous qu'ils soient ? — Si vous avez des cors disions-nous, cherchez sur le toit de quelque chaumière la même plante grasse et repléte, dite joubarbe des toits, elle est capable de rivaliser avec les excisions, les cautérisations et les pommades les plus savantes.

*
* *

Dans le but de satisfaire ou de chercher à satisfaire la curiosité des chercheurs sympathisants, non rompus à l'observation des influences végétales, nous allons donner, du point de vue qui nous intéresse, une liste des principales plantes tirée de l'arsenal botanique :

*
* *

ATTRIBUTIONS

Anticalculeux : le thym, la pariétaire.
Antidiarrhéique : l'usnée.
Antiblennorragique : le santal.
Antigoutteux : la bétoine, le colchique.
Antihémorroïdal : le souci officinal.
Antiscorbutiques : la crucifère, le trèfle d'eau, le cochléaria, l'armoracie, tous les légumes frais.
Antiseptiques : le thym, la lavande, la grenade, le safran.
Antispasmodiques : la valériane, le caille-lait, la belladone, le coléus, l'anémone, l'aubépine, la camomille.

Antisudorale : la sauge.
Apéritifs : la saponaire, la gentiane, la chicorée, le chiendent, l'anis.
Aphrodisiaques : le céleri, le lys, la jacinthe, le narcisse, le muguet, la pâquerette.

Astringentes : la quintefeuille, la bistorte, la feuille de vigne, la ronce, l'aigremoine, la feuille de noyer, l'écorce de chêne, l'aune, l'aubépine.

Béchiques : le bouillon blanc, la guimauve, la réglisse, le lierre terrestre, le tussilage, le sapin, le pin, la grande consoude, le coquelicot, l'aulnée.

Carminatifs : l'anis vert, le carvi, le laurier, la sauge, le fenouil, la coriandre.

Diurétiques : le mouron, le pourpier, la linaire, le lotus, le cresson d'eau, le plantain, le tilleul, l'asperge, l'aulnée, le chiendent, l'orge, l'oignon, l'arum, la moutarde blanche, le styrax, le cerfeuil, la vanille, le serpolet.

Dépuratifs : la douce amère, le radis, la salsepareille, la marrube, le lierre d'arbre, le houblon, le cresson.

Dévitalisants : le mimosa, toutes les plantes grasses.

Digestifs : l'herbe-à-chat, l'endive, la pistache, la fève, les raisins durs.

Emollients : l'orge, la graine de lin.

Emménagogues : l'ellébore, l'arrête-bœuf, la verveine, la cannelle, l'armoise, la menthe, l'absinthe, la rue, la sabine, l'aconit, le safran, l'apiol.

Expectorants : L'ipéca, l'aulnée, le bourgeon de sapin.

Fébrifuges : la centaurée, le marron d'inde, la chicorée sauvage, l'écorce de saule marsaux.

Laxatifs : la mercuriale, la pâquerette, la caroube, la manne, la cascarine, le tamarin, le brou de noix.

Narcotiques : la jusquiame, la belladone, le pavot, le muguet, la mandragore, la joubarbe, l'opium, le passiflore.

Pectorales : la violette odorante, le chou rouge, le citronnier, la réglisse, la pomme de reinette, l'adiante.

Purgatifs : la rhubarbe, la casse, l'aloès, la coloquinte, le séné, la bourdaine, le nerprun, le rhizome d'ellébore.

Résolutifs : le poireau, l'ache.

Révulsive : la thapsie.

Stimulants : le cresson de fontaine, le cumin.

Stomachiques : le cassis, la centaurée, le cerfeuil, la cerise, la coriandre, le citron, la mélisse, le thym, la marrube, la véronique, la tanaisie.

Sudorifiques : l'angélique, la bardane, l'hysope, le noyer, le souci, la saponaire, la bourrache, le buis.

Toniques : la benoite écarlate, le millefeuille, la feuille de chêne, l'écorce de mûrier noir, le vélar, le saule blanc, le thym, (ces derniers sont également antiscrofuleux).

Vermicides : l'ail, la mousse de Corse, le cousso, l'absinthe.

Vermifuges : la fougère mâle, la fumeterre, le semen-contra, l'écorce de hêtre, le houblon, la santonine, les semences de courge, la racine de grenadier, le thuya.

Vomitifs : l'ipéca, la noix vomique.

Vulnéraires : la pâquerette, la sauge, la quintefeuille, la centaurée.

Voici d'autres **attributions** :

La racine de cyclamen, le pourpier, la fève fraîche s'emploient contre le hâle et les tâches de rousseur et pour rendre la peau plus souple et suave.

Le lierre pour le lavage du nez.

L'eau de jus de poireau, de concombre et de fraise en affusions pour le velouté du visage.

Les bains d'eau de thym pour affiner les chevilles et soulager les pieds fatigués.

L'eau de rose-rouge pour renforcer les gencives.

La guimauve, la serpentine, la scabieuse, le tussilage, l'achillée, la quintefeuille pour la voix.

Le romarin, par son ambiance, est fort apprécié comme stimulant chez les hépathiques et comme fortifiant externe dans la croissance des enfants.

* *

Telles sont, pour terminer cette rubrique, quelques-unes des influences particulières qui se dégagent des végétaux et se manifestent à tous les niveaux de l'activité, de la passivité, de la toxicité, etc.

Si une telle série d'influences n'avait qu'un effet unique ou isolé, on pourrait admettre le phénomène de la coïncidence, mais il en est tout autrement, car il n'est pas difficile de juger de l'action particulière de chaque fleur et de supposer une raison profonde dirigeant, mieux que les hommes ne les comprennent, ces flores naturelles qui dominent toute la géographie botanique.

Parfois, la piste de la science exacte peut se perdre dans l'immensité des actions et des influences, très différentes des conditions ordinaires d'observation, mais on peut la retrouver dans la médecine hermétique. (PARACELSE.)

Si l'organisme humain est capable de se laisser influencer par le contact ou la proximité des plantes, depuis les symptômes les plus subtils jusqu'aux plus matériels, cela ne suppose pas toujours une action impersonnelle et une unification d'effets systématique.

Raison majeure qui milite en faveur d'un choix judicieux, non d'une standardisation simple et facile, mais d'une syntonisation individuelle en qualité et en quantité que seule la Radiesthésie peut permettre.

PLANTES EMBLÉMATIQUES ET SYMBOLIQUES

Abricotier	: Insensibilité.	If	: Tristesse.
Acacia	: Pureté.	Ivraie	: Vice.
Alisier	: Estime.	Jonc	: Soumission.
Aloès	: Amertume.	Laurier	: Triomphe.
Alpiste	: Solidité.	Lierre	: Attachement.
Amandier	: Aménité.	Magnolia	: Puissance.
Aubépine	: Prudence.	Marronnier	: Affection.
Baguenaudier	: Peu durable.	Mousse	: Protection.
Bouleau	: Mensonge.	Myrtille	: Amour.
Buis	: Persévérance.	Mûrier	: Discrétion.
Cèdre	: Majesté.	Olivier	: Paix.
Chiendent	: Tenacité.	Oranger	: Pureté.
Châtaignier	: Constance.	Palmier	: Succès.
Chêne	: Résistance.	Pêcher	: Prohibition.
Cyprès	: Douleur.	Poirier	: Fébrilité.
Cytise	: Illusion.	Pommier	: Tempérance.
Ebénier	: Impatience.	Ronce	: Envie.
Eglantier	: Ardeur.	Roseau	: Souplesse.
Erable	: Force.	Rosier	: Adynamie.
Figuier	: Jalousie.	Saule	: Mysanthropie.
Grenadier	: Passion.	Thuya	: Déficience.
Houblon	: Indifférence.	Tilleul	: Obliquité **morale**.
Houx	: Défense.		

LES FLEURS

L'exposé que nous venons de faire sur les végétaux nous oblige à ne pas négliger les fleurs.

Les plantes étant considérées comme arbres, arbrisseaux, arbustes sous-arbrisseaux et herbes, se fixent généralement au sol par des racines et ont un tronc, des branches, des tiges, des feuilles et des fleurs.

La fleur n'est qu'une partie de la plante. Elle se différencie de cette dernière par son appareil reproducteur : le réceptacle où s'insèrent le calice, la corolle, les étamines, le pollen, la couleur et le parfum.

Les fleurs se divisent en deux catégories principales résultant de leurs couleurs et de leurs parfums :

1° Celles qui ont des parfums pénétrants, capiteux et des couleurs vives, brillantes et ardentes.

2° Celles aux parfums plus doux et aux couleurs plus modestes.

Si nous allons en « week-end », en vacances, à la mer, à la campagne, à la montagne, partout les fleurs ont le privilège de charmer notre regard, de favoriser notre détente et notre délassement.

Partout, à travers monts et vaux, l'exubérante végétation colore et parfume notre beau pays, si riche en beautés naturelles.

De tous côtés, des fleurs : de Chamonix au cirque de Gavarnie, le plus célèbre de nos monts. Ici des plaines de fougères, des vallées drapées de trèfles et de sainfoin ; là des mammelons tapissés de pâquerettes, des pics couverts d'édelweiss.

Partout des fleurs :

De l'*Oise* à l'*Anjou*.

Des plaines de l'*Artois* à celles de la *Beauce*.

Du ciel de la *Fontaine* à la *Bourgogne*.

De la forêt chère à Debussy aux futaies auréolées de genêts d'or de Broceliande.

Des boulaies solognotes aux *Landes* saignant de résine odorante.

Du *Midi* caillouteux, capiteux d'être trop fleuri, au *Poitou* peuplé d'angéliques.

Enfin, jusqu'au sol sauvage et chaotique de la région de *Fontainebleau* piquée de thlaspis, d'où Christine de Suède fit savoir à Monaldeschi que ce n'est pas sans raison que la nature a donné des épines aux roses.

Par leurs combinaisons chimiques et odorantes les fleurs d'une même espèce peuvent offrir des différences très considérables, suivant les conditions dans lesquelles elles se trouvent : fraîchement coupées ou desséchées.

* * *

Très souvent, les fleurs coupées et mises dans un vase rempli d'eau salée ou savonneuse se comportent avec autant d'influence que sur leur support. Plus souvent encore, la dessication fait perdre à certaines fleurs beaucoup de leurs propriétés.

Tolérées ou bénéfiques, fraîchement coupées, elles peuvent devenir intolérables ou funestes après déshydratation. De même, des fleurs fraîches à complexe intoxicant peuvent se révéler curatives après desséchement.

* * *

Les fleurs entre elles peuvent s'associer — exemple : la fleur de mauve, de pied-de-chat, de pas-d'âne et de coquelicot — et donner un mélange d'où l'on tire une tisane adoucissante dite « des quatre fleurs » ; se détruire, tel l'œillet qui tue la rose ; se neutraliser, comme l'aconit et la digitale ; la fleur blanche du caféier et celle, blanche aussi, de l'herbe à Nicot.

* * *

Suivant leur effluence, des fleurs sont incommodantes, leur odeur peut parfois nous peser, nous indisposer jusqu'à déterminer de véritables malaises ; tandis que d'autres, par leur émanation suave et leur mécanisme des impressions olfactives, apportent par leur action, sur les terminaisons nerveuses, une sensation de bien-être.

* * *

Les fleurs agissent sur la rétine par leurs couleurs et sur la région olfactive par leur odeur. Dans les deux cas, elles peuvent être à la base de sensations agréables ou pénibles.

Ajoutons que les impressions sont très variables et en étroite corrélation avec l'acuité visuelle et celle du sens de l'odorat.

**

Un bouquet de fleurs groupées avec art aura l'avantage d'un heureux effet sur la rétine, il éveillera la gaité.

Une simple fleur dans un verre, un vase orné de fleurs ayant des affinités entre elles peut éclipser une œuvre d'art.

Au contraire, un bouquet de fleurs uniformes sera sans vivacité, il donnera le calme, la monotonie, la tranquillité, sinon la mélancolie.

**

Dans les soirées mondaines, les femmes parées de fleurs, accordées à leur carnation, seront des stimulants prépondérants et agréables pour l'œil autant, et parfois plus, que les femmes parées de pierreries.

L'harmonie absolue de l'œillet blanc à la boutonnière d'un noir smoking fera oublier bien des défauts physiques masculins.

**

Il y a quelques temps, un poste de radio-diffusion annonçait à ses auditeurs qu'une talentueuse artiste ne sortait, ni ne chantait sans une fleur de capucine piquée à son corsage. Le « speaker » ajoutait que cette modeste fleurette était particulièrement affectionnée par la célèbre cantatrice, et qu'elle la considérait comme ayant présidé à son immense succès.

Ce phénomène est malaisément définissable, mais ce que l'on peut admettre c'est que les analogues et les contraires ne peuvent être bons et mauvais en même temps. Cette artiste a su plaire à la fleur qui lui plaisait. Est-ce par don ou par art ? Personne ne le saura, sans doute, jamais !

Pour plaire il faut être deux : celle ou celui qui plait, et celui ou celle à qui plaît celle ou celui qui plaît. C'est dans l'harmonie que les âmes sœurs se reconnaissent, se conjuguent, se renforcent et s'exaltent.

Des personnes font mourir les fleurs, d'autres les font vivre. Il y a, par conséquent, des fleurs fastes et des fleurs néfastes qui trouvent leur réciprocité ou leur contradiction chez les individus.

Qu'il s'agisse de toilettes, de bijoux, de parfums ou de fleurs, il y a lieu de se pénétrer de cette élémentaire nécessité qui consiste à s'associer aux éléments qui ont de l'affinité avec nous. Autrement, nous risquons, suivant la célèbre expression de Chevreul, de donner l'impression d'une « harmonie de pêle-mêle ».

ACTION DES FLEURS

Nous pensons plaire à nos lecteurs et plus particulièrement à nos lectrices en leur donnant un résumé de l'action particulière exercée par les plantes florales les plus connues. Ils apprendront ainsi — surtout si le ciel ne leur a pas refusé une certaine perspicacité — qu'il y a des raisons qu'ils peuvent avoir — ou n'avoir pas — de plaire à leurs semblables et aux fleurs, de se plaire ou de se déplaire mutuellement.

Mettez des tulipes, des iris, des glaïeuls dans un bureau ou dans une chambre, vous vous apercevrez rapidement que ces fleurs créent une atmosphère de lourdeur, déprimante et portant à la mélancolie.

Les orchidées sont de très jolies fleurs, fort chères, mais aussi très néfastes ; elles détruisent l'affection et l'amour. Par contre, le jasmin et la rose les renforcent.

La rose est un pantacle en elle-même : de forme circulaire avec des feuilles en forme de cœur, une couleur donnant toutes les nuances les plus primitives, un calice de pourpre et d'or. Elle entre dans le mystère des rose-croix dont le symbole est une croix sur une rose.

La rose, c'est la fleur d'initiation. Rappelons-nous le cas de Sainte Thérèse de Lisieux.

Méfiez-vous de la charmante violette odorante qui, par son exhalation sournoise, incite aux perversions sexuelles.

Les Romains dans leurs festins se ceignaient le front de violettes afin de dissiper les fumées de l'ivresse et de les mieux préparer aux assauts libidineux qui généralement suivaient les excès de table.

Prenez-garde à l'action de l'œillet d'inde et du rhododendron, ils peuvent l'un et l'autre vous faire perdre vos amis les plus chers, alors que l'œillet de poète attire la sympathie et l'admiration.

Etes-vous délaissé ? Portez la marguerite qui se chargera de combler le déficit. A moins, décidément, que devant la froideur persistante de la personne aimée vous n'adoptiez la bruyère ou le nénuphar pour vous lancer dans l'oubli total.

Perdez-vous la mémoire ? Appuyez-vous sur la menthe poivrée.

Ne vous exposez pas aux dures épreuves que peut attirer sur vous la maléfique renoncule, voyez plutôt la pervenche qui vous aidera à vaincre les obstacles, de même que le chrysanthème jaune d'or vous soutiendra dans l'adversité.

Etes-vous abandonné ? Evitez l'asphodèle.

Si vous êtes rivalisé, méfiez-vous du coréopsis.

Dans les deux cas, pensez à porter le volubilis qui remettra tout en ordre.

Fuyez comme la peste le basilic, car il attire la pauvreté et la haine.

Affectionnez tout particulièrement le bégonia si vous désirez vous rendre sympathique.

Si vous êtes trop rude, portez la balsamine qui est le symbole de la délicatesse.

Ne vous entourez pas de crocus, ni de passiflore si vous avez des inquiétudes, portez plutôt le romarin qui rend le cœur heureux.

Recherchez le fuchsia, la rose d'Evian, le lilas volcan, la rose Comtesse de Caraman si vous manquez d'ardeur dans vos sentiments. En cas d'insuccès, appuyez-vous solidement sur cytise, tamaris, coréopsis, rose trémière rouge violacé, coquelourde, lilas géant des batailles.

Offrez l'héliotrope à la personne dont vous désirez conserver l'affection ou l'amour. Au contraire, n'offrez pas l'hysope dont l'indicatif est éloignement et séparation. N'offrez pas davantage le souci qui rend indifférent.

Avez-vous des peines de cœur ? Repoussez la cinéraire et l'hortensia en vous attachant à l'euphorbe et à l'aubépine.

Si vous êtes timide, évitez le bluet ; portez la pivoine ou la tulipe rouge qui vous donneront de la décision et de l'assurance dans vos démarches sentimentales.

Notez que la clématite peut vous aider considérablement dans la réalisation de vos désirs.

Retenez que la capucine, si elle peut vous rendre indifférent, peut aussi vous assurer la célébrité.

Avez-vous tendance à trop parler ? (trop parler nuit) la belle de nuit vous incitera à la discrétion.

Le colchique est l'ennemi de la jalousie, le zinnia en est l'ami.

Vous reproche-t-on d'être vaniteux et égoïste, ne portez et ne supportez jamais de narcisses. Adoptez le lis, fleur des fleurs, qui par sa lumineuse blancheur, est l'emblème de la modestie et de l'amour pur. Si cet amour est passionné, vous le ferez savoir en portant le lilas Louvois ou le lilas négro.

Souvenez-vous que l'aristoloche et le glaïeul rendent cruel et méchant.

N'oubliez pas que la gentille pâquerette peut provoquer des éruptions cutanées. En revanche, elle peut favoriser la conception, l'amour pur et fidèle.

Ne détruisez pas votre gaité naturelle en portant la jonquille qui rend triste, ni la bruyère qui incline à la solitude.

Si vous êtes peu sociable, associez-vous à la rose safran, au physalis, au bégonia grandiflora, au géranium orangé qui rendent bienveillant.

Si vous êtes séduit, annoncez-le en offrant des primevères. Et, pour faire connaître que vous aimerez aussi longtemps que l'on vous aimera, l'anémone et le dahlia seront vos ambassadeurs préférés.

Le pavot n'est pas une fleur digne de vous mettre en valeur. En effet, il symbolise l'apathie, l'engourdissement, la somnolence. Pris séparément, le pavot blanc est synonyme de soupçon, le pavot rose de vivacité, le pavot rouge d'orgueil, le pavot simple d'étourderie ; autant de penchants matériels qui peuvent être corrigés par l'édelweis beaucoup plus éloquent à traduire ce que ressent le cœur. Il en est de même de l'acacia, de la rose perle des blanches, de la rose reine des neiges.

Faites-vous de la neurasthénie ? ou avez-vous des chutes physiques ? Choisissez votre soutien dans les fleurs suivantes : acacia à fleur rose, amandier, fusain d'Amérique, aubépine rose, cognassier du Japon, rose Tosca, rose ophélia, rose rosabelle, échinacea, œillet rose, clarquia.

Si vous aimez les études philosophiques et religieuses, entourez-vous donc des fleurs dont les noms suivent :

dracocéphale, violette, pyramidale, clématite, polémoine, plumbago, delphinium Lamartine, delphinium Figaro.

Votre système nerveux a-t-il besoin d'être calmé ? Ayez recours au passiflore à fleur bleue, à la centaurée, au bluet, au delphinium bleu, à la lavande, à la pervenche.

Au contraire, si vos nerfs ont besoin d'être tonifiés n'oubliez pas de recourir aux fleurs jaunes suivantes : le chèvrefeuille de Belgique, le jasmin, la rose Commandant Marchand, la rose Belle Lyonnaise, la rose Etoile de Lyon, la rose Maréchal Niel, la rose perle des jardins, la tulipe, la jacinthe.

Enfin, êtes-vous lymphatique ? Cherchez un élément d'activité parmi : cytise Adami, pommier de Sibérie, lilas Charles X, lilas Jacques Gallot, lilas Montgolfier, lilas de Trianon, tulipe flamboyante, églantine, rose La France 89, lilas Président Loubet, rose éclair, rose Louis-Philippe, pivoine carminée vif.

Sachez que le myosotis, fleur des fiancés, symbolise la douceur d'être aimé, que le camélia rouge laisse entendre à la personne qui le reçoit, qu'elle est la préférée.

La sauge, autre fleur des fiancés, met souvent l'aspirant dans une cruelle alternative. Si cette alternative se prolonge trop par l'indifférence de sentiments non partagés n'hésitez pas à envoyer un bouquet de fleurs de géranium à colori indéfini ou incertain. Celui-ci soulignera peut-être le chagrin engendré par la froideur de la personne à laquelle il s'adresse, mais il rendra la liberté sentimentale sans trop faire souffrir. Et, pour terminer l'aventure, c'est l'hortensia ou le rhododendron qui annonceront le désintéressement complet.

Voulez-vous rompre un amour indigne de vous ? Adressez des coquelicots.

Se moque-t-on de vous ? Offrez des boutons d'or pour exprimer que vous n'êtes pas dupe.

Les fleurs violettes telles : lilas Marceau, lilas Tombouctou, glycine, rose reine des violettes, campanule, violette, pensée, sont excellentes pour les travaux de l'esprit.

Il en est de même avec la rose de Verdun (carmin pourpre), la rose Exelsa (rouge poupre), la rose François Coppée (rouge cramoisi) pour développer les tendances naturelles à l'art de parler et d'écrire.

Et pour terminer, si vous manquez d'équilibre physique et psychique, n'ignorez pas le forsythia, le genêt andréana, le jasmin fructicans, le millepertuis, la rose bouquet d'or, la rose rêve d'or, la rose soleil d'or, la rose aurore, la rose canari, la rose aviateur Blériot, la rose gloire de Dijon, le lis des Pyrénées, l'héliopsis, la rose beauté inconstante et la rose archiduchesse.

SIGNIFICATIONS EMBLÉMATIQUES DE LA COULEUR DES FLEURS

Les fleurs prises isolément ou dans leur groupement symbolisent des mots et des pensées, c'est ce qu'il est convenu d'appeler le langage des fleurs.

Certes, il n'est pas dans notre intention de donner ici la valeur symbolique de toutes les fleurs, qui sont innombrables, mais seulement d'énumérer celles qui peuvent être le mieux utilisées :

En voici une nomenclature déjà suffisante en elle-même pour fixer les idées :

Les fleurs blanches	:	Innocence, pureté, simplicité, ubiquité, chagrin, fierté, sincérité, froideur.
— grises	:	Noblesse.
— vert-pâle	:	Amertume, déception, contrariété.
— mauves	:	Douleurs effacées, oubli, calme, tendresse, simplicité, affection.
— violettes	:	Souvenir, culte, douleur, attachement, regret, amour caché.

—	indigo	: Aspiration, douleur résignée, fausse sécurité, tendresse instable.
—	bleu-ciel	: Ame délicate, douleur vive, timidité.
—	bleu-outremer	: Tendresse passionnée, estime, ferveur.
—	bleu-vert	: Défaillance, insécurité.
—	vert foncé	: Fourberie.
—	vert-prairie	: Espérance fragile.
—	vert-jaune	: Inconstance, caprice.
—	jaune-vert	: Cruauté, mélancolie, neurasthénie, infidélité.
—	jaunes	: Bonheur, vaillance, fidélité, préférence.
—	jaune d'or	: Joie, richesse, inspiration, éblouissement, promesse,
—	orangées	: Coquetterie, reconnaissance, expansion.
—	rouge-vif	: Ardeur, amitié, admiration, chagrin, déclaration, chaleur, impétuosité.
—	rouge-écarlate	: Sublimité, violence, audace, flamme.
—	rouge-foncé	: Jalousie, tristesse, calomnie.
—	rouge-brun	: Constance, amour durable.
—	pourpre	: Confiance, gratitude.
—	pourpre-rouge	: Tristesse.
—	pourpre-violet	: Ambition noble.

—	marron	:	Indifférence, rivalité.
—	marron-feu	:	Séparation.
—	brique	:	Bonne humeur.
—	rose	:	Enthousiasme, félicité fugitive.

* * *

Comme on vient de le voir, les plantes et les fleurs résument des forces, des pensées, des conceptions et font pressentir la connaissance du bon et du mauvais.

Elles synthétisent une attraction ou une répulsion entre analogues et contraires des effets mystérieux de l'Univers et affectent l'homme à son insu, sous des formes très variées autrement que par la formule paresseuse du destin, du hasard et de la fatalité.

Les plantes et les fleurs irradient donc des énergies secrètes, et sont de ce fait des accumulateurs, des dynamiseurs essentiellement actifs, des véhicules de puissances bénéfiques ou maléfiques agissant selon le principe des semblables et des dissemblables.

En un mot, elles sont de réelles entités conduisant des énergies chimiques et psychiques que la Radiesthésie peut identifier et cataloguer.

FIN DE LA PREMIÈRE PARTIE

DEUXIÈME PARTIE

Roches, Pierres Précieuses, Minerais et Métaux

Intercalaire de pagination
Ces pages assurent le nombre et la chronologie
de la pagination pour correspondre à la
table des matières du livre imprimé d'origine.

CHAPITRE VII

Roches, Pierres précieuses et Couleurs

Géologie Générale. — Oxydes Métallifères. — Corps Haloïdes. — Pierres Fines et Précieuses. — Pierres Inorganiques. — Pierres Restrictives. — Pierres à diverses influences. — Pierre Organiques. — Bézoard. — Bijoux divers.

GÉOLOGIE GÉNÉRALE

Chacun sait que le globe terrestre a un visage de tétraèdre dont les traits principaux sont formés par la configuration des Continents et des Océans.

On sait également que la Terre est limitée à sa surface par une écorce solide et massive de 60 kilomètres environ d'épaisseur appelée « Lithosphère », amalgame de substances rocheuses, pierreuses et minérales de toutes sortes, dont le degré géothermique croit proportionnellement à la profondeur à raison de 1° par 30 mètres.

Son noyau central dit « barysphère », supposé n'être pas en fusion, renferme des métaux lourds qui pour la plupart sont : le baryum, le plomb, le nickel, le platine, l'or, etc. Cette barysphère est recouverte d'une partie superficielle liquide en fusion appelée « pyrosphère ».

*
* *

Cet ensemble est auréolé d'une « atmosphère » gazeuse comprenant notamment de l'ozone, de l'azote, du crypton, des gaz carboniques, des vapeurs d'eau, etc. Cette atmosphère dite aussi « troposphère » qui se trouve au contact de la Terre, et dont l'épaisseur est d'environ

11 kilomètres, est à son tour encerclée d'une « stratosphère » distante de 80 kilomètres et qui forme une zone assez éloignée de la Terre pour que les gaz y soient au repos presque complet.

Négligeons, si vous le voulez bien, ces diverses radiosphères pour nous occuper uniquement de l'écorce de notre planète, choix déjà suffisant en lui-même et susceptible de nous intéresser à de nombreux titres.

Comme on le pense bien, il ne s'agit pas de faire ici un cours de métamorphisme, de dynamorphisme des pierres ou de transmutation des métaux au moyen d'une pierre dite « philosophale », mais de chercher à définir la structure de notre écorce en passant en revue les divers éléments qui la composent, ainsi que le caractère spécifique de chacun d'eux.

C'est en nous appuyant sur des considérations purement géologiques que nous comptons le faire, et étudier les diverses formations rocheuses : roches détritiques, organiques et éruptives.

Les produits d'altération que nous venons de signaler sont souvent accompagnés de roches d'origine ignée, dites « éruptives ».

Ce sont principalement les cristallines, les acides, les basiques et les neutres.

Elles se classent en cinq catégories principales :

1° Les granitoïdes : granit correspondant radiesthésiquement au secteur Est et vert.

2° Les porphyroïdes : porphyre, trachyte, basalte, secteur S. S. E. et orangé.

3° Les cristallophylliennes : gneiss, micaschiste, secteur S. W. et noir.

4° Les vitreuses : obsidienne, vitrophyre, ponce, secteur W. S. W. et gris-noir.

5° Les météorites d'origine extra-terrestre, souvent constitués de fer et de nickel natifs dont le rayon fondamental varie suivant la dominance des composants.

Parmi les quatre premières catégories, on trouve des gîtes accidentels d'autres corps inorganiques : roches basiques, corps haloïdes, oxydes non métallifères, etc.

*
* *

Au nombre des roches sédimentaires, retenons les alcalines : craie, calcaire oolithique, marbre, calcite, spath d'Islande, lesquelles occupent le secteur de l'alcalinité de l'E. N. E. à l'W. N. W.

*
* *

Les roches siliceuses : quartz, silex, meulière, sable, grès, secteur neutre de l'Est et vert.

Les roches acides qui sont elles-mêmes de trois familles : salines, argileuses, charbonneuses et s'étalant de l'E. S. E. à l'W. S. W., zone de la positivité.

— 191 —

Les salines : gypse, sel gemme, phosphate de chaux, secteur de l'E. S. E. et jaune-orangé.

Les argileuses : argile plastique, kaolin, marne, ardoise, secteur du Sud et rouge.

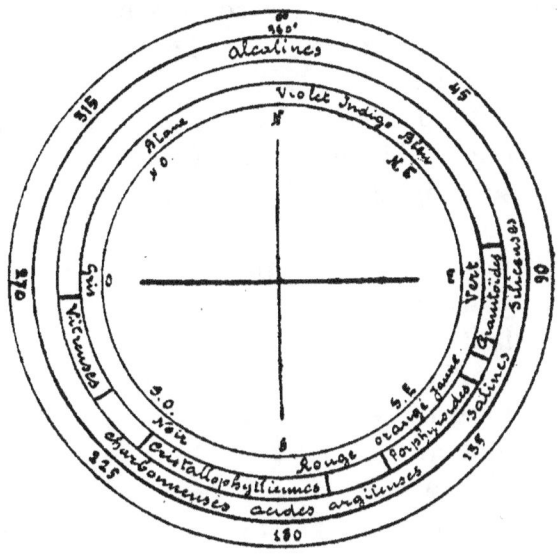

Fig. 3.

Les charbonneuses : houille, lignite, tourbe, pétrole, secteur du S. W. et noir.

A toutes fins utiles et pour mieux fixer les idées, nous donnons une figure circonférentielle des principales roches et oxydes non métallifères (Fig. 3).

*
* *

OXYDES NON MÉTALLIFÈRES (*Répartition graduée*)

		Secteur
90°	Aluminate (nom générique sous lequel on désigne les corps dans lesquels l'alumine joue le rôle d'acide)	Vert
105°	Acide antimonique	Vert-jaune
105°	— fluorhydrique	—
120°	— sulfurique	Jaune-vert
125°	— borique	—
130°	— nitrique ou azotique	Jaune
155°	— phosphorique	Orangé
155°	— tantalique	—
160°	— titanique	Rouge
165°	— tungstique	—
170°	— niobique	—
220°	— carbonique	Noir
260°	— arsénique	Gris-noir

130°	Chlorure (combinaison de chlore avec un corps simple autre que l'oxygène et l'hydrogène)	Jaune

CORPS HALOIDES

90°	Bromure	...... Composés	Vert
100°	Iode	avec	Vert-jaune
115°	Fluor	un	Jaune-vert
135°	Chlore	métal	Jaune

Au même titre que les couleurs correspondantes, ces roches, ces oxydes, ces haloïdes agissent puissamment sur la santé morale et physique de l'homme.

Afin de ne pas nous écarter du sujet qui nous intéresse, nous ne retiendrons que les pierres fines et précieuses ainsi que les minerais métalliques les plus en vue, car il serait fastidieux d'entreprendre ici la description complète de tous les autres corps circonjacents.

PIERRES FINES ET PRÉCIEUSES

De tous temps les concrétions naturelles, les pierres précieuses, semi-précieuses ont bénéficié d'un véritable culte de faveur en raison des pouvoirs et des vertus extraordinaires qu'elles comportent.

Leur emploi comme parures, bijoux, attributs de luxe et pantacles remonte à la plus haute antiquité.

Des époques les plus reculées jusqu'à nos jours, les simples cailloux colorés, les laves, les bétyles, les pierres de foudre, les météorites ont été vénérés ; non seulement pour leur valeur magique, mais aussi pour les plus mystérieuses et les plus singulières influences qu'ils recèlent.

***

Des colliers, des bagues, des boucles d'oreilles, des bracelets, des anneaux de cheville, des talismans protecteurs, des amulettes faites de dents animales, de coquillages, de silex, de cristaux furent de tous temps portés par les notables, les chefs les plus forts et les plus valeureux.

***

Les individus primitifs ou civilisés, les familles, les tribus, les cohortes, les légions, les phalanges, les peuplades recherchèrent toujours les pierres précieuses pour leur éclat éblouissant, le vertige que procurent leur luminosité, leurs exubérantes couleurs et leur chatoiement fascinateur.

***

Bien avant les siècles fastueux des Pharaons, les Egyptiens affectaient déjà une pierre à chaque planète.

Les Grecs attribuaient aux pierres les mêmes propriétés qu'aux astres auxquels elles se rapportaient par leur coloration.

***

Les Gnostiques qui, à ce qu'on affirme, se donnaient comme les successeurs de Jésus, étudièrent longuement leurs correspondances zodiacales, leur utilité dans les cérémonies religieuses, dans l'administration des sacrements et la célébration du service divin.

*
* *

Hippocrate, le père de la médecine antique, s'est beaucoup arrêté aux soins à donner par les pierres.

*
* *

Chez les Arabes, les pierres représentent une valeur curative pour eux indiscutable.

*
* *

Ces traditions de tous les temps s'attachèrent plus spécialement aux gemmes proprement dites en raison de leur supériorité de n'être pas corruptibles et de ne jamais vieillir dans leur éclat à trépidation rapide.

*
* *

Même à travers les siècles, ces vertus ne se sont pas altérées et la luminosité, la pureté, l'activité de ces gemmes sont encore considérées comme les plus nobles éléments se rapprochant le plus de la divinité solaire, principe de la vie.

*
* *

Cet attrait que suscite le scintillement de la pierre précieuse est toujours capable de faire pâlir l'œuvre de Prométhée, ou d'éclipser le ministère antique des dix-huit filles très chastes chargées d'entretenir le feu sacré sur l'autel de Vesta, tout en accordant les mêmes privilèges à nos contemporains, sans pour cela, du reste, leur infliger l'épreuve de trente années de célibat austère.

* * *

Au moyen âge, nous rapporte l'*Astrosophie*, le Pape Innocent III, n'ignorant pas le mystère qui entoure les pierres précieuses et appréciant la signification de leur couleur, adresse à Jean d'Angleterre quatre pierres montées sur bagues :

  Une émeraude,
  Un rubis,
  Un saphir,
  Une topaze.

Il attire l'attention du Roi sur ce que les bijoux ne lui sont pas adressés pour leur valeur artistique mais pour leurs vertus et le symbole qu'elles représentent :

Foi, Charité, Espérance, Indulgence.

Le vert émeraude pour ce qu'il doit croire,
Le rubis pour ce qu'il doit aimer,
Le saphir bleu pour ce qu'il doit espérer,
La topaze jaune-clair pour ce qu'il doit pratiquer envers ses sujets.

* * *

A cause de leur reflet brillant et changeant, les pierres prennent une place importante sur les pectoraux des rois des différentes dynasties égyptiennes, sur les joyaux nobiliaires, les diadèmes, la couronne des empereurs, des rois, des princes, des dauphins, des ducs, des marquis, des comtes, des vicomtes et des barons.

En raison de leur éclat intrinsèque et de leur magnifique source lumineuse, elles parent les objets culturels de toutes les croyances de tous les peuples, les anneaux des chevaliers, des évêques, et aujourd'hui encore, avec peut-être un sens moins profond de leur importance, le cou et les doigts de nos contemporains.

Autant d'époques et de raisons qui vont rejoindre les profondes connaissances des initiés de l'ancienne Egypte, dont les branches sont de la même souche que celle des initiés de l'Orient.

Certes, ces connaissances, qui étaient des mystères attachés à la promesse du secret, ont dû se transmettre avec quelques déformations, mais il en reste encore assez pour convaincre ceux qui ont un peu de probité intellectuelle.

*
* *

Vraiment ! Partout et toujours les pierres se sont révélées porteuses de radiations particulièrement mystérieuses, malgré le progrès considérable réalisé par le matérialisme qui tend à éclipser tout symbolisme par négligence totale, par l'emploi machinal ou grégaire de ce qui fut à l'origine de la grandeur des doctrines religieuses.

Seuls, quelques-uns, se faisant les héritiers de cet incomparable patrimoine, ont encore suffisamment le sentiment de leurs facultés naturelles pour se libérer des contingences matérielles et s'attacher à l'harmonie, à la force qu'apportent et dégagent les pierres.

Ces croyances, qui ont la simplicité des premiers âges, peuvent choquer les partisans de l'unité de la matière, qui font mine de les railler, mais qui, en fin de compte, les entourent de la plus grande sollicitude quand le moindre danger menace leur personne.

Absolument, comme ceux qui toute leur vie ont nié, ridiculisé, plaisanté la religion, mais qui, lorsque l'ange de la faux et du sablier vient les rappeler d'avoir à passer de vie à trépas, s'empressent de réclamer un prêtre.

A ce moment là, l'impie cherche le chemin de la sagesse, de la raison et de la foi. Mais n'est-il pas déjà un peu tard pour prendre rang avec ceux qui toute leur vie terrestre ont préparé celle de l'au-delà ?

Indiscutablement, les pierres dégagent des influences

diverses, et si, elles jouent toujours un rôle votif ou talismanique auprès de quelques évolués, on ne peut contester leurs propriétés prophylactiques et médicales ; en raison de quoi nous avons des lapidaires magiques et des lapidaires médicaux.

* * *

Au risque de troubler les eaux tranquilles des « thomistes » à courte vue, l'exposé documentaire qui va suivre fera apparaître aux gens de quelque bonne volonté, de quelque bon sens, de quelque bonne conscience, la Vérité lumineuse, étincelante et irréfutable.

* * *

Ah ! La fameuse formule du Docteur Jules REGNAULT !!

« Ne rien nier à priori »
« Ne rien admettre sans preuve »

Comme elle prend ici toute sa valeur !

PIERRES INORGANIQUES

C'est de la terre que sont tirées toutes les pierres fines et précieuses.

Les premières, un peu plus ordinaires, sont extraites des roches fondamentales, ou de la gangue des minerais des divers gîtes minéraux.

Les secondes viennent généralement d'Orient, leur qualité supérieure se reconnaît à leur éclat extraordinaire, à leur grande faculté de disperser la lumière et à leur coloration particulière dûe à la présence, dans la masse, d'oxydes métalliques spéciaux.

Ce sont des pierres de grande valeur que la joaillerie de luxe utilise comme parure.

Leurs principales caractéristiques sont qu'elles changent de couleur suivant les altitudes et les individus, si on les regarde par réflexion ou par transparence.

Les multiples influences constatées dans le domaine des couleurs se retrouvent dans celui des pierres.

Les pierres vivent, elles ont une polarité individuelle, une action chimique et colorée, toujours la même pour une pierre considérée.

Elles ne peuvent donc pas être portées par tout le monde indistinctement ; pas plus qu'on ne porte impunément n'importe quelle pierre à n'importe quel doigt — les doigts ont aussi leur polarité —, on ne met davantage un rubis au doigt déjà paré d'un saphir bleu.

Le sexe féminin très sensible aux manifestations chimiques et chromatiques des pierres s'en est paré à travers tous les âges, comme nous venons de le voir.

*
* *

Sans savoir et parfois intuitivement, la femme avec son goût délicat cherche dans les pierres des influences en rapport avec sa carnation et souvent aussi avec tout son être. Dans un grand nombre d'occasions, elle sait choisir ses pierres. Mais, quelquefois, par un cadeau fait, sans consultation préalable, avec la noble intention d'entretenir une amitié, de souligner une affection profonde ou de concrétiser un amour naissant, les pierres peuvent aller à l'encontre du but poursuivi.

*
* *

Il est très rare, en effet, que sa destinataire soit disposée à refuser un bijou, même si elle le reconnaît en opposition avec ses goûts naturels. Pour faire plaisir au généreux donateur, elle porte alors le bijou qui, peut-être, un jour se révélera l'instrument d'une vie mouvementée, d'une santé compromise, d'une sécurité douteuse et d'une moralité incertaine, et ce uniquement par l'action d'une substance infiniment subtile à laquelle on n'attache plus suffisamment d'importance.

*
* *

Si cette explication n'est pas la vraie, elle nous paraît

du moins plus plausible que celles qui sont couramment acceptées sans contrôle ni réserve.

* * *

Nous voici arrivé à la description des pierres, leurs composants chimiques et organiques, leur symbolisme, leur valeur médicale, leur signification occulte et sidérale que la Radiesthésie nous aide considérablement à déceler.

* * *

Dans le secteur du Sagittaire, du violet de 0° à 30° (1).

L'Améthyste

L'*Améthyste*, quartz très fin avec coloration violette dûe à la présence d'oxyde de manganèse qui, suivant le degré de saturation, donne des améthystes violet-foncé ou violet-noir.

D'un beau violet, c'est la pierre des radiesthésistes, des tempérants, de certains ministres de l'église apostolique.

Cette pierre symbolise la fonction royale, l'illumination spirituelle et la spéculation de l'esprit.

Elle peut rendre de grands services dans le cas de dipsomanie, d'auto-intoxication, de troubles viscéraux et

---

(1) Voir notre Disque chromatique page 215 « Secrets des Couleurs » Tome I.

articulaires avec dépôts d'urates (goutte) ; conséquence d'excès alimentaires sans exercice suffisant. En cette circonstance, elle renforce l'action du salicylate de soude et les préparations de colchique.

La Chaux

Dans le même secteur, la *Chaux* qui, n'étant pas à proprement parler une pierre précieuse, n'en est pas moins efficace dans le cas d'une incomplète oxydation des matières azotées, liée à des troubles de la nutrition ou à une altération des procédés d'oxydation, et notamment lorsqu'il s'agit de décalcification.

Dans le domaine de l'occultisme, la chaux est très efficace contre les agissements des magiciens noirs, les tourments d'esprit, la tristesse et les terreurs de la nuit.

Le Lapis-lazuli

Dans le secteur moyen entre le Sagittaire et le Scorpion, de 30° à 40°, sur l'indigo et Jupiter, le *Lapis-lazuli* (silicate d'alumine, de soude et de chaux).

D'un bleu magnifique, il calme les excités, combat les troubles intestinaux, régularise les fonctions de l'esprit.

Bien dosé et bien porté, c'est la pierre des personnes nées au début du Sagittaire ; elle apporte la franchise, la loyauté, la finesse, la délicatesse et l'ingéniosité.

Le Saphir

De 30° à 50°, dans le Scorpion, le bleu outremer et la Lune, le *Saphir* (alumine pure colorée par des traces de cobalt) jouit de toutes les propriétés du bleu, relatées dans notre Tome I « *Secrets des Couleurs* ».

Il est des saphirs bleu velouté, bleu clair, bleu foncé, bleu vert ; tous se syntonisent avec les femmes nées sous le signe du Cancer et les hommes nés sous le signe des Poissons.

Ils renforcent les muscles des hypernerveux, combattent la fièvre, les maux d'yeux et l'amnésie.

Certains saphirs peuvent guérir la furonculose, les tumeurs, arrêter les hémorragies et combattre l'obésité.

En occultisme, on leur attribue le pouvoir de faciliter les évasions, de prévenir la misère et de se faire aimer par ses semblables.

L'Aigue-marine

Immédiatement contre le saphir, de 50° à 60°, l'*Aiguemarine*, ou béryl (variété d'émeraude incolore, rose, jaune ou pierreuse). Sa situation zodiacale est au début du Scorpion, sa correspondance planétaire se situe entre la Lune et Neptune.

C'est la pierre des hommes et des femmes nés sous le signe du Taureau.

L'Aigue-marine contribue à renforcer les facultés psychiques. C'est une excellente pierre contre les troubles des voies urinaires (hydronéphrose, lithiase rénale, douleurs néphrétiques). Elle soulage par conséquent, les reins, les uretères et la vessie.

L'Aigue-marine, d'une finesse et d'une distinction extrêmes, symbolise le détachement, la pureté et l'altruisme. Elle évite les échecs de toutes sortes, fait gagner les procès et confond les ennemis.

L'Albâtre

Vers 65°, sur le bleu-vert, la Balance et Neptune, l'*Albâtre*, (chaux carbonatée ou calcaire gypseux).

La fumée de l'albâtre brûlé avec du sel gemme guérit les névralgies faciales ; brûlé avec de la poix, il fait disparaître les crampes d'estomac. Pulvérisé, c'est en tout cas un excellent dentifrice.

L'Alun

Dans le même secteur que l'Albâtre, l'*Alun* (sulfate double d'alumine et de potassium) est un astringent. Il a en outre la propriété de provoquer l'induration et par voie de conséquence, la déshydratation.

Il ne convient pas aux états précancéreux, mais il est particulièrement indiqué aux gens de mer et aux habitants des régions marécageuses ou humides.

L'Emeraude

A l'E. N. E., à 70° environ, sur le vert-bleu, la Balance et Neptune, l'*Emeraude* (silicate d'alumine, de glucinium et d'oxyde de chrome) est un élément de terre et de végétation, symbole des corybantes chers à la déesse Cybèle.

Elle caractérise la chasteté et la charité dans le cadre de l'église ; délivre des ennemis tant visibles qu'invisibles.

L'Emeraude est d'un effet assez particulier, avons-nous dit dans notre Tome I « *Secrets des Couleurs* ».

D'un vert limpide, ou vert-jaune, ou vert foncé, suivant sa tonalité, c'est la pierre des roux naturels et des syphilitiques chez lesquels elle combat la furonculose ; chez les bruns elle prédispose aux troubles hépatiques, vésiculaires (jaunisse) et urinaires.

Sous des apparences éclatantes, chatoyantes et sans danger c'est une pierre d'épreuve, capricieuse et bizarre, favorable ou maléfique, mais hygiénique par excellence chez les blonds, protectrice chez les marins et les navigateurs.

***

Chez les bruns et les auburns, cette pierre à double tranchant ravage les amitiés, coupe les affections, fauche les amours les plus solidement établis.

Même à distance, cette pierre diabolique joue un rôle néfaste en paralysant en nous l'essentiel ; son accidentel se mêle insidieusement à tout dans notre vie et dans notre entourage. Par une vibration profonde et inexplicable elle nous attaque perfidement au plus profond de nous-même.

***

C'est pourquoi, souvent, celui qui croit bien faire en achetant ou en offrant une émeraude en fait une arme destructrice et verse lui-même l'amertume et le poison dans la coupe de ses délices.

Par conséquent, lorsque nous avons connaissance d'un fait qui concerne cette pierre, étrange entre toutes, nous avons le devoir d'en prévenir les intéressés (celui qui achète, celui qui donne et celui qui reçoit) sur lesquels elle répand son fluide perturbateur.

Au risque de paraître importun, d'être jugé comme un intrus ou d'être nous-même la première victime d'un choc en retour malheureux, nous devons être charitable envers notre prochain en le prévenant sans tarder du péril qui le menace.

Sans doute, sur le moment, ceux à qui nous signalons le cas, seront un peu surpris de notre zèle à nous occuper de leurs affaires, mais plus tard, trop tard souvent, ils reconnaitront le bien-fondé de notre cri d'alarme.

***

Dans un autre ordre d'idées, elle peut corriger les mauvais aspects des personnes nées sous le signe du Cancer, renforcer leurs chances de succès dans **leur situation, dans leurs affaires**.

A la femme née sous le signe des Poissons, elle procure la stabilité et la gaité.

La Turquoise

Vers 80°, la *Turquoise* (phosphate d'alumine avec cuivre, fer et calcium).

De couleur bleu-vert et vert clair elle renforce les manifestations psychiques secondaires.

Elle soulage les reins et la vessie, combat l'hydropisie chez l'homme, et l'anémie chez la femme.

C'est la pierre des cavaliers et des marins.

La Malachite

Dans la même région cardinale que la turquoise, la *Malachite* (carbonate naturel hydraté de cuivre).

La tradition veut que, mise sur le ventre d'une femme souffrant d'éclampsie, elle favorise l'accouchement.

Le Jade

A l'Est, à 90°, sur le vert exact, le *Jade* (silicate naturel d'alumine et de chaux) pierre dure de couleur verdâtre ou olivâtre facilitant l'élimination de l'acide urique.

Porté en pendentif, non en bague, il corrige l'auto-intoxication des personnes nées sous le signe du Bélier.

Le Jaspe

Le *Jaspe* vert (variété de calcédoine verte de la nature

de l'agate) est un silex impur coloré par bandes et par taches.

Il convient aux grands nerveux.

Le jaspe sanguin (autre variété de calcédoine verte avec points rouges) possède la particulière propriété d'arrêter les saignements de nez.

Le jaspe noir, pierre de touche des bijoutiers, irait de préférence aux anémiques et aux phospho-calciques.

Tous les jaspes, avec les marbres verts, ont le pouvoir de régulariser la circulation du sang, de guérir les céphalées, les maladies des centres nerveux et la léthargie.

Ils donnent du courage et de l'audace.

La Chrysolite

A l'E. S. E., vers 110°, sur la Vierge et Uranus, le jaune verdâtre, la *Chrysolite* (genre de péridot).

Cette pierre apporte les honneurs, la dignité, la sagesse, la richesse, la prudence et le calme ; elle dispose au renforcement de l'esprit, au maintien de la chasteté ; elle dissipe les terreurs nocturnes, apaise la soif des fiévreux. Elle s'oppose avantageusement à l'asthme humide.

Montée sur or elle se teinte d'un beau vert épinard, elle devient alors la pierre des asthmatiques, des emphysémateux, des bronchiteux chroniques et des faibles d'esprit.

Autrement, elle ne convient qu'aux roux naturels, elle apporte à ces derniers de l'imagination romantique, un renforcement de leur fluide magnétique, des dispositions à l'étude des astres et de la médiumnité.

En conjonction avec le Verseau, elle symbolise et synthétise la clairvoyance et la prémonition.

En dehors des catégories citées des individus qui peuvent et doivent la porter, elle peut rendre inintelligent, orgueilleux et faible celui pour qui elle n'est pas faite et qui commet l'imprudence de ne pas l'éviter ou de l'ignorer.

La Chrysoprase

Vers 120° la *Chrysoprase*, variété de calcédoine d'un vert blanchâtre, ne convient qu'aux personnes des deux sexes nées sous le signe des Poissons. Dans ce cas seulement, elle combat l'hypertrophie des ganglions, l'induration et nodosités des glandes.

Alliée au corail rose elle apporte la gaieté, la volonté, l'ambition, et combat les idées noires.

La Topaze

A 125°, tangent au Lion, sur Vénus et le jaune, la *Topaze* jaune clair (fluosilicate d'alumine et oxyde métallique d'aluminium), pierre douce et allègre, véhicule à la fois des radiations d'amour, de volupté et de vertu.

Obtenue par calcination (topaze brûlée) elle devient la pierre de Mars et provoque des rêves qui se réalisent.

Le Soufre

Rayonne sur le même plan que la topaze.

Le *Soufre* véritable pierre de feu, absorbant puissant lorsqu'il est employé par intermittence.

Acidifiant par ambiance soutenue et prolongée.

On lui attribue les vertus particulières de provoquer des sueurs abondantes, d'expulser ainsi par la peau et les urines les toxines de l'organisme et de guérir certaines affections cutanées.

Le Sel

Le *Sel*, ou chlorure de sodium, est une substance dure, friable, sèche, soluble et âcre. On le trouve abondamment réparti dans la nature sous forme de roches (sel gemme), dans les sources salifères et l'eau de mer.

Connu depuis la plus lointaine antiquité, il fut toujours d'un usage universel comme assaisonnement dans l'alimentation de l'homme.

Il entre d'ailleurs pour une grande part dans le liquide nourricier de l'organisme (sang) et augmente les globules rouges.

Considéré comme pierre sacrée, il était l'une des offrandes les plus agréables aux Dieux.

C'est le symbole de l'amitié et métaphoriquement celui de la finesse et de la gaité.

Il joue un grand rôle dans les rites magiques. De nos jours encore, l'Arabe jette chaque matin sept fois du sel à l'Est de sa demeure.

Porté en sachet, il annule les effets d'intoxication par l'acide chlorhydrique.

Le Jargon

Au S. E., à 140°, sur le Lion, le Soleil et le jaune d'or, le *Jargon* (silicate de zircon) espèce de diamant se présentant souvent en jaune, mais il en est de rouge-verdâtre, de violet et de bleu-noir.

Coloré jaune-or c'est la pierre de stabilité physique et psychique.

En violet il rejoint à peu de chose près les qualités de l'améthyste.

En rouge-verdâtre et en bleu-noir il donne de l'assurance, de la maîtrise, du calme et de la confiance.

L'Aventurine

Sous le même angle azimutal que le Jargon l'*Aventurine* (quartz jaune brun parsemé de paillettes d'or et de mica).

Cette pierre délicate, entre toutes, apporte une grande richesse de sentiments, engendre la générosité et la fidélité, crée l'ambition, la haine de tout ce qui est vil et bas.

Elle lutte contre les fièvres violentes.

L'Aventurine artificielle

Verre imitant la précédente et obtenu avec du cuivre en paillettes, tenu en suspension dans la masse.

Symboliquement parlant, elle est l'image fidèle de la pierre précieuse et jouit des mêmes propriétés.

Le Zircon

Le *Zircon* (silicate naturel de zirconium) se présente en plusieurs teintes avec des influences diverses propres à chaque cas particulier.

La Tourmaline

La *Tourmaline* (boro-silicate d'alumine) se situe vers 140° dans le secteur de l'orangé.

Quelquefois incolore, mais souvent violette, rouge ou noire par excès de vert, elle a le pouvoir de jouir du phénomène de la piézo-électricité, d'être bi-réfringente et d'apporter des radiations joyeuses aux personnes parfaitement équilibrées.

On la trouve parfois teintée d'oxyde de manganèse, elle prend alors le nom de *sibérite* ou de *rubellite*. Lorsque le fer domine, elle donne des variétés dites « indigolites ».

La Sardoine

Voisine de la précédente, la *Sardoine*, (quartz et silice) est de teinte rouge-sang et jaune ; c'est une agate qui apporte la force, la gaité, le courage ; elle combat les maléfices des calomniateurs et des ennemis. Elle est souveraine dans la régularisation du flux sanguin.

L'Hyacinthe

Vers 155°, entre le Lion et le Cancer, sur le rouge franc

l'*Hyacinthe* (variété de zircon). D'un jaune rougeâtre elle est appelée pierre du soleil.

Quelle que soit sa couleur, elle symbolise la sobriété, la spiritualité ; dégage des radiations attractives et réconfortantes, lutte contre les spasmes.

La Cornaline

A 160°, la *Cornaline* (variété d'agate demi-transparente) dont la couleur varie du rouge-foncé au rouge-chair tendre.

La première coloration est sans conteste la plus indiquée aux lymphatiques, aux apathiques, aux nonchalants et autres sujets débilités.

La seconde convient fort bien aux tristes, aux timides et aux neurasthéniques.

Le Rubis

A 175°, au Sud, dans le Cancer, sur le rouge et Mars, le *Rubis* (alumine cristallisée avec chrome).

Plus rare que le diamant, le rubis d'une belle couleur cramoisie est un élément de feu, une pierre cérébrale et cardiaque. Il contribue à cicatriser les plaies.

C'est la pierre des anémiques en général.

Elle a la propriété de changer de couleur à l'approche d'un décès féminin dans l'entourage de son détenteur.

Le rubis se présente sous diverses couleurs :

Le rubis de Bohême (quartz rose) pierre des impulsifs.

Le rubis spinelle, rouge ponceau (aluminate de magnésie) convient aux alcalins.

Le rubis balais, rose clair, excellent pour les neurasthéniques.

Le rubis violacé, s'adresse aux asthéniques.

Le rubis rouge-foncé, pierre des craintifs.

Le Grenat

A 180°, en plein Sud, sur le rouge-foncé, le *Grenat* (silicate anhydre ou peu hydraté à base de sesquioxyde de fer, de magnésium et de chrome).

Le grenat est une pierre à deux modalités :

1° Il régularise les palpitations cardiaques.

2° Il altère ou entretient les tendances à l'ivrognerie.

L'Escarboucle

Variété de grenat, d'un rouge-foncé, conservant dans l'obscurité une luminosité toute particulière. Ce reflet jouit de la propriété d'apporter le sommeil, de neutraliser les mauvais rêves ; elle excelle dans l'art de combattre la tristesse et les pensées ténébreuses de suicide, protège les enfants des naufrages et des noyades.

C'est la pierre des Jupitériens leur permettant de résister aux toxiques. Par contre, elle possède le don de pousser les Martiens à la colère et à la luxure.

On lui reconnaît en outre certaines propriétés prophétiques : elle noircit pour annoncer à son porteur la peu agréable perspective d'une maladie ou d'une détresse, et recouvre son éclat le danger passé.

L'Almandine

L'*Almandine* (alumine terreuse) autre variété de grenat, dite escarboucle ou grenat oriental, ou bien encore grenat de Bohême.

L'Almandine soutient l'activité des bruns déprimés, mais c'est la pierre favorite et essentielle des auburns, auxquels elle donne de l'éloquence.

L'Œil-de-chat

Contre le Sud, à 190°, sur les infra-rouges, les Gémeaux et la Terre, l'*Œil-de-chat* (quartz et amiante).

Cette pierre procure l'honneur, l'audace, le courage, l'impulsion et la décision chez l'homme ; la bienveillance, la réserve, la prudence, l'ingéniosité chez la femme.

La Magnétite ou pierre d'amour

Vers 210°, sur le noir, entre les Gémeaux et le Taureau, cet oxyde naturel de fer magnétique concerne Mercure et jouit de la propriété de dévier l'aiguille de la boussole.

On lui confère le don d'attirer les sentiments amoureux vers celui ou celle qui la détient. Les femmes orientales lui reconnaissent cette particularité et la broyent afin de la mélanger à leurs crèmes de beauté.

Dans le domaine magique on lui assigne la puissance de cicatriser les blessures, de préserver les yeux.

Ceci n'est pas un mythe, puisque nous pouvons affirmer que, dans de nombreux cas, la pierre d'aimant a fait des merveilles dans le domaine sentimental ; d'où le nom de pierre d'amour que nous lui attribuons.

C'est une pierre excessivement précieuse pour qui la possède, car pilée finement avec de l'huile et appliquée avec soin, à l'endroit qui perd de sa valeur, elle combat la sénilité et rehausse le potentiel virilité.

Le Jaspe

Au même point que la précédente le *Jaspe* (rousse et verte) en rapport avec la planète Terre. Cette pierre favorise la conception et l'élimination des graviers urinaires.

L'Hématite et l'Actite

Sur le même angle azimutal que la magnétite, l'*Hématite* (peroxyde naturel de fer) et l'actite (trioxyde de fer).

L'Hématite agit efficacement sur les maladies des yeux, du foie, des poumons et sur les hémorragies utérines ; elle apaise les douleurs hépatiques, régularise la circulation sanguine.

L'*Actite*, vulgairement appelée pierre d'aigle, parce que, suivant une légende, les aigles la portent dans leur nid dans le but de faciliter la ponte. De là, la vertu qu'on lui octroie de seconder les accouchements et les empêcher de se produire avant terme.

Le Diamant

A 230°, nettement sur le noir et le Taureau le *Diamant* (carbone pur cristallisé). Cette pierre précieuse, la plus brillante, la plus dure, la plus limpide de toutes, se rencontre dans la nature, cristallisée sous de nombreuses formes dérivant toutes de la forme cubique et présentant quelquefois des mâcles ; elle se clive très facilement ; elle est d'autant plus recherchée qu'elle présente un plus bel éclat et ne renferme pas d'inclusions ni de stries.

Son rayon spécifique se situant à l'W. S. W., secteur de l'hyperacidité, elle se révèle comme l'auxiliaire précieux des hypochlorhydriques. On l'accuse d'ailleurs de faire tomber les dents des hyperchlorhydriques ; au moins de contribuer à la carie dentaire.

Dans certains cas, elle préserve des empoisonnements, attire les sympathies vers les blonds, dissipe leurs ennuis et leur peur morbide des fantômes. Elle favorise la chasteté et combat la sensualité exagérée chez les bruns.

Il existe des diamants violets, roses, bleus, verts et noirs qui, suivant leur tonalité et leur fréquence moyenne, à droite ou à gauche du noir, s'adressent aux amnésiques, aux surmenés, aux hésitants et aux intoxiqués.

Pierres restrictives

A 260°, en bordure du gris, sur le Bélier et Saturne, toutes les pierres sombres et funestes. Elles sont généralement d'une action toxique, abortive et restrictive.

Parmi ces dernières, citons l'alun dont on connaît les

propriétés astringentes, le réalgar, l'orpiment, le mispickel, l'arsenic, le bismuth dont le pouvoir est d'arrêter les hémorragies et le flux abdominal. La pierre antidote est l'amiante (silicate de chaux et de magnésie).

La Marcassite

Dans le même secteur, la *Marcassite* (bisulfite naturel de fer) laquelle agit dans un sens identique en supprimant le mouvement et l'alcalinité. C'est une sorte de boîte à Pandore qui, sous des apparences de charme et de beauté, est ou peut être la source de beaucoup de calamités.

La Vitrophyre

La *Vitrophyre* de la famille de l'obsidienne (feldspath potassique d'origine volcanique, qui a l'aspect du verre à bouteilles).

Cette pierre des volcans, dont l'apparence est d'un verre noir translucide et opaque, a comme variété la pierre ponce, écume de cette dernière, très celluleuse et renfermant dans sa masse une quantité énorme de bulles gazeuses. C'est une roche très légère et très poreuse de feldspath orthose.

D'une façon générale, elle provoque un suintement gras, épais et collant, localisé sur le cuir chevelu, derrière la nuque, à la commissure des lèvres des sujets frileux, constipés et gros.

Toutes ces pierres appartiennent au secteur sombre, lugubre et triste et sont par conséquent les ennemies de la joie et du bien réel ou imaginaire de l'âme. Elles personnifient très fidèlement les deux types de la magie malfaisante : Circé la vicieuse et sa sœur Médée l'empoisonneuse.

Toujours dans le secteur du Noir le *Corail noir*, la *Perle noire*, le *Diamant* noir combattent les chloroses et sont d'une rare efficacité dans le cas de puberté tardive.

De 240° à 270°, dans le Bélier, sur le gris foncé et Saturne, l'*Onyx* et l'*Ambre gris* sont des éléments portant à la mélancolie. Les personnes nées sous le signe du Bélier ont intérêt à corriger leur astral de naissance avec l'émeraude, le péridot, la turquoise et le béryl afin de parer aux troubles vésiculaires.

De 270° à 300°, dans les Poissons, sur le gris clair, le *Rubis Oriental* se conjugant avec l'hyacinthe jaune et la sardoine.

***

De 300 à 330°, dans le Verseau, sur le blanc, la *Perle*, la *Nacre*, l'*Opale*, le *Corail blanc*, le *Saphir blanc*, le *Cristal*, la *Topaze bleuâtre*, l'*Onyx* rose tous éléments combattant la neurasthénie et contrastant efficacement avec les pierres du Lion et de la Vierge.

***

330° à 360°, dans le Capricorne, sur Pluton et le mauve, *Tourmaline violette*, la *Topaze verdâtre*, l'*Hyacinthe lilas* ; toutes ces pierres sont éminemment favorables aux psychistes, aux occultistes, aux clairvoyants et aux radiesthésistes.

PIERRES A DIVERSES INFLUENCES

Dans les pierres à diverses influences, il faut citer l'*Agate* (quartz très fin).

Suivant sa teinte, elle s'applique à un grand nombre de cas, mais, par le fait même de ses diversités colorées, elle est peu agissante. Toutefois, elle assure la confiance en soi et évite bien des échecs. Elle donne de l'assurance aux orateurs, aux chanteurs, aux avocats, aux prédicateurs, aux conférenciers, etc.

Les variétés sont :

La cornaline, d'un rouge vif, qui rend coléreux.

La chrysoprase, vert épinard, qui convient aux insuffisants biliaires.

La sardoine, de teinte brune, qui prévient les maléfices.

La saphirine, de teinte bleue, qui tempère la colère.

La calcédoine, d'un blanc laiteux, qui s'adresse aux hypersexuels.

L'onyx rose qui occasionne des cauchemars et des apparitions nocturnes chez les femmes en espérance.

Au contraire, l'onyx blanc (calcédoine), tenant entre le bleu tendre et le mauve, procure un sommeil régulier.

Le Corindon

Le *Corindon*, autre pierre avec divers rayonnements et influences multiples, c'est la pierre fine la plus dure après le diamant.

L'une des variétés de cette pierre, le *Corindon hyalin*, reçoit différents noms, suivant sa coloration :

Le rubis oriental (rose) pour les neurasthéniques.
La topaze orientale (jaune) pour les lymphatiques.
Le saphir oriental (bleu) pour les coléreux.
L'améthyste orientale (violette) pour les intempérants.
Le saphir blanc, pour les géniaux.
Le corindon ferrifié, pour les faibles.
Le péridot (vert bouteille) pour les furonculeux.

L'Opale

Au N.W. à 300°, en bordure du plan d'irisation, l'*Opale*.

L'opale est une silice hydratée, une pierre irisée dans laquelle le rouge est souvent représenté.

On distingue plusieurs natures d'opales :

L'opale noble, la plus recherchée.
L'opale hyalite, la résinite, plus ou moins colorées par des hydrocarbures.
La nectique, qui a la propriété de surnager, mais n'a que peu de valeur.

Viennent ensuite :

L'opale à paillettes ;
— flammes ;
— orientale ;
— de feu ;
— miellée ;
— flamboyante ;
— noire.

En principe, ces diverses opales devraient faire l'objet d'une attention spéciale de la part des génies chirurgicaux, médicaux et musicaux.

Le Cristal

A 350°, le *Cristal de roche* (silice très pure, appelée quelquefois quartz hyalin).

Il chasse le lumbago, jugule les douleurs provoquées par refroidissements, guérit la goutte.

Mis dans un breuvage pendant un certain temps, il augmente le lait des nourrices.

C'est la pierre de la double vue et de la science occulte.

PIERRES ORGANIQUES

Au nombre des pierres organiques, retenons le corail, la perle, la nacre, l'ambre, le jais et le bézoard.

Le Corail

Le *Corail* vivant est un polypier à support calcaire, rayonnant vers 300° sur le plan d'irisation avec la nacre et la perle.

Le corail rose est le plus courant avec le corail blanc. Tous les deux s'opposent à la neurasthénie, font disparaître les éruptions cutanées ; assistent la jeune fille dans sa puberté et ses fonctions procréatrices. Ils contrarient les desseins maléfiques à l'adresse des enfants.

La Perle

La *Perle* vraie, la fine ou la cultivée, est d'origine marine, qu'il ne faut pas confondre avec la perle fausse fabriquée avec des petites sphères de verre soufflé, dans lesquelles on introduit un liquide préparé avec des écailles d'ablette et qu'on emplit ensuite de cire.

La vraie perle comporte des propriétés indiscutables, tandis que la perle fausse ne possède qu'une qualité : celle d'éblouir les ignorants et de gonfler la bourse des marchands.

C'est un fait que des sujets font mourir les perles, que d'autres les font vivre. De même que des perles meurent de ne pas être portées.

La médecine ancienne attribuait à la perle des vertus transcendantes comme celles de donner du lait aux nourrices, de procurer des couches heureuses.

D'autre part, on lui sait gré de faire disparaître le hâle,

les tâches de rousseur, les imperfections du visage, et d'assurer une longue vie ; mérites que ne possède pas la perle fausse.

La Nacre

La *Nacre* est une substance dure, éclatante et irisée formée de couches superposées et produites par l'épithélium externe du manteau en contact avec la coquille des mollusques.

Très employée en tabletterie, la nacre est une synthèse de toutes les couleurs et possède, à peu de chose près, les mêmes propriétés que la perle vraie.

La nacre a le don de pousser à la philantrophie, à l'amour profondément pur et dépouillé de toute tergiversation ; elle dissipe le chagrin, le désespoir et l'affliction.

L'Ambre

L'*Ambre* est une matière translucide de couleurs variées aux mille feux dorés, présent magnifique de la nature.

La science nous apprend que c'est une résine pétrifiée de conifères de l'époque tertiaire. Les géologues évaluent le temps qui nous sépare de cette époque à **20 millions** d'années.

Une flore luxuriante couvrait autrefois cette vaste région nordique. Par suite de bouleversements magmatiques successifs, cette flore grandiose fut recouverte par les mers, et en même temps que l'écorce terrestre modifiait son aspect, elle engendrait des transformations et des changements de climat par une succession de périodes glaciaires.

L'ambre est pêché sur les côtes de la Baltique parmi les paquets de varech détachés du fond de la mer à la suite de tempêtes violentes qui agitent ses profondeurs.

Aussi loin que l'on puisse remonter, son rayonnement mystérieux a toujours séduit nos ancêtres les plus éloignés. Sa limpidité et son éclat lui donnent encore aujourd'hui un attrait fascinateur.

L'efficacité, l'attirance, l'action magique qui s'en dégagent l'élevèrent au rang des bijoux porte-bonheur chez les reines Phéniciennes, les Assyriennes, les Romaines et nos contemporaines.

L'ambre jaune, qui tient du Soleil par sa couleur et de la Lune par son origine marine, est souverain contre les goîtres et les fluxions dentaires ; il attire sur celui qui le porte des radiations de calme et de force, il rétablit l'équilibre nerveux. D'ailleurs, il est employé en collier chez les enfants qui font des convulsions, de la coqueluche, du croup ou de l'asthme.

Il consolide le plexus solaire, active les fonctions éliminatrices des voies urinaires. On lui assigne le pouvoir de régulariser la circulation du sang, de guérir les pertes blanches et d'arrêter les hémorragies nasales.

L'ambre gris est le résultat des concrétions intestinales des cachalots, ou la matière noire que secrètent les mollusques. Comme on le voit, il n'a pas la même origine, et partant aucune des particularités de l'ambre jaune. Mais, selon nous, l'ambre gris aurait un avantage prophylactique dans les états précancéreux.

Le Jais

Le *Jais* rayonne sur le noir. C'est une substance bitumineuse, une variété de lignite, brûlant et s'enflammant comme le charbon. Il est à cassure conchoïdale.

C'est une pierre de deuil symbolisant la souffrance et la tristesse. Elle engendre le « spleen », le pessimisme ; invite à la solitude et à la misanthropie.

Par les radiations qu'il dégage, le jais peut être funeste ou favorable :

Funeste pour être à tendance abortive et restrictive.

Favorable pour fermer les plaies et faire disparaître la sérosité des tissus cellulaires.

Le Bézoard

Le *Bézoard* est une concrétion pierreuse qui se forme dans l'estomac, les reins et la vessie.

Ses quelques propriétés sont de combattre la gravelle et les venins.

Certaines femmes célèbres lui conféraient une valeur magique : celle de discipliner, d'éloigner ou d'attirer les convoitises charnelles de leurs admirateurs. A cet effet, elles en firent sertir dans le chaton de leurs bagues.

BIJOUX DIVERS

Nous serions incomplet si nous ne parlions pas des Scarabées.

Le *Scarabée* est une pierre ou un métal gravé portant l'empreinte du scarabée sacré des Egyptiens. Les inscriptions hiéroglyphiques gravées commémorent des événements importants : naissance d'un prince ou ses funérailles, succès de chasse ou de guerre, victoire triomphale ou défaite retentissante.

Les scarabées sont aussi de matières diverses : argile, verre, émail, ivoire, bois, or, cornaline, sardoine, onyx, etc.

Au temps des Pharaons, ils étaient émis comme le sont les médailles de nos jours, ils étaient, non seulement des souvenirs sacrés de pèlerinages aux sanctuaires des Dieux, mais des supports magnétisés d'une grande puissance dans la magie Egyptienne.

Un détail échappe bien souvent à ceux qui détiennent des scarabées, c'est de savoir s'ils sont vrais ou faux.

En effet, aujourd'hui encore, on vend très cher aux visiteurs de l'Egypte, des scarabées pour ainsi dire authentiques que d'habiles marchands font fabriquer avec des restes d'ouvrages anciens qui abondent dans les fouilles.

Il va sans dire que ces scarabées n'ont aucune influence; mais ce qui peut être plus grave, c'est de posséder un vrai scarabée commémorant une défaite, un crime ou une mort. Dans ce cas, on risque d'absorber et de développer des radiations de l'événement à son plus grand désavantage. Alors qu'un scarabée rappelant une victoire communiquera à son porteur des radiations de succès.

C'est ici que la science radiesthésique peut s'exercer avantageusement et faire la différence entre un scarabée bon ou mauvais, de l'époque de Ramsès II ou autres et un scarabée fabriqué sous le règne de Farouk Premier.

Pour clore cette série des bijoux, ajoutons un mot sur les camées :

Le *Camée* est généralement de l'onyx (agate fine de couleur rosée) sculpté en relief par opposition à l'intaille dont l'origine remonte aux premiers jours de la civilisation.

Les Grecs et les Romains nous ont laissé les plus beaux spécimens.

Signalons que les camées peuvent être dangereux pour les femmes enceintes du fait que l'onyx est abortif et fait baver les enfants. Exception faite, cependant, pour l'onyx blanc qui se destine aux insomniques.

Un choix s'impose donc suivant des règles d'une harmonie naturelle si on ne veut pas s'exposer à des influences pernicieuses.

Il faut bien se convaincre que les quelques particularités que nous venons d'énumérer ne se justifient qu'après étude de chaque personne et de chaque pierre. Ici comme ailleurs il est impossible de généraliser.

*
* *

Par conséquent, il est absolument ridicule de parler coïncidence, alors qu'il s'agit bien de concordance, et non de généralisation hative, irraisonnée et sans compétence.

*
* *

Pour conclure, ayons la franchise d'accorder notre indulgence, notre courtoisie et notre déférence à ceux qui, par ignorance — les plus modestes —, par impertinence — les plus à plaindre —, par dédain — les plus vaniteux, n'osent pas prendre au sérieux, même pour une minute, la réalité puissante et mystérieuse qui s'attache aux pierres.

*
* *

Ces fatalistes acharnés, qui ne veulent pas revenir sur leurs opinions et qui manquent de sincérité dans leurs contradictions, se rétractent, se contractent, se recroquevillent comme des feuilles exposées à une chaleur trop intense, dès qu'on leur fait toucher du doigt la perspective des dures férules que l'adversité peut apporter dans le programme de leurs petites habitudes, ou si on leur fait entrevoir qu'ils peuvent se repentir de n'avoir pas tenu compte des impondérables avec lesquels chacun de nous doit compter ; au lieu de les laisser se charrier paresseusement à la surface du courant des événements, qu'ils sont d'ailleurs incapables de braver, encore moins de diriger.

*
* *

Pour beaucoup de ces derniers, c'est seulement lorsque de graves questions sont à résoudre, que de sinistres réalités s'abattent sur eux que l'énigme des pierres leur apparaît beaucoup moins fantaisiste.

*
* *

Certes, nous avons tous les défauts de nos qualités, ou les qualités de nos défauts, comme on voudra. Mais, vraiment ! N'est-il pas plus agréable, plus louable, plus noble et plus philosophique de vivre avec un idéal quelconque, plutôt que de se pavaner sur une route aride, manquant totalement de sensations quelque peu supérieures ; les yeux retranchés derrière la barrière de la négation et de la facilité, l'esprit obturé par un matérialisme béat, lesquels n'ont d'autre but commun que de voiler l'imagination et le sens de la perfection typique ?

*
* *

Le but de chacun de nous n'est-il pas de chercher à pénétrer le plus possible la profonde signification des pierres, pour nous créées et mises sur la terre ?

CHAPITRE VIII

Minerais, Métaux et Couleurs

Règne Minéral. — Classification des Minerais. — Le Métal. — Les Métalloïdes. — Eaux Minérales. — Correspondances colorées. — Minerais Minéralisateurs. — Vie et Radiations des Métaux. — Ionisation. — Ions. — Anode. — Cathode. — Action des Métaux. — Métallodynamie. — Ionothérapie. — Action à Distance. — Description des Métaux.

RÈGNE MINÉRAL

Si nous considérons les minerais et les métaux par rapport aux couleurs, nous pouvons introduire le point de vue des mêmes catégories de facteurs agissants dans n'importe quelle sphère, avec les mêmes lois qui régissent tout.

Les uns et les autres se classent en deux catégories : objectifs et subjectifs intervenant dans la vie physique et psychique des individus.

A savoir que ces facteurs harmonieusement associés coopèrent de flagrante manière à détruire une influence défavorable par dissonance ou à établir une résonance par ambiance favorable.

Cette vérité nous apparaît évidente dans la vie objective, par l'appel de radiations faisant défaut, ainsi que dans la vie subjective qui en réclame d'autres à considérer pour obtenir une résultante satisfaisante de l'équilibre de la santé.

Le règne minéral comprend un certain nombre de minerais métalliques : substances minérales telles qu'on les extrait à l'état plus ou moins pur dans les emplacements qu'ils occupent à la surface ou dans l'intérieur de la terre en gîtes métallifères (filons, dépôts, amas, stratifications diverses). On dit alors qu'ils sont à l'état natif.

Le plus souvent, ils sont à l'état de combinaison avec l'oxygène (secteur du rouge), le soufre (secteur du jaune), la silice (secteur du vert), l'acide carbonique (secteur du noir).

Ces combinaisons, plus ou moins pierreuses (oxydes, sulfures, silicates, carbonates) occupent par leur rayonnement spécifique un secteur comparatif à une couleur et à sa fréquence, formant un angle azimutal s'écartant plus ou moins, à droite ou à gauche, du métal pur qu'elles représentent et en rapport avec la masse des composants qui entrent dans leur ensemble.

On les retire par divers procédés chimiques.

*
* *

CLASSIFICATIONS DES MINERAIS

MÉTAUX	OXYDES	CARBONATES	SULFURES	SILICATES	NATIFS
Nickel				Garniérite	
Etain	Cassitérite				
Argent			Argyrite		
Zinc		Calamine	Blende		
Cuivre		Malachite	Pyrite		
d°		Azurite			Cuivre
Or					Or
Fer	Magnétite	Sidérose	Pyrite		Fer
d°	Oligiste				
d°	Limonite				
Plomb		Cérusite	Galène		

Oxyde : composé résultant de la combinaison d'un corps simple avec l'oxygène.

Carbonate : sel dérivé de l'acide carbonique.

Sulfure : composé formé par la combinaison du soufre et d'un autre corps.

Silicate : sel de l'acide silicique.

LE MÉTAL

Le métal est un corps simple d'un éclat particulier appelé « éclat métallique », ductile et malléable. En général, il conduit la chaleur et l'électricité ; il possède en outre la propriété de donner, en se combinant avec l'oxygène, au moins un acide basique.

Tous les métaux sont solides à la température ordinaire, sauf le mercure qui est liquide.

LES MÉTALLOIDES

Le métalloïde est un corps simple non métallique et sans éclat. Il conduit mal la chaleur et l'électricité et forme avec l'oxygène un oxyde ou un acide.

Les métaux et les métalloïdes sont monovalents, bivalents, trivalents, tétravalents.

Leur valence est déterminée par leurs combinaisons avec l'hydrogène. Exemple : un atome d'un corps avec un atome d'hydrogène est monovalent, un atome d'un corps avec deux atomes d'hydrogène est bivalent et ainsi de suite. De sorte que l'on peut dire que les atomes bivalents, trivalents ou tétravalents portent respectivement une charge double, triple ou quadruple.

EAUX MINÉRALES

Signalons en passant les eaux minérales ainsi désignées parce qu'elles contiennent, même à l'état de traces, des principes minéraux en dissolution et sont utilisées en boissons, bains, douches.

Il est presque impossible de donner, des eaux minérales, une classification satisfaisante à tous les points de vue : chimique, thérapeutique, minéralogique. Aussi nous ne nous attarderons pas sur ce chapitre.

Retenons seulement que, suivant les roches et les minerais qu'elles rencontrent dans leur circulation souterraine, elles sont sulfureuses, sodiques, arsénicales, calciques ou ferrugineuses.

CORRESPONDANCES COLORÉES

Chaque minerai, chaque métal, chaque métalloïde est en rapport avec une couleur. En voici les correspondances :

Nickel — violet,
Etain — Indigo,
Argent — Bleu,
Zinc — Bleu-vert,
Platine — Jaune,
Cuivre — Jaune-or,
Or — Orangé,
Fer — Rouge,

Mercure — Noir,
Plomb — Gris,
Bismuth — Gris,
Cobalt — Gris.

MINERAIS MINÉRALISATEURS

Molybdène — Bleu,
Chrome — Bleu,
Vanadium — Vert,
Manganèse — Orangé,
Tungstène — Rouge.

On appelle minerai minéralisateur un corps qui a la propriété de transformer un métal en minerai en se combinant avec lui.

VIE ET RADIATIONS DES MINERAIS, MÉTAUX ET COULEURS

L'idée ne vient pas à tout le monde que les minerais, métaux et couleurs puissent éprouver des sensations comme celles qu'ils provoquent chez nous.

Le Professeur Bosc a étudié la sensibilité et l'excitabilité des métaux, nous y ajouterons nos études faites dans le domaine des couleurs (1).

---

(1) *Secrets des Couleurs*, Tome I, Imprimerie Saint-Denis à Niort, et à La Maison de la Radiesthésie, 16, rue Saint-Roch, Paris.

On a constaté que les chocs et torsions irritent un métal exactement comme un nerf vivant, écrit le Professeur Bosc, que la sensibilité d'un métal diminue ou augmente en rapport avec son état de fatigue. De même, qu'après une longue période d'inaction, le métal a besoin d'être excité pour retrouver sa sensibilité habituelle.

On connaît, dit-il, les variations moléculaires et les facultés d'extension ou de rétrécissement des métaux soumis à des écarts de température importants. De fait, c'est en été, lorsque la chaleur est normale, que la sensibilité des métaux est à son maximum ; elle se trouve au plus bas durant les froids d'hiver.

Par ailleurs, ne sait-on pas que les métaux, les métalloïdes, leurs composés et les couleurs subissent l'action stimulante ou calmante de certains d'entre eux ? C'est ainsi que le carbonate de soude et le rouge augmentent la sensibilité du platine et du jaune, le bromure de potasse et le jaune-clair excitent l'étain et l'indigo, tandis qu'une solution concentrée de potasse et du jaune saturé diminuent leurs réactions au point de les annuler totalement.

Le vert intoxique le bleu et le jaune, le gris renforce le vert, et réciproquement.

L'acide oxalique tue toute couleur comme il provoque l'affaiblissement de tout métal. D'autres acides déterminent une espèce d'engourdissement chez les métaux et les couleurs, mais sous l'application d'un antidote ils reprennent leur vie moléculaire et radiante.

Si la dose est trop forte, ou administrée tardivement, la mort du métal ou de la couleur reste définitive.

Le sel d'argent semble se défendre vaillamment contre la lumière en adoptant la couleur particulière du moment où celle-ci radie avec le plus d'intensité, puisque, en vertu du principe que le même est relié au même, la lumière n'est absorbée qu'en infime quantité.

A ce sujet rappelons deux principes essentiels qu'il est utile de retenir :

« Dans la limite de leur rayonnement, deux forces de « même signe se repoussent ; deux forces de signe con- « traire s'attirent. »

« Au-delà de la limite de leur rayonnement, deux élé- « ments de même nature s'ajoutent ; deux éléments oppo- « sés se retranchent. »

Nous sommes donc porté à croire que les fonctions organiques se retrouvent dans les substances minérales et les couleurs. La vie du cristal, par exemple, est assez identique à la fonction de la nutrition, puisqu'un cristal écorné peut se reformer, exactement comme, bien souvent, le besoin crée l'organe chez un opéré, ou comme une veine d'exploitation tend à se recombler naturellement au bout d'un certain nombre d'années ou de siècles.

Notons encore que l'activité des métaux et couleurs est différente dans chaque phase croissante et décroissante de la Lune.

Chaque lunaison a par ailleurs son influence particulière, chaque heure du jour et de la nuit n'échappe pas à cette variation et apporte des modifications très nettes.

*
* *

L'intensité des métaux et couleurs va en augmentant du premier quartier à la pleine lune, et en diminuant de la pleine lune au dernier quartier. Le renversement se produit au moment de la pleine lune, période durant laquelle celle-ci abaisse considérablement le degré hygrométrique de l'atmosphère provoquant par cela même l'insomnie chez l'individu et le réveil chez les métaux et les couleurs engourdis.

*
* *

IONISATION

L'ionisation est un processus suivant lequel le gaz, l'air et le magnétisme humain deviennent conducteurs des ions.

IONS

Il est convenu d'appeler « ions » les particules électrisées qui se dégagent d'une substance.

L'ion est le résultat de chacune des parties provenant d'un électrolyte en solution aqueuse.

L'anode chargée positivement attire les ions chargés négativement (anions), et repousse les ions positifs (cations) ; la cathode agit de la même façon, mais inversement.

Exemple : l'électrolyse de l'acide chlorhydrique donne du chlore au pôle positif et de l'hydrogène au pôle négatif.

En contact avec leur pôle respectif d'induction, les ions chlore sont négatifs, les ions hydrogène sont positifs. Mais si on les dissocie, des pôles inducteurs, les ions chlore sont de la charge des protons et les ions **hydrogène de** la charge des électrons.

Quand un ion négatif se trouve en face de l'anode, il passe à l'état neutre et tend à se libérer, il en est de même de l'ion positif en présence de la cathode.

Il existe, par conséquent, des ions positifs et des ions négatifs. On a constaté que la vitesse des ions négatifs est plus grande que celle des ions positifs, pour la raison bien simple que la longueur d'onde des premiers est plus petite que celle des seconds, phénomène déjà signalé dans notre Tome I « *Secrets des Couleurs* » au sujet des longueurs d'onde des couleurs négatives et positives.

ANODE

Nom donné à l'électrode positive d'une pile (**1** particule alpha).

CATHODE

Nom donné au pôle négatif d'une pile (**2** particules béta) ;

Alpha et Béta plus gamma font partie de la radio-activité.

Au sujet du terme radio-activité, il n'est pas inutile de fixer ici son identité exacte, souvent confondue avec le terme plus général dit rayonnement. La radio-activité est toujours un rayonnement, mais le rayonnement n'est pas toujours radio-actif.

Un élément radio-actif est une matière qui se désintègre spontanément suivant un processus invariable et constant en expulsant des particules « alpha » et « béta » et un rayonnement vertical de « gamma » d'ordre électro-magnétique et ce, en dehors de toute intervention autre que celle de la loi naturelle de désintégration.

ACTION DES MÉTAUX

Ce qui, à première vue, nous paraît inanimé, vibre, radie et comporte, suivant le cas, une action curative ou intoxicante.

Incontestablement une vie se manifeste dans tous les corps en général, dans chaque métal en particulier ; elle varie suivant les saisons, les climats, les phases lunaires et la température.

Cette vie dispose à la positivité ou à la négativité, à l'acidité ou à l'alcalinité et joue une action importante en biologie, action qui peut se faire sentir à des distances considérables.

En principe, l'influence d'un métal est proportionnelle à sa densité. Il est évident que, plus le métal est éloigné, plus sa surface agissante doit être grande.

*
* *

Retenons que la température du métal ionisateur est un facteur non négligeable, l'action la plus efficace se situant entre 10 et 20° C.

Un métal trop chaud ou trop froid n'a plus d'action, ou en a moins.

A retenir encore qu'un métal oxydé est un véritable obstacle à l'action à distance.

*
* *

Des sujets polissent leurs clés, d'autres les oxydent. Les premiers syntonisent avec le fer, les seconds font de l'anaphylaxie au fer.

Dans cet ordre d'idées, celui qui rayonne sur le violet portera le nickel ; l'indigo appellera l'étain ; le bleu, l'argent et le zinc ; le jaune, le platine et le cuivre-jaune ; l'orangé l'or ; le rouge, le fer.

Un bracelet en argent ira de préférence au poignet polarisé négativement, un en or au poignet de signe positif.

*
* *

Ces considérations sur les métaux nous rappellent un fait bien caractéristique :

Une dame souffrait de névralgies faciales. Elle prend de l'aspirine à dose répétée, voit son dentiste sans aucun résultat. L'idée lui vient de consulter un radiesthésiste. Ce dernier lui annonce que la cause réside dans ses dents aurifiées, (il n'y avait pas résonance entre l'or et elle). Il lui conseille de les faire remplacer par des dents en platine.

Ce qui fut dit fut fait.

Depuis les souffrances ont disparu, la résonance étant établie.

N'est-ce pas là une raison majeure pour ne pas négliger l'action des effluves métalliques ?

*
* *

C'est parce que les métaux sont vivants qu'ils agissent sur nous, tant par leur formule chimique que par leur coloration, et déterminent des réflexes que Burcq souligne dans sa « Métallothérapie ».

En conséquence, et par analogie, le nickel et le violet, l'un avec l'autre ou l'un sans l'autre agiront au même titre sur la cérébralité.

L'étain et l'indigo sur les fonctions intestinales, la colibacillose.

L'argent et le bleu sur la faune microbienne et le nervosisme.

Le zinc et le bleu-vert sur l'équilibre.

Le platine et le jaune sur l'anémie.

Le cuivre et le jaune-or sur le lymphatisme.

L'or et l'orangé sur l'équilibre vital.

L'aluminium et le rouge-cochenille sur la force.
Le fer et le rouge foncé sur l'acidité et la violence.
Le mercure et le noir sur la morbidité.
Le plomb et le gris sur la toxicité.

Ceci dit sans la moindre intention de formuler une thérapeutique, car, dans l'énumération qui précède, il peut découler un remède ou une contre-indication. Aussi laisserons-nous ce soin aux métallothérapeutes.

**

Une fois de plus nous devons nous souvenir que la Nature n'aime pas les généralisations, elle crée parfois des phénomènes exceptionnels pour confirmer la règle, mais c'est plus souvent l'instinct grégaire qu'elle combat.

**

Nous souhaitons que ces données personnelles, sans les prétendre absolues, soient vérifiées par nos lecteurs radiesthésistes.

**

En bref, nous n'avons d'autre ambition que celle de suivre l'ordre d'un travail que nous nous sommes imposé, et d'apporter notre humble contribution au service de la métallothérapie, théorie de Hector DURVILLE père, pour l'emploi des métaux en thérapeutique externe, méthode reprise et développée par des Maîtres tels les Docteurs FOVEAU DE COURMELLES, A. LEPRINCE, Paul CHAVANON, etc.

Il existe plusieurs façons de concevoir l'action des métaux.

1° L'action par ingestion en est une.

2° L'action par contact ou par ambiance en est une autre.

Les deux sont absolument différentes dans leurs effets et répondent à deux modes de l'activité métallique.

Autant qu'il semble, la raison en est que si l'on reste sur le plan de la médecine traditionnelle, si l'on s'en tient aux usages qui lui sont réservés, on n'envisage pas d'autre voie d'introduction que celle de l'ingestion ou de l'injection.

Mais, il n'est pas que cette voie commode pour assurer toute l'activité d'un métal. Les effets des métaux se manifestent autant, sinon davantage, et sans perdre leurs propriétés, par contact épidermique, par ambiance et par photographie (ionisation ordinaire ou ionisation magnétique de près ou de loin).

Ce traitement s'appelle « métallothérapie », thérapeutique qui consiste à appliquer des métaux, à se servir de leurs radiations en vue de traiter les maladies.

Dans ce cas il faut toujours en revenir à la dualité du principe énergétique centrifuge s'opposant au principe matériel centripète. En un mot, il faut avoir recours au pendant métallique pour un cas pathologique manquant de ce métal.

* * *

MÉTALLODYNAMIE

La médecine homéopathique qui obtient des cures superbes en traitant le semblable par le semblable (Similia similibus curantur) par exemple des dilutions de métaux à ingérer pourrait, à notre avis, obtenir davantage de succès en ayant recours à l'ambiance externe des métaux de base ou à distance par le principe de la médecine classique (contraria, contrariis curantur).

Nous voulons dire par là que l'ingestion d'une dilution métallique s'adressant à un tempérament sanguin-lymphatique pourrait être équilibrée à l'extérieur par une application également métallique convenant à un tempérament nerveux et moteur.

Exemple : « Aurum métallicum » (solution d'or positivante) administré homéopathiquement dans la tuberculose pulmonaire pourrait, nous semble-t-il, être sérieusement renforcé par une action externe d'un pendant dynamique négativant comme « Argentum métallicum » lequel est, on le sait, un puissant microbicide.

On approcherait ainsi de très près de l'association servant à la préparation « Calcarea-Carbonica », remède à deux modalités : la première négative et alcaline, la seconde positive et acide.

* * *

Attirons cependant l'attention sur le fait trop méconnu, sinon ignoré, qu'un métal disposé contre l'épiderme ou à quelques centimètres de ce dernier communique des radiations opposées à celles qu'il émet librement.

*
* *

C'est ainsi que l'or par contact produit une induction négativante, alors qu'à distance il est positivant.

Inversement l'argent est positivant par contact, et négativant à distance.

Il en est de même de tous les autres métaux.

*
* *

En définitive, l'intérêt capital est de connaître la polarité des métaux, et, ce qui n'est pas moins important, l'état alcalino-négatif ou acido-positif du sujet à traiter.

*
* *

Nous nous appuyons, pour émettre cette hypothèse, sur notre pratique personnelle, en présence d'un membre du corps médical, dans l'emploi des métaux tenus dans la main et dont nous projetons les radiations par notre magnétisme sur un endroit déterminé et à la profondeur que nous désirons. Ceci ne gêne en rien la thérapeutique du médecin. Bien au contraire, ces radiations règlent et provoquent les phénomènes d'intégration et de désintégration d'autres radiations inconnues mais nécessaires au rétablissement de la santé.

Cette projection faite la main en antenne à quelques centimètres de l'épiderme touche chaque fois l'organe malade au plus profond de lui-même.

⁎⁎⁎

Il reste évident que l'application de cette métallodynamie doit être rigoureusement syntonisée et disciplinée quant au choix du métal-témoin ainsi qu'à la durée de la projection : ce qui constitue une manière de dosage, une individualisation et une nécessité de calculer la vitesse des radiations et la capacité réactionnelle du sujet.

IONOTHÉRAPIE

M. Léon KRYSIS nous communique sa méthode d'introduction dans l'organisme par le contact des doigts contre la peau du malade, au moyen de son propre magnétisme.

Voici un essai sur la digestion stomacale et intestinale :

« Tenir dans la main gauche (à pleine main) un flacon
« bouché, en verre, contenant environ 30 grammes de
« bicarbonate de soude.

« Laisser reposer la main ainsi fermée, le long du corps
« ou contre le flanc.

« Passer lentement, pendant un temps déterminé, la
« main droite (les doigts légèrement crochus) sur tous les

« organes digestifs du malade couché sur le dos : œso-
« phage, estomac, foie et particulièrement intestins, en
« faisant avec cette main des girations dans le sens
« horaire. »

Dès les premières minutes, l'accélération de la digestion se fera sentir dans l'estomac et l'intestin.

Avec cette façon d'opérer les ions du médicament se déposent dans les glandes et le derme pour gagner la circulation sanguine, laissant dans le flacon les matières inertes, indigestes et inutiles.

C'est donc, selon nous, une voie nouvelle d'introduction que nous préconisons aux médecins. Si ces derniers ne possèdent pas le potentiel magnétique suffisant, ils feront appel aux magnétiseurs en vue d'obtenir des effets curatifs réguliers et importants, notamment lorsque l'ingestion d'un remède faite par la voie ordinaire d'introduction ne sera pas suivie du résultat attendu, ou s'il s'agit de phénomènes d'anaphylaxie, dont l'origine est souvent difficile à identifier.

A défaut de magnétiseurs, ils pourront utiliser un aimant forme fer à cheval, gaussé convenablement et accompagné d'une tige en acier bi-polarisée, une extrémité mise entre les deux pôles de l'aimant contre le métal à projeter. Méthode qui a pour avantage d'éliminer les rayons « alpha » et « béta » s'il s'en trouve dans le métal.

Pour un malade du sexe masculin, on pointera le pôle négatif de l'aiguille et inversement pour un malade de sexe opposé.

Pour nous, l'ionisation est plus efficace par projection magnétique, elle détermine un choc léger, semblable à celui d'un remède curatif administré par voie buccale. L'amélioration est presque toujours immédiate et ne risque pas d'épuiser la substance organique trop fréquemment sollicitée par les effets d'intoxication de médicaments trop rapidement superposés ou répétés.

Tous les appareils, organes, tissus, régions de l'organisme vivant peuvent donc être influencés dans leurs fonctions, et même dans leur structure par les substances métalliques appliquées.

Tel métal a une action élective locale en rapport avec des effets sur le tropisme local des tissus et organes.

C'est le cas, par exemple, de l'action curative de l'étain et celle intoxicante du plomb sur l'intestin ; celle de l'argent sur les poumons et les voies urinaires, celle du platine sur la substance qui remplit les espaces intercellulaires du système nerveux.

Cela est tellement vrai que, là où la thérapeutique ordinaire est impuissante, l'ionothérapie par métal détermine des résultats marqués et des transformations étonnantes. C'est encore le cas du mercure sur la syphilis, de l'argent sur la tuberculose héréditaire, ou d'acquisition récente.

Les métaux régissent tous les organes, tous les organismes par leur constitution chimique dans le temps et dans l'espace.

Constatons au surplus que si une thérapeutique quelconque agit toujours mieux sur des sujets jeunes dans le cas de métallodynamie, les sujets d'âge mûr et même les vieillards faisant des anticorps, ne manquent pas de réaction individuelle plus ou moins rapide, mais certaine, suivant leur organisme, la rapidité, l'intensité et la durée des applications ionothérapiques.

Telles sont les conséquences des faits qui concernent le rayonnement des métaux, signifiant que leur énergie agissante est toujours accessible à l'organisme animal.

En résumé la simple application d'un métal, porté sous forme de bijou, ou dans une poche, ou encore accroché quelque part, peut par ionisation avoir les plus heureux effets sur un trouble, une maladie.

Ainsi, les pommades et les onguents mercuriels ou autres n'ont pas d'autre technique, ni d'autre but que de faire bénéficier le porteur de l'irradiation métallique de l'excipient, laquelle aux yeux des scientifiques peut paraître sujette à caution lorsque nous parlons d'application externe et d'action à distance.

ACTION A DISTANCE

Nous répétons que la photographie est l'image fidèle des radiations de la personne qui a posé devant l'objectif, que les deux sont toujours en relation fluidique, quelle que soit la distance pouvant parfois les séparer.

Y aurait-il un million d'exemplaires de cette photographie, qu'un seul exemplaire de ceux-ci nous permettra de faire le diagnostic moral, physique et pathologique comme si la personne représentée était devant nous en chair et en os. De même qu'un million d'individus peut entendre dans un million d'endroits différents la même voix émise par un poste de T. S. F.

Nous estimons qu'une photographie est suffisante pour reprendre la méthode de Paracelse, (père de la médecine hermétique), principe de la correspondance entre les mondes extérieurs et l'organisme humain, c'est-à-dire guérison à distance.

*
* *

Si nous reprenons à notre compte l'idée nouvelle que dans la Nature tout radie : corps vivants, corps inertes et corps morts, il nous est dès lors facile d'admettre que la photographie est une source de radiations identiques à celles émises par la personne qu'elle représente ; toutes ces radiations communiquent sans interruption et à tout moment leurs vibrations respectives.

*
* *

Nous pouvons donc concevoir, sans crainte de nous tromper, une liaison permanente entre semblables : individu et photographie. Ce qui montre la réalité de l'hypothèse d'établir à n'importe quelle distance un diagnostic, trouver l'origine du mal et son élément curatif.

Ainsi donc, si nous chargeons d'or la photographie d'un tuberculeux, les radiations aurifères gagnent instantanément l'individu représenté.

Pour ce faire, nous orientons la photographie Nord-Sud, celle-ci est disposée sur un émetteur calibré géométriquement servant de support à l'or et à l'image.

C'est au moyen de cet « équipage » que nous avons obtenu de nombreux résultats qui laissent sans réplique l'argumentation des contradicteurs haussant les épaules et souriant d'un air avisé ou satisfait.

Il y a mieux à faire que de se moquer et d'objecter :

chercher à vérifier les faits ou tout au moins les reconnaître si on ne peut ou ne veut les comprendre.

*
* *

Afin de fixer les idées sur cette méthode nous nous permettons de relater quelques faits parmi tant d'autres :

Disons tout de suite que nous habitons la banlieue de Paris.

De Suisse on nous adresse la photographie d'une personne atteinte de rhumatisme et en crise aiguë. A la distance de 550 kilomètres nous cherchons radiesthésiquement avec notre vitalomètre la longueur de rayonnement du malade, l'origine du phénomène douloureux.

Il s'agit en l'espèce d'un rhumatisme d'origine articulaire chronique et héréditaire.

Notre choix médicamenteux, après accord de résonance, se porte sur mercure.

La photo est mise en batterie sur un émetteur 200 avec un tube de mercure métal. Quelques jours après nous apprenons que les douleurs ont considérablement diminué.

*
* *

Nous recevons la photographie d'un autre malade de Genève souffrant d'hypertrophie de la prostate.

Ici, ce sont oignon, navet et vin blanc en tube qui sont disposés sur un émetteur 100 avec la photo. Quelques semaines plus tard nous avons atteint à la disparition inflammatoire.

En deux mois, avec un émetteur 50 et un petit « cocktail » de glandes, nous avons raison d'une ectopie testiculaire chez un jeune homme.

* * *

Troublante énigme que ces mystérieux phénomènes de transmission de radiations à distance, dira-t-on ? Opération invisible, inexplicable, ajoutera-t-on ? Les faits sont là, il faut les reconnaître.

* * *

Nous avons cité ces cas, qui ne sont pas tous de la métallothérapie, pour souligner que l'on peut aussi bien faire de la phytothérapie, de l'opothérapie ou autre en allopathie et en homéopathie à distance.

Ce n'est pas une vue de l'esprit puisqu'il est démontré qu'une photographie ou ses cendres, garde indéfiniment les radiations magnétiques du sujet mort ou vivant.

Ce procédé peut, d'ailleurs, être d'une très grande efficacité pour lutter contre ceux qui vivent aux dépens de la vitalité des autres.

Il suffit, dans ce cas, d'orienter sa propre photo, de la couvrir d'un métal ultra-positivant, comme la pierre d'aimant, durant la sortie, sans omettre de l'enlever en **rentrant**.

*
* *

On sait, en effet, que certains sujets sont absorbants et suivant le degré d'épuisement de leur énergie physique et psychique, empruntent dans leur voisinage les radiations vitales qui leur manquent.

Ces personnes fréquentent généralement les sociétés, les clubs, se promènent dans les grandes artères, vont au théâtre, au cinéma, au café, en un mot dans tous les endroits où il y a foule.

C'est là qu'elles pompent les énergies leur faisant défaut, au grand dam de ceux qu'elles approchent ou fréquentent.

*
* *

On peut affirmer que chacun de nous a, au moins une fois dans sa vie, éprouvé cette sensation de dévitalisation par vampirisme inconscient. Le trait caractéristique de cette décharge au profit d'un autre est souvent une forte migraine ou une grande lassitude.

Le moyen de se défendre, si l'on est sujet à se laisser dérober sa force, consiste à se croiser les jambes en couvrant la face externe de la cheville droite avec la pointe du pied gauche, ou encore de se court-circuiter la moelle épinière en effectuant quelques fortes percussions avec le dos de la main, le poing fermé, à 3 ou 4 cm. de la crête des apophyses transverses des vertèbres lombaires.

DESCRIPTION DES MÉTAUX

Nous entrons maintenant dans la description de chaque métal principal et de ses rapports constants qui s'établissent entre les individus de notre planète et les astres de notre système solaire.

Certes, il est d'autres systèmes solaires que le nôtre, très nombreux et plus importants, mais ce n'est pas ici l'endroit de parler astrologie.

Laissons aux astrologues l'astrologie et n'employons leur terminologie des influences astrales que pour mieux exposer notre sujet et pour mieux démontrer que chaque individu pris isolément obéit à un rythme physiologique et astral, que ce rythme l'oriente plus spécialement vers tel métal plutôt que vers tel autre.

*
* *

Quoiqu'il en soit, on peut attribuer une influence certaine au fluide métallique.

Les anciens ont pu établir un ensemble de figures idéales correspondant à une réalité concrète de ce fluide.

Ce qui nous fait dire que tout individu est signé d'une planète au moins, parce que cette planète correspond elle aussi à un métal dominant.

— 259 —

En voici les principales correspondances :

    Pluton — nickel,
    Jupiter — étain,
    Lune — argent,
    Vénus — cuivre,
    Soleil — or,
    Mars — fer,
    Mercure — mercure,
    Saturne — plomb.

La voilà bien la preuve de l'unité de la matière obéissant à des lois communes et à des forces cosmogoniques, dynamiques rectrices des sphères de l'Univers.

NICKEL (Ni) Niccolum métallicum

Le nickel, métal Plutonien, négatif et alcalinisant, se rencontre dans la nature à l'état de sulfure (millerite, disomose), d'arséniosulfure (kupfernickel).

On l'extrait surtout de la garniérite (hydro-silicate-magnésien) et des pyrrothines (pyrites magnétiques).

Ce métal s'adresse principalement au type dit Terrien, prototype primitif d'origine, somnolent mais de constitution passionnée, aux callosités cutanées, dont les fonctions sont mal définies sauf, cependant, des tendances pathologiques intéressant le tube digestif, les suintements épais et acides, les éruptions squameuses, les mucosités nasales, les troubles mentaux, la carie dentaire, les loupes, les lipomes, les hémorroïdes.

Le nickel peut par ailleurs être employé dans les cas de délires et de craintes, tout comme le violet, auquel il correspond ; il peut contribuer à créer une certaine sérénité mentale, combattre l'acidose, renforcer le métabolisme du calcium dans le cas de coxalgie.

ETAIN (Sn) Stannum métallicum

Métal Jupitérien, blanc et négatif, le plus fusible des métaux communs, relativement léger et très malléable.

Il se trouve dans la nature à l'état d'oxyde (cassitérite). Allié au cuivre il fournit le bronze.

Parmi les composés de l'étain citons : le chlorure stanneux employé en teinture, le chlorure stannique employé comme fumigène, le sulfure stannique qui sert à bronzer le bois et le plâtre.

L'étain, correspondant à l'indigo, s'oppose au noir et au carbone. Il accompagne avec beaucoup d'effets les vermifuges et les vermicides dans le cas d'helminthiase. Il convient au Mercurien, sujet sensible à l'intoxication du système nerveux, aux gastralgies nerveuses, aux spasmes des sphincters, aux douleurs crampoïdes, aux affections de la peau et au diabète pancréatique.

Ce métal est souverain contre les spasmes nerveux, les convulsions, la raideur musculaire, les tics, les troubles de la respiration ; il calme les inflammations intestinales ; combat la tristesse, le caprice, l'inquiétude et la bizarrerie ; il remet de l'ordre dans le système des voies urinaires (rétention ou incontinence) mais seulement dans le cas non hérédo-spécifique.

ARGENT (Ag) Argentum métallicum

Métal Lunaire, blanc, négatif brillant et très ductile.

Il se rencontre rarement à l'état pur dans le sein de la terre, mais à l'état de sulfure dans les galènes et pyrites cuivreuses, ou uni aux sulfures d'arsenic et d'antimoine ; à l'état de chlorure, seul ou associé au sel marin.

On utilise l'argent dans la fabrication des monnaies, dans l'argenture.

Plusieurs de ses sels (bromure et **azotate d'argent**) servent en photographie.

La thérapeutique allopathique emploie son azotate comme caustique, l'argent colloïdal (collargol) comme antiseptique et désinfectant. De son côté la médecine homéopathique en fait des dilutions fort appréciées.

L'argent est le métal de prédilection du Saturnien, sujet bilieux avec épiderme épais et corné, disposé aux fixations morbides, aux maladies non curables, à la déformation osseuse en forme de rhizome, aux éruptions et hémorragies cutanées.

Correspondant au bleu, l'argent, métal spécifique de la tuberculose, est employé contre l'épilepsie, l'apoplexie, la congestion cérébrale, la fonction particulière de la rate, l'hydropisie, etc.

Utilisé en masse importante il dispose aux anémies plus ou moins pernicieuses : anémie cérébrale, méningite.

Il favorise l'hypotension, l'indolence, la torpeur psychique, l'apathie et l'hypo-activité.

Un tube de nitrate d'argent correctement dosé par rapport au sujet et suspendu, sous les effets, à hauteur des organes de procréation, peut avoir les meilleurs effets sur une cystite sans B. K.

ZINC (Zn) Zincum métallicum

Corps Neptunien, simple, d'un blanc bleuâtre chargé négativement se trouvant à l'état natif.

Les principaux minerais du zinc sont :

La blende (sulfure de zinc), la calamine (carbonate de zinc).

Parmi ses composés il faut retenir : le chlorure de zinc, excellent caustique, cautérisant et désinfectant des plaies et fistules.

L'oxyde de zinc employé en peinture non toxique, il est utilisé en poudre et incorporé à des pommades dans les affections de la peau.

L'iodure de zinc puissant antiseptique.
Le sulfate de zinc astringent.

*
* *

Correspondant au bleu, le zinc est le métal du Vénusiarque, type féminin sensible aux maladies de l'appareil génital et génito-urinaire, aux troubles de la continence, au développement anormal d'un élément anatomique, à la congestion pelvienne, ovarienne, utérine, à l'urticaire, à l'engorgement du foie, à l'embonpoint précoce, etc.

*
* *

Le zinc seul est hypersexuel, il engendre l'agitation et l'irritabilité de certains organes chez ceux qui sont nouvellement devenus propres à l'acte de la génération.

Le zinc réalise son équilibre associé au cuivre hypergénital, son pendant métallique. Dans ces conditions seulement, les deux métaux ensemble favorisent la stabulation, freinent les impulsions sexuelles, psychiques et migratrices.

PLATINE (Pt) Platina

Métal précieux chargé positivement, blanc grisâtre, mou, ductile, malléable et tenace.

Le platine est toujours mélangé dans la nature avec d'autres métaux ayant les mêmes propriétés que les siennes : palladium, iridium, rhodium, ruthénium, osmium.

On l'extrait des sables aurifères par lavage des alluvions.

*
* *

Le platine ne s'oxyde à aucune température, il se combine aisément au phosphore, à l'arsenic, au silicium ; mais plus difficilement au soufre, au chlore, au fluor.

Métal Vénusiarque du sujet féminin disposant aux maladies de l'appareil génital ou génito-urinaire, aux affections concernant le domaine oto-rhino-laryngologique, à l'albuminurie au même titre que la couleur jaune et aux troubles vasculaires.

C'est le métal symbolisant l'hystérie, la nymphomanie accompagnée de perversion sexuelle, d'une grande hyperesthésie des sphères génitales et mentales.

C'est, somme toute, un métal hypersexuel et hypergénital.

Le platine est particulièrement affectionné par les sujets hautains et arrogants, manquant totalement de sens de proportion dans les désirs physiques et psychiques.

Ce métal convient au Jupitérien, type carbonique, porté aux excès fonctionnels des organes anaboliques, disposé aux états congestifs, à l'urée en excès dans les urines, syndrome du diabète (azoturie) qu'il ne faut pas confondre avec l'azotémie qui est une rétention des produits azotés dans le sang (diagnostic grave).

CUIVRE (Cu) Cuprum métallicum

Métal le plus féminin des métaux puisque lui aussi, et davantage encore, s'adresse à Vénus et à la couleur jaune.

C'est un métal positif, de faible dureté, mais ductile et malléable, de couleur rouge-brun à l'état de pureté.

Il existe dans la nature à l'état natif ou combiné à différents corps.

Les minerais de cuivre exploités peuvent être classés en trois catégories :

1° Le cuivre natif.

2° L'azurite, la malachite (sulfate de cuivre).

3° Les pyrites cuivreuses, les cuivres gris, la bournonite (sulfures).

Sous l'action de l'air le cuivre se couvre de vert-de-gris (acétate basique de cuivre).

C'est un toxique violent dont les contre-poisons se recrutent parmi les blancs d'œufs, l'eau albumineuse et le lait.

Le cuivre seul préside au déséquilibre génital, à la neurasthénie sexuelle, à la psychose hyperémotive, aux refoulements sentimentaux et aux folies érotiques sans

— 267 —

partenaire approprié, ce qui le classe comme métal du Saturnien au même titre que l'argent métal qui prédispose à l'homosexualité passive.

C'est d'ailleurs pourquoi il réalise son équilibre physiologique avec le zinc, voisin de l'argent, il prédispose alors à la tendresse et à l'amour partagé.

Le cuivre uni au zinc, avec lequel il fait pile de Volta, apporte aux radiesthésistes, aux téléradiesthésistes, aux clairvoyants, aux médiums des réactions augmentant singulièrement leur sensibilité de perception et de vision.

En métallothérapie c'est le métal dont les effets se révèlent les plus considérables dans les asthénies sexuelles. Par ailleurs, c'est un puissant élément prophylactique du B. K.

Le cuivre, qui correspond au jaune, n'est pas le métal des craintifs, ni des cas de maladie pulmonaire avec cyanose, ni des vieux bronchiteux, des quinteux, des tuberculeux dans la période terminale.

Le sulfate de cuivre possède des vertus surprenantes. En effet, irradié au soleil il donne une poudre dite de sympathie, laquelle permettrait de guérir à distance les blessures des personnes brunes et auburns, mais serait moins efficace pour les roux et les blonds, puisque le cuivre par lui-même fait naître chez ces derniers des ampoules sur la peau ; il est vésicant au même titre que la poudre de cantharides.

OR (Au) Aurum métallicum

Métal précieux et positif d'une couleur jaune d'or, très brillant, très tenace et très malléable.

L'or se rencontre dans la nature à l'état de sulfure d'antimoine et de tellure.

Il conduit bien la chaleur et l'électricité, il ne s'oxyde que dans l'eau régale (mélange d'acide azotique et d'acide chlorhydrique). Il forme amalgame avec le mercure.

*
* *

Métal vraiment royal en rapport avec l'orangé et le soleil, astre de vie. Il est souverain dans les affections du sang et beaucoup de maladies touchant les séreuses, les tissus conjonctifs, adipeux et les muqueuses. Il s'adresse, lui aussi, au Saturnien.

*
* *

Noble métal qui a toujours tourmenté les alchimistes de tous les âges afin de multiplier ce précieux métal à l'aide de la pierre philosophale.

※
※ ※

Moins hypothètiquement, ce métal rend d'immenses services aux diverses médecines qui l'emploient dans le rhumatisme articulaire, la tuberculose pulmonaire, les accidents purement cardiaques, l'anémie notamment chez les jeunes filles, pendant et après la puberté.

※
※ ※

Appliqué à dose trop massive il congestionne, favorise les hypertrophies et indurations glandulaires. Il peut aider à l'hyperfonction de la rate.

※
※ ※

S'il ramène l'activité physique chez les faibles ainsi qu'une richesse exubérante de leur vie intérieure, une application trop forte ou trop prolongée peut mener à l'utopie, à l'inquiétude, à la tristesse autant qu'à l'idéalisme passionné.

※
※ ※

Enfin, l'or est sensible à l'électricité, aux radiations terrestres et sidérales. C'est, en outre, un précieux amplificateur de la sensibilité radiesthésique.

FER (Fe) Ferrum métallicum

Métal positif symbolisant Mars et la couleur rouge, d'un gris bleuâtre. Il est grenu, très ductile, très malléable et en même temps très résistant.

D'origine terrestre, on le trouve à l'état natif allié au carbone ou combiné au soufre et au nickel. On le trouve aussi à l'état d'oxydes (aimant, fer oligiste, hématite rouge, limonite, ocres, etc., etc.), de carbonates (sidérose), ou de sulfures (pyrites).

* *

D'origine météorique c'est une combinaison de fer, de nickel, de chrome et de cobalt provenant des bolides.

* *

Le fer c'est le métal du Plutonien dont la nature est assez difficile à connaître, sauf qu'il est presque toujours clairvoyant, médium, radiesthésiste avec passions ardentes mais sensées. Ses parties faibles sont : le foie, les reins et les intestins.

* *

Métal emménagogue, le fer est vivifiant du fait de ses propriétés astringentes, mais ne convient ni aux enfants, ni aux adultes constipés.

Ses effets peuvent être antidotés par le nickel, le calcaire et le violet.

Le fer est l'un des composés importants du sang des animaux supérieurs. Lorsque la teneur en fer diminue, chez un être vivant, la chlorose, les anémies apparaissent.

Son emploi trop prolongé ou une superminéralisation provoque la dyspepsie et le météorisme. Par conséquent, ce métal et ses radiations doivent être surveillés de très près.

MERCURE (Hg) Mercurius vivus

Corps métallique liquide, positif, d'un blanc d'argent et brillant qu'on apppelle aussi « hydrargyre » et vulgairement « vif-argent ».

On le retire du cinabre (sulfure de mercure naturel).

Ses sels sont très employés en thérapeutique : l'oxyde et le sulfure en pommades, le protochlorure « calomel » comme purgatif, le bichlorure dans l'antisepsie.

Le mercure est un spécifique de la syphilis.

L'emploi trop soutenu d'une médication mercurielle

est souvent toxique et donne lieu à des phénomènes d'intoxication dite hydrargyrisme.

L'hydrargyrisme frappe également les ouvriers employés dans les mines de cinabre, les étameurs de glaces, les bijoutiers qui extraient ou travaillent le mercure. Néanmoins ces accidents peuvent être efficacement combattus par des sudorifiques, des purgatifs, de l'acétate d'ammoniaque, du chlorate de potasse et des vomitifs. Ces antidotes s'absorbent par voie buccale ou se portent sur soi dans des sachets à hauteur des voies digestives. Le mercure c'est le métal du Lunaire, sujet fluorique sensible aux propriétés des eaux minérales. Rappelons que le Lunaire est hypo en tout.

*
* *

Dans ce compartiment de la métallothérapie et avec le mercure nous avons obtenu un certain nombre de succès dont suivent quelques faits pour le moins surprenants :

Nous sommes appelé par le médecin de famille chez une dame de Neuilly.

La malade souffre terriblement, depuis trois ans environ, de malaises indéfinis et de douleurs générales avec impossibilité de se mettre debout. L'anxiété, la mélancolie, la neurasthénie font d'inquiétants ravages dans le moral.

L'anatomie pathologique ne révèle aucune lésion organique, nous dit le médecin.

L'organe d'abord dénoncé est la glande paire ovarienne qu'une inutile intervention chirurgicale avait supprimée radicalement sans que les malaises et les souffrances aient disparu.

En effet, longtemps après l'opération, la malade souffre toujours autant, même davantage encore, et, autre manifestation, se plaint de la colonne vertébrale.

Un traitement organothérapique avait, entre-temps, été administré sans aucune satisfaction, ni pour le corps médical, ni pour la malade.

Les jours se succèdent, la personnalité mentale devient chaque jour plus critique, nous dit le médecin, les souffrances augmentent sans cesse dans les vertèbres cervicales et sacrées.

En présence du praticien nous diagnostiquons une hérédité syphilitique à action sclérosante et déformante des vertèbres précitées.

Afin de donner à notre intervention tout le sérieux qui convient, le médecin seul est mis au courant de notre procédé métallothérapique.

Au moyen d'un tube de mercure métal, nous procédons au crayonnage des parties osseuses douloureuses.

Quatre applications, à un mois d'intervalle, sont effectuées sans le moindre résultat. Mais à partir de la cinquième la malade se lève, fait quelques timides promenades, puis subitement s'occupe de son intérieur, prend le train pour une station balnéaire et en revient débordante d'activité.

La guérison dure depuis quatre ans sans la moindre récidive.

Avec le Docteur P... nous avons à traiter un cas d'incontinence urinaire chez un jeune homme de 16 ans qui depuis sa naissance inonde chaque nuit son lit.

Cette situation gêne considérablement le sujet dans ses études et dans ses déplacements.

Nous décelons un cas d'hérédo-tendance et, comme dans le cas précédent, en présence du médecin, nous procédons au crayonnage de la région vésicale et testiculaire.

Nous ignorons s'il y a là une simple coïncidence, mais à partir de la troisième ionisation le trouble a complètement disparu, ce qui permet au jeune homme d'entreprendre un voyage à l'Etranger dans des conditions fort satisfaisantes, et au médecin de constater que les mictions sont devenues et restées normales.

Quel est le mécanisme de cette action ?

Faut-il, dans les deux cas cités, supposer une modification physico-chimique du sang sous l'action des ions-mercure, ou une modification du système osseux d'une part, et urinaire d'autre part au cours des applications magnéto-métalliques ?

Nous ne saurions l'expliquer.

Constatons avec les médecins l'évidence des faits. Sans doute, l'organisme héréditairement préparé de ces deux malades, a absorbé les ions-mercure un peu à la manière d'un stimulus physico-chimique.

Le fait important est que la tare héréditaire a disparu chez les deux malades pour ne plus se manifester. Phénomène curieux, à la fin du traitement, le mercure est totalement oxydé.

PLOMB (Pb) Plumbum métallicum

Le plomb, métal très lourd, d'un gris bleuâtre. Il semble être le terme de la série radio-active du radium dont l'ancêtre serait l'uranium.

Le plomb se rencontre dans la nature à l'état de sulfure (galène), de sulfate (anglésite), de carbonate (cérusite).

Il est souvent allié à l'argent (plomb argentifère).

Tous ses sels sont vénéneux et déterminent un empoisonnement aigu et chronique, appelé « saturnisme », empoisonnement qui se caractérise par des sueurs froides, des convulsions, une fétidité de l'haleine, de l'ozène, des paralysies locales, des déformations articulaires et un liseré bleuâtre gingival.

Le traitement métallique est l'ionisation arsénicale sous forme de sulfure naturel d'arsenic. En thérapeutique ordinaire ce sont les vomitifs, les purgatifs, les bains sulfureux et la fleur de soufre lavée dans du miel.

Le protoxyde de plomb sert à préparer l'extrait de saturne, l'oxyde rouge pour divers emplâtres.

Comme on vient de le voir, le plomb est un métal extrêmement toxique, à tendance abortive et restrictive. Il peut provoquer la dysménorrhée avec menstrues insuffisantes.

D'autre part, ses vapeurs engendrent les coliques dites de plomb. A action spasmogène et sclérosante, le plomb rétracte massivement l'estomac et l'intestin avec constipation opiniâtre, crampes violentes et douloureuses. Il atrophie les muscles des membres inférieurs.

Le plomb c'est l'ennemi n° 1 des anémiques. En effet, il rétracte les globules rouges avec manifestations cérébrales et troubles de la vue (céphalée, amaurose, blépharite, glaucome, etc.). Mais il peut être l'ami du type Martien, sujet sanguin, hypermasculin, sensible aux maladies microbiennes et hydriques, aux inflammations et hémorragies diverses.

La conclusion à tirer de cet exposé est que, si nous connaissons mal la nature, nous ignorons tout de la valeur des métaux, et si, par exemple, dans les formes courantes de l'hérédité, la thérapeutique ordinaire est souvent sans effet, nous avons au moins la joie de savoir que, comme méthode, la métallothérapie permet des applications où l'action des métaux se conjuguant avec un magnétisme bien compris nous fait arriver à des résultats probants là où tout s'était avéré absolument inopérant.

*
* *

D'évidence, la valeur curative des métaux ne saurait être généralisée, car leurs possibilités dépendent essentiellement des circonstances prédisposantes des sujets — malade et opérateur —, de la réceptivité du premier et de la résistance magnétique individuelle du second.

*
* *

Dans ce domaine, comme dans tant d'autres, il arrive que les contraires s'associent ou se repoussent, il arrive également que des semblables se contrarient ou s'unissent.

C'est pourquoi on aurait tort de penser qu'un métal puisse être pris, dans un cas semblable, comme indice de base analogue.

Il est juste de reconnaître que chaque cas particulier n'offre pas la même possibilité d'assimilation ou de répulsion qu'un autre cas, quels que soient les symptômes apparents identiques ou contraires qui puissent, à première vue, les rattacher ou les séparer.

FIN DE LA DEUXIÈME PARTIE

Intercalaire de pagination
Ces pages assurent le nombre et la chronologie
de la pagination pour correspondre à la
table des matières du livre imprimé d'origine.

TROISIÈME PARTIE

Figures géométriques, Lecture dans le Passé, Le Présent et le Futur

CHAPITRE IX

Talismans, Signes et Figures

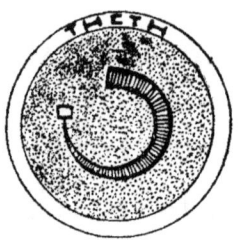

Signes et figures. — Figures géométriques. — Les Hiéroglyphes. — Les Chevaliers du Temple. — La Franc-maçonnerie. — Templiers et Francs-maçons. — Symbolisme des figures. — La Monade. — Les Pa-koua. — Swastika et sauswastika. — Le pentagramme. — Sceau de Salomon. — Divers talismans. — Pantacle de l'auteur. — **Explication des Pantacles figurant en tête des Chapitres.** — Note sur le Pantacle.

SIGNES ET FIGURES

Arrivé au point de notre civilisation, il n'est pas inutile de faire un pas, un grand pas, en arrière si nous voulons étudier la valeur, l'action et la puissance des signes et figures géométriques.

*
* *

Certes, ce mouvement rétrograde peut choquer certains progressistes du monde « standard », et reculer dans le grand passé peut leur apparaître comme un moyen désuet pour entretenir nos contemporains à qui on a donné la cuisine chimique, les crus falsifiés, les produits carencés, le mariage à crédit, le divorce et les vacances à tempérament, le travail à la chaîne, un malthusianisme criminel dans la négation de tout idéal, de toute foi et de tout esprit familial.

*
* *

C'est pour avoir gagné tout cela dans le progrès en appliquant la théorie du moindre effort que l'on a perdu toutes les belles traditions attachées aux signes et figures.

De nos jours, un signe ancien n'a pas plus de signification qu'une boîte vide. Et, cependant, que d'histoires ne recèle-t-il pas, que de forces ne radie-t-il pas ?

La Radiesthésie est assez avancée pour démontrer qu'une figurine, qu'un écrit, qu'un modeste dessin gardent en eux une liaison permanente et quasi inaltérable avec l'artiste, le scripteur, ou le dessinateur.

Par voie de conséquence, l'un ou l'autre de ces éléments est amplement suffisant pour permettre au Radiesthésiste-métagnome de retracer tout le passé de l'auteur d'un tableau, d'un manuscrit, d'une figure et l'histoire qui s'attache à chacun d'eux.

Ainsi donc, il convient d'admettre que les objets terrestres gardent autour d'eux l'influence des individus et des événements avec lesquels ils ont été en relation ou qu'ils représentent.

Le Radiesthésiste-métagnome, par ses facultés exceptionnelles et ses réactions spéciales capte, voit, distingue, pénètre et traduit les clichés du monde passé et de l'Univers dans lesquels persistent leurs radiations.

Son super-conscient perçoit et son pendule traduit, comme il peut le faire pour tout objet caché, toute pensée secrète ayant appartenu à un vivant.

Dans son livre « Ondes de la Pensée » (1) le Docteur Leprince rapporte que le Docteur Calligaris après avoir cru longtemps que rien ne demeurait après la mort est parvenu à une nouvelle conception de l'immortalité de l'âme : « Tout reste dit-il : la pensée qui passe en ce moment dans mon cerveau et l'image des lignes que j'écris, pourront être vues par un médium qui naîtra dans 4.000 ans, comme aujourd'hui un médium vivant peut capter les pensées qui ont surgi dans l'esprit d'hommes ayant vécu à l'époque des Pharaons ».

Cette règle peut se résumer par un principe qui est d'ailleurs universel :

« Le semblable évoque le semblable, c'est la grande loi des correspondances ».

Cette règle confirme bien cette autre loi dont la raison est que « la partie vaut le tout » ; la personnalité d'un être, l'individualité d'une chose est indivise dans le temps et dans l'espace et réside dans chacune de ses parties les plus infimes.

Une rognure d'ongle, des cheveux, une photo, un effet personnel valent toute la personne, comme un morceau de cuivre vaut toutes les masses de cuivre répandues dans l'univers.

---

(1) Editions Dangles, 38, rue de Moscou, Paris 8ᵉ. et à la Maison de la Radiesthésie, 16, rue Saint-Roch, Paris.

※

Il en est de même de tout signe, de toute figure appartenant à l'histoire contemporaine ou ayant appartenu à l'histoire ancienne ou à la préhistoire.

※

Un signe ne se lit pas, ne se prononce pas. On le comprend ou on ne le comprend pas. De même que Dieu ne saurait être exprimé par aucune pensée ni par aucune forme.

Le signe représente la chose qui n'a pas la forme matérielle.

※

La connaissance des réalités spirituelles représentées conventionnellement par des signes sacrés ou consacrés s'appelle ésotérisme, connaissance des choses surnaturelles, ou science de l'invisible.

Jésus était un ésotériste et non un occultiste, car l'occultisme concerne les choses matérielles visibles.

FIGURES GÉOMÉTRIQUES

Nous allons étudier ici, sous la forme la plus accessible, les principaux signes qui ressortissent à la science magique.

Tous les signes offrent un intérêt particulier.

Des mages, dans leur oratoire, jouent avec des sceaux de Salomon, des Pentagrammes, des Monades et des triangles mystérieux.

Ceux-là protègent une maison et leurs occupants, chassent les mauvais esprits. D'autres chargent de couleurs et de métaux appropriés un triangle, un cercle dans lequel ils enferment une photographie. D'autres enfin travaillent en vue d'obtenir une guérison en employant tel ou tel pantacle.

Ne tenons pas ces signes et ces pratiques comme des éléments du hasard et sachons nous pénétrer de leurs forces cachées comme s'en pénétrèrent les Thibétains, les Indous et les Egyptiens en les prenant pour base d'une magie surprenante et pouvant étendre son emprise sur les plus sceptiques.

Ne rions pas, ne nous croyons pas intangibles, ne méconnaissons pas leurs pouvoirs, et, si quelques matérialistes originaux s'en moquent, d'autres sauront s'en accommoder pour dès fins souvent déconcertantes (les plus incrédules seront encore les premiers à en solliciter les bénéfices).

LES HIÉROGLYPHES

Tout le monde sait, pour en avoir entendu parler, ce que sont ces inscriptions, ces hiéroglyphes, ces arabesques illisibles qui ornent les édifices, les ouvrages d'art, les monuments et tout ce qui faisait partie de l'arsenal de la coquetterie antique, d'une époque déjà si lointaine.

Ces scènes de banquets ou de funérailles, ces emblèmes sacrés représentant des animaux réels ou fantastiques : sculptés, gravés ou peints sur les murailles et les portes des villes, sur les monuments publics, les tombeaux, les sarcophages, les stèles, les idoles, les statuettes, les monnaies, les boîtes à parfums, les papyrus racontant la vie d'un roi, d'un dictateur, d'un prêtre, d'un grand personnage et ses serviteurs dans leurs occupations et leurs rôles tout cela, c'est de la magie, c'est aussi de la métapsychique en formules peintes, dessinées, sculptées ou écrites ayant comme supports matériels l'objet ou le dessin, et comme facteurs spirituels un système de correspondance avec des formes d'humanité disparues, des divinités ou des légendes qui les concernent.

A vrai dire, ces apologues, ces paraboles laissant voir un grand fait naturel, historique ou philosophique, forment toute une science, toute une technique issues des peuplades les plus primitives, chez lesquelles la magie jouait déjà un rôle prépondérant.

*
* *

Depuis la Connaissance Intégrale chez les Chinois, l'Initiation Orientale, Hébraïque, Egyptienne ; les Mystères de l'Inde, de la Mythologie, du Catholicisme, de l'Islamisme, du Gnosticisme, ces initiations se sont transmises de l'antiquité jusqu'à nos jours. Parfois quelque peu déformées, parfois améliorées, elles résistent malgré tout, puisqu'elles ont gagné notre génération ; génération qu'elles dépasseront sans doute pour en accompagner d'autres dans l'avenir.

Autrefois, comme aujourd'hui, ces initiations n'étaient l'apanage que de quelques-uns dont le souci a toujours été de garder leurs secrets vis-à-vis de ceux jugés incapables de comprendre cet ésotérisme, de ceux indignes de le pratiquer, enfin, de ceux impropres à étudier et à utiliser ces forces cachées du monde naturel pour atteindre au monde surnaturel.

Aucune secte, aucune religion, aucune société plus ou moins secrète n'en a été et n'en est exempte.

L'origine de ces traditions se rattache à ce qu'il est convenu d'appeler « hermétisme » souvent mêlées à l'ésotérisme d'une histoire qui échappe aux profanes.

Venues d'Orient, ces traditions comportaient des connaissances d'ordre cosmologique et furent transmises par initiation par une chaîne ininterrompue soit par voies orientales et méditerranéennes, soit par d'autres.

LES CHEVALIERS DU TEMPLE

Cet hermétisme gagna l'ordre religieux et militaire des Chevaliers du Temple, organisation secrète fondée en 1118 par Hugues des Payens, dissoute par Philippe Le Bel qui s'empara de ses immenses richesses.

Ceux qui ne périrent pas sur le bûcher ou par la torture se réfugièrent au Portugal où ils furent encouragés, en Ecosse où ils furent aidés par la famille du roi d'Ecosse, Robert Bruce 1274 (Robert Premier 1306).

D'origine flamande cette famille attira, hospitalisa et protégea beaucoup de ces artisans templiers fugitifs et proscrits auxquels toutes sortes de faveurs furent accordées dans leurs pratiques, leurs usages et leurs coutumes.

*
* *

Par la suite ces rites passèrent dans toute l'Angleterre et débordant ses frontières s'étendirent à d'autres pays.

LA FRANC-MAÇONNERIE

C'est à ce moment que commença le règne de la franc-maçonnerie internationale.

Mais en gagnant d'autres pays, elle s'écarta petit à petit des règles et des traditions templières.

Le recrutement se fit moins sévère, et en dehors de tout principe religieux, alors que les Templiers rendaient hommage à la religion, assistaient à la messe, aux fêtes solennelles de l'Eglise, suivaient les processions avec leurs costumes, leurs insignes et leurs étendards en tête de leurs groupes, tenaient, comme tous les traditionnalistes, la théologie, les mathématiques et les arts pour des applications de principe identique.

La franc-maçonnerie prit peu à peu l'allure d'une corporation de protégés et de favorisés dont les rites étaient tous exotériques, en opposition formelle avec l'ésotérique compagnonnage des « Guildes » et leur véritable initiation rituelique.

Quel étrange contraste entre les institutions templières et les sociétés secrètes de nos jours, leur mystère politique où se mêlent toutes sortes d'obédiences affiliées, de personnages laïcs de toutes races plus intéressées au favoritisme et aux affaires spéculatives qu'aux vraies traditions templières ?

Sous une couverture philosophique, les francs-maçons ont forgé des rites plus ou moins fictifs n'ayant aucun caractère religieux ou vraiment traditionnel et par cela même aucune filiation directe avec les ordres primitifs des Templiers chevaleresques, leurs obligations monastiques, de chasteté, de pauvreté, de fraternité, d'hospitalité et de leur dévotion à Saint-Jean, leur propre vocation ouvrière à cet apôtre.

TEMPLIERS ET FRANCS-MAÇONS

En effet, rien de formellement templier ne se retrouve dans les rituels maçonniques, pas plus que le compas entrelacé dans l'équerre ne saurait rappeler le symbole du « Sceau de Salomon », pas plus que les attitudes théâtrales, telles la génuflexion devant la croix à huit pointes, les promenades à cheval en robe blanche chères à certains maçons d'outre-Atlantique, ces banquets où le verre est appelé calice, où le couteau signifie poignard, rien de tout cela n'est templier.

Tout au plus y retrouve-t-on quelques traditions dénaturées des Rose-Croix.

Ce n'est pas parce que les Rose-Croix reçurent en héritage une part de la doctrine ésotérique des Templiers qu'ils furent assez imprudents pour divulguer le testament introuvable mais réel des Templiers.

Les chevaliers du Temple étaient des maîtres dans l'art géométral ainsi que dans celui de construire des édifices dans l'harmonie des proportions, dans l'équilibre des lignes, avec un sens initiatique très développé : langage muet mais combien éloquent des figures, des ornements sculptés, gravés ou peints dans la pierre, dans le bois et sur la toile.

Nul n'ignore que les Templiers, mi-religieux, mi-soldats, excellaient dans l'art de construire des églises heptagonales ou octogonales, des places fortes, des châteaux dans lesquels ils entretenaient et initiaient toute une série de serviteurs, d'ouvriers spécialisés, de gens du bâtiment disciplinés à des rites séculaires transmis par initiation.

A cette époque le travail n'était pas un simple gagne-pain, mais une production consciente, sorte de symbole des êtres et des choses dans laquelle l'ouvrier avait pour idéal de servir Dieu au moyen de l'œuvre qu'il exécutait.

Les Templiers connaissaient la force suggestive des lignes et des figures. C'est pourquoi ils l'avaient assujettie à la religion en imposant à leurs compagnons des lois, des alphabets, des moyens secrets et la manière de les construire, de les lire et de les respecter.

Leur symbolisme s'attachait à trois couleurs : rouge, brune et blanche.

Leur insigne était une croix à huit pointes (Fig. 4).

Cette connaissance de la géométrie traditionnelle, pour ainsi dire sacrée, relevait d'une métapsychique supra-

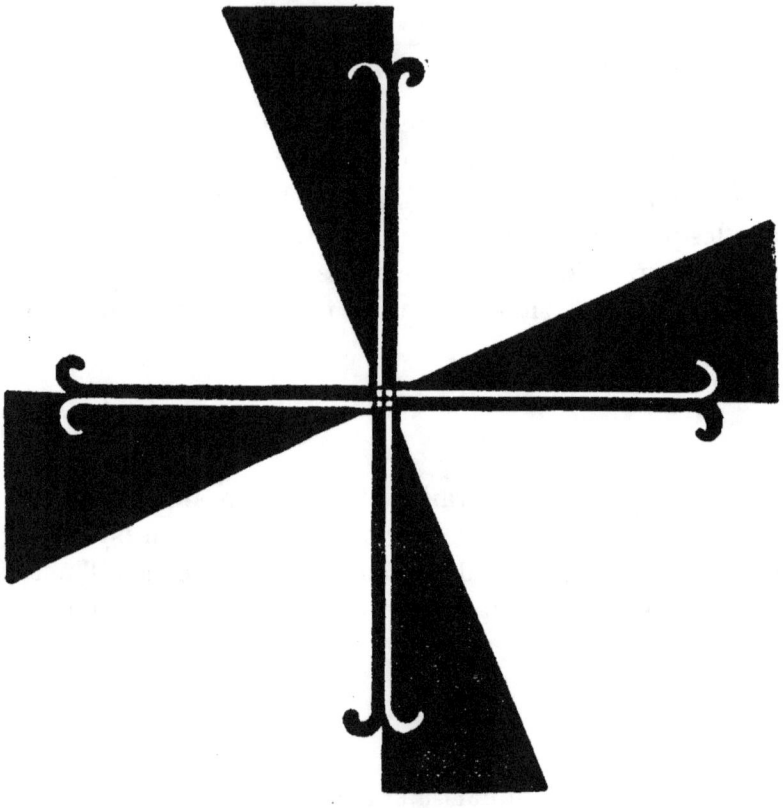

Fig. 4.

religieuse et s'adressait à une élite d'artistes que l'on instruisait, que l'on initiait dans l'art de bâtir.

C'était par dialogues et figures que se transmettaient

ces traditions en vue d'exprimer graphiquement et symboliquement une véritable science de pantacles que l'on retrouve encore sur certains édifices templiers, sur les murs de nos cathédrales et de nos vieilles églises.

**
* **

Malheureusement beaucoup de ces souvenirs géométriques ont fait l'objet de véritables fantaisies. Ce n'est certes pas à ces dessins capricieux et imaginaires que nous nous arrêterons. Il reste encore suffisamment de vrais symboles ayant une valeur occulte pour étudier ce qui vraiment a représenté et représente toujours quelque chose.

**
* **

Cette science des aspects illisibles, des fictions allégoriques est restée très obscure pour beaucoup d'entre nous ; car en dehors de ces figures souvent incomprises, toujours négligées il y a des problèmes cachés qui englobent des phénomènes beaucoup plus intéressants que les études et les recherches sur leur origine et leur destination.

Celui de l'influence qui se dégage d'une sculpture, d'une statue, d'un bas-relief en est un d'importance, celui du but cherché en vue de propager un fait et d'évoquer son souvenir en est un autre.

**
* **

Beaucoup peuvent considérer ces inventions comme fabuleuses et quantités négligeables, c'est affaire d'opinion. Peu importe d'ailleurs. Mais ce que l'on ne sait généralement pas, c'est que de tout signe, de toute figure, de tout nom sacré se dégagent une vie complète, une expression de quelque chose, une vérité, une force reliant le pôle matériel du présent au pôle spirituel du passé.

En essayant de montrer que les figures géométriques et magiques sont tout autre chose qu'une simple représentation, nous espérons éveiller l'attention du lecteur en lui apprenant que, par l'histoire qu'elles perpétuent, ces figures créent un phénomène d'induction et de relation réfractée du Cosmos.

Si nous considérons que les ossements, les cendres, les souvenirs terrestres restent toujours fluidiquement reliés à l'Astral de ces restes, il nous est facile d'introduire le point de vue que cette induction et cette réfraction, dont l'explication n'est pas nécessairement commode, seraient d'ordre magnétique.

A cet effet, ne sait-on pas que ni le temps, ni le feu ne détruisent le magnétisme humain ?

C'est d'ailleurs pour cette raison que le radiesthésiste-métagnome peut étudier les cendres d'un incinéré comme il le ferait sur l'individu vivant lui-même. Ses cendres continuent d'être le reflet de sa personnalité et de sa pathologie passées. Après des milliers d'années elles restituent ses sentiments, ses affinités, ses penchants et ses maladies.

— 295 —

C'est bien là, à notre avis, une conséquence démontrant que le plan terrestre peut longtemps libérer des rémanences et que le plan supérieur peut projeter des radiations concordantes.

Voilà pourquoi les tombeaux, les momies, les sculptures, les tableaux, les bibelots anciens ne doivent pas être tenus pour de simples curiosités scientifiques et l'intérêt qu'on y porte comme un dadaïsme vide de sens, tendant à supprimer tout rapport entre la pensée et l'expression.

De toutes ces figures, il se dégage incontestablement au moins une magie médicale, sinon une magie tout court, d'envoûtement et d'attaque.

La première pouvant servir à contre-attaquer la seconde, non seulement contribue à s'opposer à un rite d'influences maléfiques, mais aussi à protéger, à aider en vue d'obtenir une faveur, une grâce, un but heureux en créant autour de celui qui possède un de ces signes bénéfiques un champ de radiations que les forces mauvaises ne parviennent que très rarement à contrarier.

C'est ainsi que le caractère général d'un phylactère, d'une monade, d'un nabo, d'un scarabée, peut se révéler comme l'agent recéleur d'une force bonne ou mauvaise.

⁎⁎⁎

On pourrait douter qu'après des siècles et des millénaires, un bouddha, une déesse, un golem, une forme humaine ou animale quelconque puisse garder les radiations de son histoire.

Eh bien ! Oui !!
C'est un fait indiscutable dont il faut bien se pénétrer.

Ces radiations, ces forces occultes qui s'attachent au fantôme d'un organisme réel ou fantastique peuvent nous surprendre dans l'ignorance que nous entretenons à l'égard de ces véritables accumulateurs et émetteurs magnétiques et fluidiques. Elles peuvent nous surprendre par les personnages, les événements, les aventures particulières, leur copie et leur expression.

⁎⁎⁎

Ce sont des forces mystérieuses qui expriment réellement un sujet, un fait, une idée ; lesquels induisent conduisent et, suivant le cas, unissent, protègent, désunissent ou tyrannisent.

Pour juger de l'importance de ces mystères, il suffit de savoir que des mains de momies ont altéré des santés, que des scarabées ont pu renverser les situations bien assises de leurs ignorants détenteurs, que des tombeaux profanés ont fait disparaître mystérieusement de la scène terrestre ceux qui avaient commis l'imprudence de manquer de respect à des cendres pour lesquelles ils auraient dû avoir les égards de bienséance convenant à leur origine.

* * *

On peut se moquer d'un cadavre même momifié, mais cela n'est pas sans danger.

Exemple : ce jeune aviateur se trouvant un jour en face de la momie qui fit reculer Cambyse et son armée lui donna une gifle en persifflant que c'était de la pierre comme celle du désert. Il n'empêche que la semaine suivante, le jeune impertinent dut payer de sa vie ses paroles ironiques.

Voilà un court aperçu qui nous fait toucher du doigt les rapports possibles qui continuent d'exister entre les vestiges de disparus de ce monde et leur vie dans l'au-delà. Voilà aussi ce qui va nous permettre d'aborder le symbolisme des figures géométriques, talismaniques et les questions touchant les sceaux, les amulettes et les pantacles.

SYMBOLISME DES FIGURES

Afin de ne pas trop nous étendre, nous avons rassemblé en plusieurs planches synoptiques un certain nombre de figures symboliques dont nous allons donner pour chacune d'elles une explication succincte :

PLANCHE N° 2

N° 1. Le carré est égal à rien et à tout ; deux aspects de l'absolu, lequel n'a pas de définition.

*
* *

N° 2. Le carré avec point central est la manifestation du Tout et du Rien. Le point est le départ de la Cosmographie.

DESCARTES fonda sa théorie des tourbillons sur le Point.

*
* *

N° 3. Le cercle indique la limite d'une manifestation. Ce qui est contenu dans un cercle ne peut dépasser sa circonférence. L'homme ne peut s'échapper du cercle de la Manifestation.

*
* *

N° 4. Le point dans le cercle est une force qui rayonne dans toutes les directions jusqu'aux limites de la circonférence.

Les forces émises par le point sont renvoyées par le cercle sur le point (choc en retour).

Le point dans le cercle est un symbole solaire correspondant au jaune orangé, à la lumière astrale, l'équivalent de Dieu.

C'est l'instrument de la puissance magique avec lequel les mages ont le pouvoir d'engendrer le trouble ou la paix.

Alors ! Prenons garde de ne pas nous attirer les foudres d'un initié, car nous pouvons être frappés durement par une main invisible.

La Nature est juste, mais ses réactions peuvent être terribles.

*
* *

N° 5. Le cercle divisé par une ligne droite de bas en haut symbolise l'Infini et l'Espace. Les deux parties organisent la stabilité, la relation du Passé infini et du Futur infini. Le demi-cercle à gauche pour l'avenir, le demi-cercle à droite pour le passé. Le cercle est l'expression de la continuité.

*
* *

N° 6. Le cercle divisé par une ligne de gauche à droite, ou inversement, est l'égal de la polarité d'en bas et de la polarité d'en haut ; interprétation de deux plans qui se conjuguent.

*
* *

N° 7 et n° 8. La double spirale ou la monade. (Fig. 5).

Dès la plus haute antiquité, les Chinois attachaient une importance particulière aux figures géométriques. Ils estimaient que c'était là l'expression philosophique des phénomènes naturels.

La monade chinoise était pour ce peuple la représentation graphique et idéologique des pensées, des actes et des sentiments énoncés antérieurement ou pratiqués de leur temps.

*
* *

Par la suite cette figure a donné naissance à deux grands principes de la Nature et de l'Univers : le Yang (mâle), le Yn (femelle), lesquels trouvent leurs significations correspondantes dans le commencement et la fin, la matière et l'esprit, le mouvement et le repos, la vie et la mort qui se perpétuent dans la grande clavicule universelle sous l'action des forces mystérieuses et immortelles dont le grand architecte possède la clé de la vérité une, de tous les mystères, de tous les dogmes.

*
* *

Tout cela se résume par deux aspects concrets et complémentaires : forces attractives, forces répulsives, dans l'Espace et dans le Temps. Expression que nous retrouvons dans la formule électrique de nos jours : plus et moins. C'est en outre, la confirmation d'une loi d'attraction et de répulsion de forces créatrices et de forces destructrices de la matière selon le rythme éternel.

A l'origine, cette double spirale était composée d'une partie noire et d'une partie blanche, ensemble affectant le mouvement tourbillonnaire dans le cercle (Fig. 5).

Au centre de chaque spirale un point :

1° Un point blanc dans le noir correspondant au germe féminin dans le masculin.

2° Un point noir dans le blanc correspondant au germe masculin dans le féminin.

*
* *

L'histoire nous enseigne que cette double spirale se réfère à la conception intelligente et à la conception vulgaire, au jour et à la nuit, à la lumière et aux ténèbres, à la saillie et au creux, au fixe et au volatil, à l'homme et à la femme : deux termes de la création dans l'évolution et l'involution, démontrant ainsi que rien ne peut exister sans l'association de deux forces de signe contraire.

*
* *

La monade est tantôt représentée sur un plan longitudinal : une partie à droite, une partie à gauche (Fig. 7) Planche n° 2, tantôt sur un plan latitudinal : une partie en bas, une partie en haut. Le tout doublement cerclé.

*
* *

A notre avis, c'est la figure n° 8 de la Planche n° 2 qui nous apparaît, pour nous Européens, la plus bénéfique.

Dessinée comme la Figure n° 7 elle reproduit assez fidèlement le Yang et le Yn qui faisaient partie des rites de la magie primitive.

Lamas, magiciens et devins du Thibet les utilisaient dans leurs opérations d'envoûtement et de désenvoûtement.

Cette figure était connue 4.000 ans avant J. C., puisque le Yang et le Yn figuraient déjà à cette époque au-dessus de la porte d'entrée de chaque habitation.

Selon le Docteur Legge, c'est vers 3322 avant notre ère que le Yang et le Yn donnèrent naissance aux Pa-koua, à leurs quatre figures et à leurs huit diagrammes (Fig. 5 et 6).

D'après le Docteur Martin, les significations primitives étaient : Yang, la lumière ; Yn l'obscurité et, philosophiquement parlant, ils indiquaient les forces positives et négatives de la vie et de la reproduction.

Plus tard, le noir et le blanc furent respectivement remplacés par le rouge et le bleu.

Le Docteur Jules Regnault qui a beaucoup voyagé en Chine, qui a beaucoup vu, beaucoup lu, beaucoup retenu dit que des Yang-Yn verts et rouges y étaient utilisés.

— 303 —

Selon nous, ces deux couleurs provoqueraient une aberration chromatique de l'œil et tiendraient du sortilège autant que d'une technique envoûtante.

C'est sans doute pour cette raison que M. Lacroix-a-l'Henri a constaté que les Yang-Yn noirs et blancs, rouges et bleus se révélaient au pendule comme des émetteurs d'ondes favorables. Tandis que les Yang-Yn verts et rouges sont reconnus par lui comme des générateurs d'ondes perturbatrices avec parfois des réactions nocives.

N'aurions-nous pas là l'explication des couleurs composées employées par les Incas dans leurs supplices ? (1).

Par ailleurs M. Lacroix-a-l'Henri écrit dans son livre : (2).

« Le Docteur S. Wells, professeur de langue et de
« littérature chinoise, dans ses remarques sur les notions
« philosophiques de Chu-Hi dit au sujet de l'universelle
« application des pouvoirs dualistes du Yang et du Yn :

« Son système de matérialisme peut s'appliquer aux
« caprices de chaque individualité pensante, aussi bien
« qu'il peut s'appliquer indifféremment à tous les phéno-
« mènes qu'il rencontre et explique : chaleur et froid,
« lumière et obscurité, feu et eau, matière et esprit, pou-

---

(1) *Secrets des Couleurs*, Tome I. Imprimerie Saint-Denis, Niort (Deux-Sèvres), et à la Maison de la Radiesthésie, 16, rue Saint-Roch, Paris.

(2) *Théories et Procédés Radiesthésiques*. Henri Dangles, Paris, et à La Maison de la Radiesthésie, 16, rue Saint-Roch, Paris.

« voir et substance, chaque agent étant envisagé comme
« s'adaptant à ses principes et apportant une solution
« simple de toute question.

Dans ce binôme, le Yang descend, le Yn monte, les deux s'unissent. C'est le grand principe du plus et du moins qui génèrent, l'œuvre du Ciel et de la Terre s'accomplit sous l'idée et l'action respectivement positive et négative (Fig. 5 et 6).

Quant à savoir lequel des deux domine — Yang ou Yn — cela relève de la science divinatrice.

Quoiqu'il en soit le Yang correspond à 9
　　　　　　　　le Yn　　　　—　　6

Cela fait 15 au total, nombre qui s'attache au carré de Mercure.

4	9	2
3	5	7
8	1	6

Ce carré est capable de présider aux œuvres maléfiques dont le nombre planétaire est 15 dans toutes les directions. Le nombre 15 étant celui du Démon.

C'est pour cette raison que la monade doit être doublement cerclée si on désire qu'elle soit bénéfique. Ainsi les

Fig. 5.

forces démoniaques ne pénètrent pas le cercle, tandis que de la monade, s'échappent librement des radiations puissamment bénéfiques.

LES PA-KOUA

Pour en revenir aux Pa-koua, disons qu'ils se rapportent à une magie fort agissante, ainsi qu'à une science cosmologique remontant à plus de 2850 ans avant Jésus-Christ.

Les Pa-koua sont au nombre de huit — deux méridiens, deux équinoxiaux, quatre solsticiaux — et occupent huit méridiens de 45° × 8 soit 360°. Ils forment un signe qui semble être l'ancêtre du zodiaque à 12 méridiens de 30° × 12 soit 360°.

Ce zodiaque à huit signes était, nous dit l'histoire, connu des Egyptiens 18.000 ans avant notre ère.

Ces huit diagrammes sont formés de traits spéciaux, sorte de caractères cunéiformes en trigrammes et dont les combinaisons peuvent varier à l'infini dans l'étude du symbolisme initiatique ou religieux (Fig. 5 et 6).

Les Pa-koua résument les lois universelles, leurs significations sont les suivantes :

☰ Ciel   ☶ Montagne   ☵ Eau   ☲ Feu

☷ Terre   ☱ Marais   ☳ Tonnerre   ☴ Vent

Mais dira-t-on, votre répartition des Pa-koua n'est pas conforme à celle connue ?

Sans doute ! Répondrons-nous !

Notre distribution est faite ainsi dans le but de faire concorder les Pa-koua à notre situation longitudinale et latitudinale.

En effet, notre position géographique n'est pas la même que celle de la Chine. C'est pour cela que nous avons donné à chaque Pa-koua une direction cardinale autre que celle qui convient aux antipodes.

*
* *

Lorsque ces diagrammes sont répartis autour de la monade suivant une orientation Européenne et une couleur correspondante dans le même angle azimutal, les Pa-koua et leur dualité constituent un élément talismanique de défense de premier ordre.

C'est, avec le triangle Divin, un des meilleurs symboles de la Nature créée.

Retenons toutefois qu'il peut être dangereux de posséder cette figure incomplète ou incorrectement dessinée.

Fig. 6.

On remarquera aux angles des figures 5 et 6 quatre petites figures :

En haut, à droite et à gauche de la figure octogonale, le Tai Kich donnant naissance au Yang et au Yn.

En bas, de gauche à droite, le Yang et le Yn.

*
* *

Comme on le verra à la figure 5, la partie dominante noire est à gauche, la partie dominante blanche est à droite.

La figure 6 est en raison inverse.

La glose est que la figure 5 est faite pour être mise à l'Est face à l'Ouest, la figure 6 pour être mise à l'Ouest face à l'Est. Signalons enfin que le noir est toujours en bas, le blanc est toujours en haut.

Pourquoi ?

Le blanc (—) et le noir (+) font pile ;
Le blanc (—) et le ciel (+) font pile ;
Le noir (+) et la terre (—) font pile ;
La partie dominante du blanc (—) fait pile avec le Sud (+) ;
La partie dominante du noir (+) fait pile avec le Nord (—) ;

Ajoutons que le blanc et le noir peuvent être respectivement remplacés par le bleu (—) et le rouge (+).

Dans les deux cas, on obtiendra un élément à six éclatements au centre de la circonférence, élément qui deviendra un foyer émetteur de radiations extrêmement bénéfiques.

Ces radiations sont tellement agissantes qu'on peut les percevoir à la main nue. A la condition, bien entendu, que la monade et ses Pa-koua soient correctement orientés. On percevra alors un souffle léger très agréable à supporter. L'intensité de ces radiations augmente progressivement, pour finalement dégager de façon permanente un dynamisme assez extraordinaire au bénéfice de tous les occupants d'un lieu où figurent la monade et ses huit Pa-koua.

*
* *

Il va sans dire que, si l'ordre que nous venons d'indiquer n'est pas respecté, on obtiendra un engourdissement désagréable. A la longue, cette paralysie passagère peut devenir chronique, gagner le système cérébro-spinal et provoquer une suspension plus ou moins aiguë de l'activité musculaire, avec troubles de la sensibilité et une torpeur de l'âme.

*
* *

Bref, ce pantacle peut être considéré comme l'utilisation d'une puissance mystérieuse. C'est en tout cas un signe démonifuge très efficace ainsi qu'un élément de protection générale d'une très grande valeur.

*
* *

Fait curieux, le Docteur Liou Tse Houa a soutenu en Sorbonne le 9 novembre 1940, une thèse ayant pour titre « *Cosmologie des Pa-koua — Les huit Trigrammes — et l'Astronomie Moderne* ».

C'est, en effet, au moyen des Pa-koua que le Docteur Liou Tse Houa put trouver, dans les lois générales qui gouvernent l'Univers, la confirmation astronomique et mathématique, la concordance irréfutable des chiffres de l'astronomie moderne et découvrir une nouvelle planète qu'il a appelé « *Proserpine* », laquelle se trouve encore à quelques 1.500 millions de kilomètres de Pluton son ex-époux, mais tend à s'en rapprocher depuis 1939-1940 affirme dans sa thèse le jeune savant Chinois.

N° 9. Le Dôme, symbole de la prière, de la rédemption.

La ligne horizontale correspond à la vie matérielle, à la cible des besoins, à la prière exprimée sur une base.

Une prière purement matérielle ne dépasse pas la ligne horizontale et ne peut s'élever au-delà de la vie terrestre. Il ne suffit pas de marmotter un chapelet. Ce qu'il faut, c'est que l'âme soit suffisamment éveillée dans sa sensibilité par l'émotivité de la matière.

La vraie prière est celle qui trouve son écho dans le Dôme, signe de l'élévation par le sacrifice de soi-même.

Les vibrations de la pensée sont renvoyées sur la ligne horizontale, fruit de la prière sincère et fervente par la pensée.

La pensée est créatrice, c'est une matière infiniment subtile qui ne connaît ni l'obstacle, ni la distance.

Le Dôme est un pantacle de grande protection contre les puissances du mal. C'est la lumière de l'esprit. Or, la lumière n'a jamais été vaincue par les ténèbres.

A qui sait l'utiliser, la prière s'accumule comme une énergie électrique, elle peut devenir une puissance vivace après concrétisation sous forme d'égrégore.

*
* *

N° 10. Le Bassin, ou Bol cosmique, est une arche en sens inverse. C'est le réceptacle du produit de la prière. Il est toujours alimenté par celui qui désire le remplir.

*
* *

N° 11. Le Croissant droit, figure synonyme de début de naissance.

Il est en rapport avec le rythme féminin humain.

C'est la perspective d'un développement vers l'adolescence, l'apogée, l'épanouissement, puis la disparition.

C'est également l'image des phases croissantes et décroissantes de la Lune.

Le premier quartier égale naissance,
Le second   —   — adolescence,
Pleine Lune   —   apogée,
Troisième quartier —   intériorisation,
Dernier   —   — mort.

N° 12. L'Arche de Nouit, Déesse du firmament, est formée de demi-cercles, l'un positif, l'autre négatif, séparation entre nous et le Divin. Symbole et image du Destin, du libre arbitre touchant la Terre par ses deux cornes.

N° 13. Image symbolique de la barque d'*Osiris* voguant sur les flots de l'Eternité, dans la lumière couvrant les ténèbres, emportant et élevant celui qui est sur les marches de l'Initiation et développant ses facultés subconscientes de vision et d'audition.

Pour ce dernier, c'est la rupture de la chaîne des sens matériels et la faculté de percevoir le sens de tout symbole.

N° 14. Le Trait vertical. En géométrie occulte, il représente le Mage, la baguette, le pilier, l'obélisque, le sceptre, et tous objets phalliques indiquant que l'humanité est faite à l'image de Dieu.

C'est la traduction de l'individualité de l'être humain, il est la caractéristique de l'activité, du travail qui ne peuvent s'exercer que dans la position verticale. C'est la figure du progrès, on ne doit jamais stationner, encore moins reculer, il faut toujours aller de l'avant.

N° 15. Les Deux traits verticaux, séparés l'un de l'autre, signifient plus et moins, le bien et le mal, l'élévation spirituelle ou la chute dans le matérialisme ; ils veulent dire qu'aucun travail ne peut être fait par une seule polarité. Ce qui existe, pour produire ou pour reproduire, réclame impérieusement deux forces de signe contraire : une positive et une négative, une émise et une reçue.

N° 16. Le Cône, la pointe en haut, marque l'aspiration à la gloire Divine, qui sera versée sur celui qui la demande par l'intermédiaire des courants supérieurs, mais ces courants n'atteignent que ceux qui en sont dignes.

N° 17. Le Cône, la pointe en bas, équivaut à l'inspiration, réponse de l'Etincelle Divine à la vie spirituelle, à l'évolution vers des plans supérieurs.

N° 18. L'Arche formée de deux piliers et d'un dôme.

Les deux piliers sont deux éléments formant équilibre dans les travaux spirituels entre les principes matériels et intellectuels.

Le dôme associe le masculin au féminin pour les élever vers lui. Tout est incomplet, instable et faux sans deux polarités surmontées du symbole de la foi.

***

N° 19. Les Trois piliers correspondent au principe trinitaire dans la manifestation de l'éternité. C'est le passé, le présent et le futur.

Du fait qu'il y a un présent, il y eut un passé, et s'il y eut un passé, il y aura fatalement un futur. Principe qui milite en faveur de l'hypothèse de la préexistence de l'âme et de sa survivance.

***

N° 20. Le Dolmen, symbole de deux âmes communiant ensemble sur le plan des Forces Supérieures.

***

N° 21. La Croix (dite grecque) définit les quatre points cardinaux, l'équilibre des forces électriques, magnétiques, centripètes et centrifuges.

Aussi loin que l'on remonte dans l'Histoire, la croix fut toujours adoptée dans les rites, elle figure sur les bas-reliefs de l'*Inde*, de l'*Egypte*, et de l'*Amérique* précolombienne.

Cette forme crucifère remonterait donc à des civilisations plusieurs fois millénaires. De tous temps, elle fut tenue comme un symbole de haute initiation, rappelant par l'intersection de ses bras le culte du monde et par ses branches verticales l'âge de l'Univers.

***

N° **22**. La Croix ansée des prêtres Egyptiens. La branche supérieure est remplacée par un anneau (anse). Cette partie correspond à la tête, aux facultés supérieures de l'esprit, à la vie éternelle.

C'est l'image de l'homme debout les bras étendus horizontalement exprimant ainsi l'attitude du croyant se plaçant sous la protection de Dieu.

*
* *

N° **23**. La Croix chrétienne, ou de crucifixion, est la représentation de l'Elément Divin crucifié, la branche horizontale correspond à la matière, la branche verticale à la rédemption de l'esprit et à son élévation. Ce qui revient à dire que c'est par la descente du Christ dans la vie humaine que l'élévation de la matière peut s'effectuer par la force de l'esprit.

Autrefois cette croix était accompagnée de la devise latine : « *In hoc signo vinces* ».

*
* *

N° **24**. La Croix babylonnienne synonyme du Thau sacré ou clé universelle. (Planche n° **2**.)

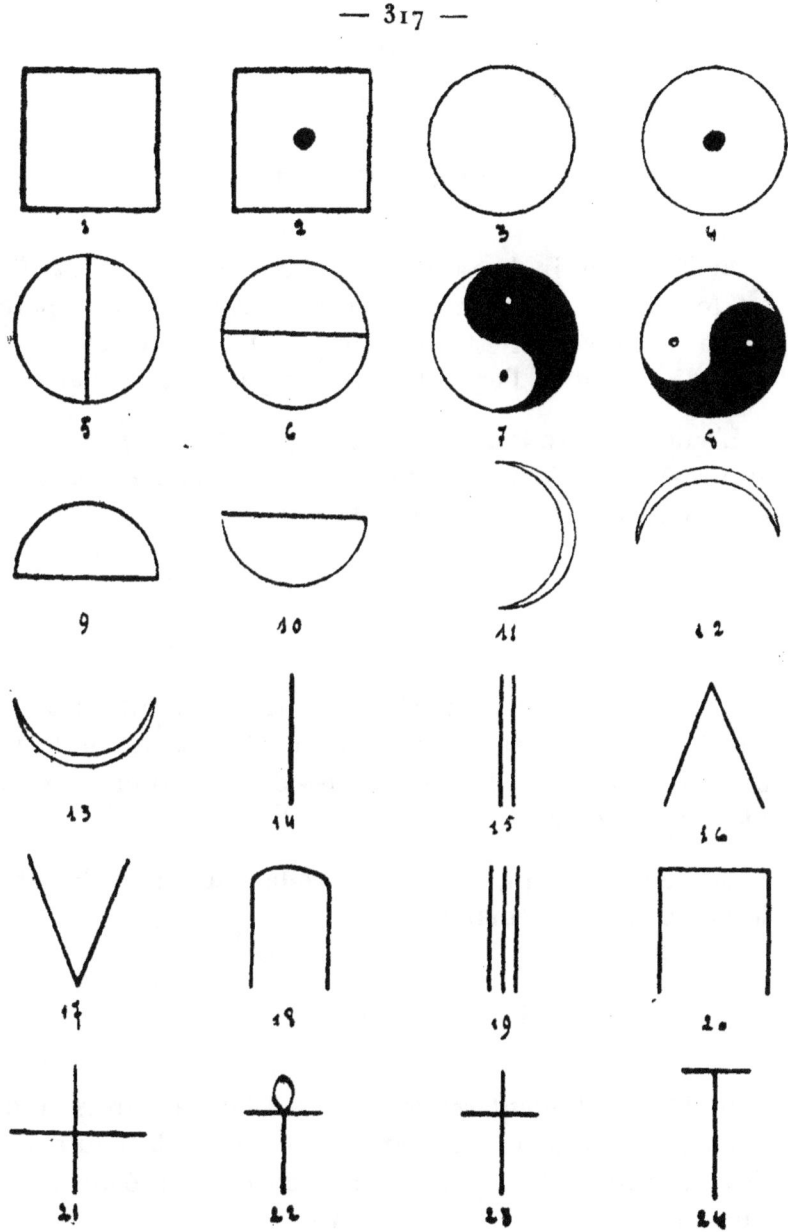

Planche N° 2

PLANCHE N° 3

N° 25. La croix de Saint-André ou du Saint-Esprit. Elle est formée de deux cônes opposés et caractérise le point vernal entre ce qui est en bas et ce qui est en haut, c'est aussi la figure de l'équilibre du temps et du sablier.

L'endroit où se joignent les sommets des cônes se réfère au présent, le cône en forme de V renversé à l'évolution, le cône en forme de V à l'involution.

*
* *

N° 26. La Triade, ou trident, à triple signification : à gauche symbole des douleurs, au centre l'arbre de la vie et de la montée, à droite les joies de l'élévation vers des plans supérieurs.

Sur le plan Divin, cette figure reflète la pensée de Dieu, le Verbe et la vie émanée.

*
* *

N° 27. Le Trident renversé, autre figure à trois significations : à gauche l'ignorance, au centre la chute vers des plans inférieurs, à droite la science. Trinité des forces mentales : vouloir, savoir, pouvoir.

*
* *

N° 28. La ligne horizontale, c'est la situation du repos après le travail.

N° 29. Les deux parallèles indiquent que ce qui ne peut pas être associé sur terre peut l'être dans le Ciel.

N° 30. L'Epée de justice est une figure se référant plus au matériel qu'au spirituel. La ligne transversale indique la justice limitée à la Terre ; la verticale s'élançant dans l'espace est l'indication du pardon illimité du Divin.

N° 31. La Croix celtique, signe cosmique et cyclique dont la roue symbolise le mouvement et l'acheminement de la matière vers l'infini. Les angles créent un champ magnétique avec forces très pénétrantes.

N° 32. Le Firmament : le demi-cercle égale protection, la ligne horizontale représente la Terre, et la ligne verticale l'éther.

N° 33. Le Firmament des eaux possède deux symboles : le demi-cercle équivaut à la mort, la croix équilibrée à la vie.

C'est la croix de la matière en dessous de la coupe qui reçoit les forces d'en haut.

N° 34. Le Firmament du feu, de la lumière. C'est la maîtrise de la volonté humaine sur la matière. L'arche sous la croix est synonyme de protection.

N° 35. Autre forme de la Croix du Saint-Esprit. La croix dans le cercle représente la troisième personne de la Trinité, tout ce qui existe reçoit son souffle de Dieu.

N° 36. Croix de l'infini, les branches dépassant le cercle symbolisent le travail et le repos.

N° 37. Signe du Messie, ou la lettre « Schin » de l'alphabet sacré. C'est la force qui lance l'étincelle Divine dans les ténèbres.

— 321 —

N° 38. L'ancre sacrée et éternelle avec six directions.

*
* *

N° 39. Le Triangle parfait ou équilatéral dont l'équivalent est manifestation Divine et sa perfection.

*
* *

N° 40. Le Triangle isocèle ayant trois significations : à gauche la miséricorde, à droite la rigueur, en bas le support de l'équilibre.

*
* *

N° 41. Le Triangle à angle droit étant la moitié d'un triangle équilatéral, signifie imperfection, laquelle ne peut se dispenser de la force spirituelle sur le plan de l'amour humain.

*
* *

N° 42. Le Triangle scalène, forme arbitraire, excentrique et sans signification. Ses côtés inharmoniques dénotent l'inégalité. C'est un symbole d'isolement et de solitude.

*
* *

N° 43. Le Cercle d'évocation, figure pouvant protéger

l'opérateur qui commet l'imprudence d'évoquer des esprits inférieurs.

Les pointes du triangle forment un système de barrière psychique, les forces s'y arrêtent emprisonnées et ne peuvent être libérées que si telle est la volonté du mage.

*
* *

N° 44. Le premier mouvement de l'esprit. Symbole de la Terre où la matière est entourée de toutes parts par l'esprit.

*
* *

N° 45, N° 46. Swastika et Sauswastika.

Sans chercher à pénétrer le secret qui s'attache à tout un plan de propagation, nos connaissances en cette matière étant très limitées, nous voudrions néanmoins vous entretenir de ces deux signes qui, selon des historiens fameux, seraient antérieurs à l'époque néolithique.

Le « Swastika » ou « Croix Gammée » en raison du quadruple « gamma » est un pantacle magique de la préhistoire, plus ancien peut-être que le pentagramme dont nous parlerons un peu plus loin.

Ce nom de « Swastika » viendrait du sanscrit : Su, bien ; Asti, être (bien-être). Mais cela n'infirme pas l'opinion de M. Marcel Baudouin lorsqu'il dit qu'il était très répandu à l'époque où existait l'Atlantide, ni celle d'autres auteurs qui le font remonter à l'époque où l'homme sut se procurer du feu par ses propres moyens, c'est-à-dire, il y a près de **100.000** ans.

Le Dr Jules Regnault estime de son côté que le « Swastika » paraît représenter deux pièces de bois placées en forme de croix, à l'intersection desquelles on faisait tourner un pivot en bois très dur pour produire le feu.

***

L'aspect crucifère du « Swastika » serait, en **effet,** l'image du bâton enflammé tournant rapidement et produisant le cercle lumineux de la vie, signe solaire qui a joué et joue encore un rôle très important dans la magie des figures.

Ajoutons que le bâton enflammé tournant augmente et entretient sa flamme dans le sens contraire des aiguilles d'une montre, alors que cette flamme s'éteint rapidement lorsque le bâton tourne dans le sens contraire.

***

Le sens de rotation aurait donc une importance non négligeable dans l'explication du « Swastika » et du « Sauswastika » : le premier ayant ses crochets coudés de droite à gauche, dans le sens de rotation de la Terre autour du Soleil en **365** jours 1/4, le second ayant ses crochets coudés dans le sens horaire ainsi que dans le sens de giration de la Terre sur elle-même en **24** heures.

⁂

Nous retrouvons, dans la vie courante, un certain nombre de girations conforme au sens giratoire du « Swastika ».

Retenons notamment les hippodromes, les vélodromes, les autodromes, les manèges de cavalerie, les cirques, voire même les manèges de chevaux de bois dans les fêtes publiques. Dans tous ces cas, le sens de giration est dans le sens inverse des aiguilles d'une montre. Par ailleurs, la buse qui fascine sa proie tourne dans le même sens que ci-dessus, l'aviateur atterrit de droite à gauche.

Combien de cavaliers font mieux leur voltige, le cheval tournant de droite à gauche ; combien de cyclistes, d'automobilistes font mieux leur virage de droite à gauche.

Ces exemples sont très instructifs pour comprendre l'apparition du symbole, tournant de droite à gauche, du « Swastika ».

D'après ces données, que l'on néglige d'approfondir ou que l'on ignore généralement, nous ne serions pas éloigné de penser que cette giration en sens contraire de celle de la Terre sur elle-même, créerait une énergie organisée par la résistance que l'on ne trouverait pas de gauche à droite.

Quoiqu'il en soit, ce symbole à caractère mystérieux est d'ordre universel, fidèle représentation transmise à travers tous les âges par tradition talismanique.

En effet, ce signe magico-religieux, essentiellement Aryen, d'après des documents anciens, est probablement venu de la *Chine*, puis de là est passé en *Asie*, aux *Indes*, au *Japon*, au *Thibet*, en *Russie*, en *Italie*, en *Grèce*, en *Autriche*, en *Angleterre*, en *Scandinavie*, dans l'*Amérique* antique et jusque dans l'ancienne *France*, 6.000 ans avant notre ère. On le trouve encore dans l'*Ardèche*, les *Pyrénées*, le *Var*, la *Bretagne*, les *Vosges* sous forme de « Swastika » comme divinité masculine et de « Sauswastika » comme divinité féminine.

Dix siècles avant Jésus-Christ, il figure sur les poteries Babylonniennes; en *Germanie*, à l'âge de fer, il est le symbole du Dieu suprême. Puis il fut celui du Christianisme.

Les Gnostiques et les magiciens de leur temps l'adoptent comme signe bénéfique, porté en breloque et fabriqué en cuivre ou en bronze. Mais, du fait de cet engouement, l'Eglise le juge païen et le réprouve comme hérétique.

*
* *

Plus près de nous, à l'époque des corporations templières, le « Swastika » est l'insigne de certains groupes corporatifs et, à ce titre, on le trouve encore gravé sur la pierre de certains châteaux, comme celui de *Coucy* dans l'Aisne, et sur certaines de nos cathédrales.

Ce fut et c'est encore un pantacle très puissant porté sous forme de phylactère placé sous l'influence bénéfique d'un passage de l'Ecriture en rapport avec les radiations vivifiantes du Soleil, feu céleste.

*
* *

Aujourd'hui encore, les brancardiers et infirmiers Chinois porte le « Sauswastika » en pectoral large et très apparent. Sans doute est-il bénéfique pour eux qui prennent le Sud comme point de repère de leur boussole et comme point d'orientation.

*
* *

Enfin, le « Swastika » est repris avec un culte accru par le Chef de l'*Allemagne*.

Certains qualifient le « Swastika » d'hétérodoxe, c'est-à-dire élément du mal. Nous regrettons de ne pas être de cet avis, car, selon nous, le « Swastika » rayonne d'une façon extraordinairement bénéfique sur celui qui le porte ou l'adopte.

*
* *

N° 47, n° 48. La Croix Basque. La première, la plus répandue, est en forme de « Sauswastika », la seconde en « Swastika ». Sans vouloir contrarier ces braves Basques, nous pensons en toute sincérité que le n° 48 de notre Planche n° 3 est beaucoup plus bénéfique que le n° 47.

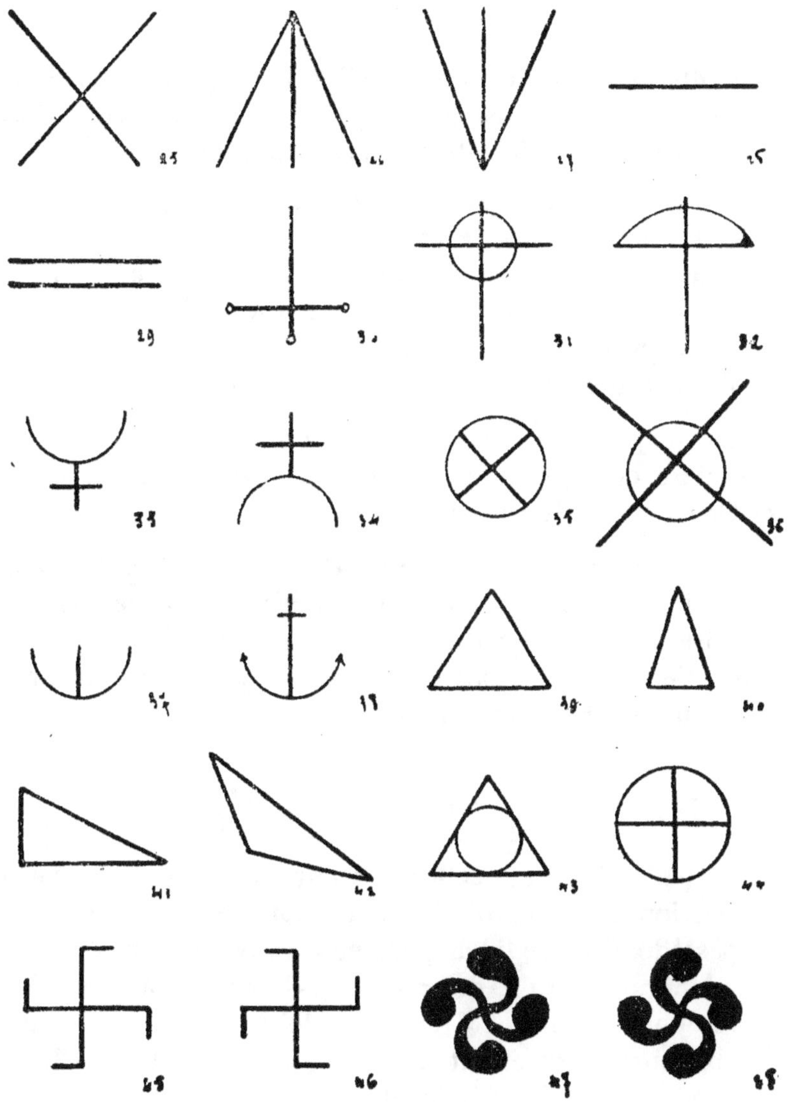

Planche N° 3

PLANCHE N° 4

N° 49. Le monogramme du Christ qui prend une signification importante et dans lequel on retrouve un certain nombre de symboles étudiés précédemment :

1° La croix de sacrifice n° 23, (Planche 2) ;
2° Le cercle n° 3, (Planche 2) ;
3° La croix du Saint-Esprit n° 35, (Planche 3) ;
4° La croix de l'infini n° 36, (Planche 3) ;
5° La croix celtique n° 31, (Planche 3) ;
6° La croix de Saint-André n° 25, (Planche 3).

Au surplus, le monogramme du Christ comporte la première et la dernière lettre de l'alphabet grec, Alpha et Oméga ; le Christ sait tout.

Ajoutons que l'X ou croix de Saint-André correspond au *khi* grec soit Ch, la partie supérieure de la branche longitudinale est terminée par un *ro* grec, ce qui forme dans l'ensemble « *chr* » en grec : Christos, en Latin Christus, en Français Christ.

Ce pantacle, essentiellement chrétien, est un signe de protection fort étendu. C'est le triomphe pour celui qui le possède. C'est le fidèle gardien du foyer contre l'ennemi du dehors lorsqu'il est placé au-dessus et à l'intérieur d'une porte d'entrée. Il préserve de la foudre et de toutes les blessures, entretient une santé parfaite et dans le cas de maladies graves, il arrête l'aggravation et facilite la convalescence.

L'heure venue, il procure une mort bonne et douce.

Le monogramme du Christ, comme on vient de le voir, n'est pas à négliger surtout pour celui qui a la foi.

Nous conseillons de le dessiner en rouge sur fond blanc.

*
* *

N° 50. Le Pentagramme, ou étoile à cinq branches, ou encore étoile des Mages, est obtenu en joignant les points de division de quatre en quatre, après avoir partagé une circonférence en dix parties égales.

Ce pentagone étoilé est le plus bénéfique, le plus puissant des pantacles. Il était considéré par les anciens comme le signe de la perfection, encore qu'ici-bas personne ne peut se targuer de réunir toutes les qualités.

Les puissances invisibles mauvaises, qui résistent parfois au signe de croix, disparaissent devant le pentagramme.

Il est souverain contre les ruines, les revers et combat efficacement les Entités astrales maléfiques de l'Invisible et leurs suppôts de cette Terre pouvant nous attaquer sur le plan physique par des maladies et des troubles aussi étranges qu'inexplicables.

*
* *

Dans les mains d'un initié, il acquiert une force extraordinaire, laquelle s'exerce sur les esprits élémentaires du Royaume de l'Invisible qu'il chasse.

Pour un adepte, ses caractères constituent l'emblème de l'homme libre, de l'homme capable de maîtriser sa passion et de commander aux événements.

Cette étoile flamboyante est complétée par un homme dessiné en rouge et représenté vigoureux ; les jambes écartées dans chacune des pointes inférieures, les bras étendus dans chacune des pointes de côté, la tête dans la pointe supérieure.

L'étoile est d'or sur fond bleu cyanique, le tout cerclé d'étain, le support est gris ; dans le cercle est inscrit le grand nom incommunicable et au centre figure le génie solaire.

*
* *

N° 51. L'étoile à six branches (dite sceau de Salomon).

Ce sceau a un passé très lointain puisque les Egyptiens, 18.000 ans avant notre ère, l'utilisaient déjà.

Il n'avait pas nom de Salomon, mais sa figure graphique avait pour eux un but bien déterminé dans la magie Egyptienne.

*
* *

Salomon fut le grand magicien des Juifs et c'est sur cette étoile qu'il établit sa réputation philosophique et magique. C'est pourquoi le ternaire cabalistique est représenté par un chevauchement de deux cônes entrecroisés, ou symboliquement par un triangle et son reflet, image du Sohar, figurant encore aujourd'hui dans les synagogues. Certains commerçants israélites l'incorporent même dans leurs enseignes. Mais autrefois, il fut employé de même par les chrétiens.

Symboliquement parlant, c'est l'ensemble des n°⁸ 16 et 17 de la planche n° 2, soit l'aspiration et l'inspiration. C'est également la réflexion du macrocosme sur le microcosme, du corps astral sur le corps physique, du monde spirituel sur la matière.

Le Sceau de Salomon bien établi et mis aux quatre points cardinaux d'une chambre à coucher protège les dormeurs de toutes sortes de maladies et travaux nocturnes des incubes et des succubes.

C'est un signe magique d'une grande importance.

Le sceau de Salomon trouve son origine, non dans la fleur du polygonum, comme on pourrait le croire, mais dans la forme en hexagramme des cicatrices de son rhizome.

De nos jours encore, cette racine de polygonum jouit de la réputation de guérir l'épilepsie.

N° 52. Le thérapique, figure universelle de guérison.

A retenir que son orientation a une grande importance : le soleil figurant à droite de ce pantacle, doit **être orienté** vers l'Est et la lune, se trouvant à gauche, sera **dirigée** vers l'Ouest.

La croix surmontant le cercle nous indique que le Christ étend sa puissance sur la Terre, celle-ci sera disposée dans l'axe des pôles magnétiques Nord-Sud.

Par conséquent, si l'on désire rendre service à un malade, il est indispensable de respecter cette disposition dans le but de l'aider à guérir ou de favoriser sa convalescence. Dans ce cas, la photographie du malade est couchée sur le « thérapique » la tête au Nord.

Planche N° 4

PLANCHE N° 5

N° 53. Les Cardinaux. Ce pantacle s'emploie avec succès pour se protéger et se défendre au moyen de sa photographie. La personne représentée est ainsi garantie contre toute attaque des mauvais génies.

N° 54. Le Triangle magique. C'est la représentation de la Sainte-Trinité. Il a pour devise « A Dieu seul honneur et gloire ».

Les trois croix revivifient et sanctifient.

N° 55. L'Œil de Dieu. Souverain contre les maux d'yeux.

N° 56. Le Triangle Divin. Il s'applique à toutes les bénédictions, à toutes choses, à toutes prières pour lutter contre le mal et la maladie grave ainsi que dans le cas d'obsession ou de possession. Ce pantacle est la répétition continuelle et permanente de l'acte de foi du chrétien.

Il est entouré des lettres de Saint-Raphaël.

N° 57. La lampe des catacombes qui éclaire les ténèbres. Dieu ne se manifeste que dans la lumière.

Combat les suppôts du mal, les ennemis visibles et invisibles.

Dans un autre ordre d'idées, il hâte le mariage.

N° 58. Les Charbons ardents. Signe tout-puissant contre les maléfices du mariage, les sortilèges et tentatives d'envoûtement.

Sa devise est « Fuyez, Puissances ennemies ».

Planche N° 5

PLANCHE N° 6

N° 59. Protège contre l'adversité.

« Il dira au Seigneur : vous êtes mon défenseur et mon refuge, il est mon Dieu, en lui je mettrai tout mon espoir ».

N° 60. Pour vivre en paix avec tout le monde.

« J'ai recherché le Seigneur et il m'a exaucé et il m'a retiré de toutes mes tribulations ».

N° 61. Pour obtenir l'illumination et les clartés spirituelles.

« Attendant, j'ai attendu le Seigneur, et il a fait attention à moi ».

N° 62. Contre les ennemis de la religion et de la magie bénéfique.

« Seigneur, délivrez mon âme des lèvres iniques et d'une langue trompeuse ».

N° 63. Contre les calomniateurs et pour détruire les influences maléfiques.

« Arrachez-moi des mains de mes ennemis et de mes persécuteurs ».

N° 64. Pour avoir la victoire ; révèle les secrets de la Nature.

« Dieu des armées convertissez-nous, montrez-nous votre face et nous serons sauvés ».

Planche N° 6

PANTACLE DE L'AUTEUR

Beaucoup de nos lecteurs nous ont souvent demandé l'explication du pantacle figurant en tête de notre ouvrage

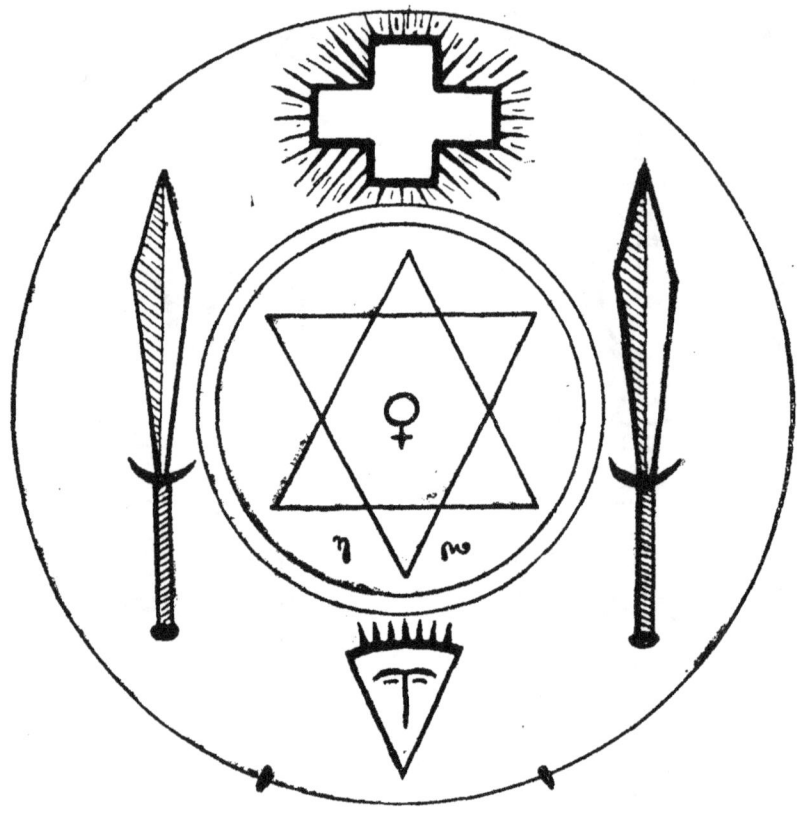

Fig. 7.

« *Radiesthésie Domestique et Agricole* » (Fig. 7). Nous la donnons ci-après, aussi circonstanciée qu'il nous est permis de le faire :

Le cercle symbolise l'infini, la limite de la manifestation.

Les deux glaives verticaux, la pointe dirigée vers le ciel signifient, dans leur dualité, les principes fondamentaux de la philosophie hermétique. La connaissance du Bien et du Mal et le moyen de faire le premier en luttant, par la Justice et le Droit, contre les tendances du second.

Ces glaives exercent une influence défensive contre les esprits mauvais et les mauvais esprits.

C'est encore la polarité masculine de la Charité et la polarité féminine de la Sévérité. Ce qui revient à dire que, pour atteindre les hautes cîmes de la spiritualité, il faut posséder la réceptivité et l'activité.

Par ailleurs, le glaive, la pointe en haut, signifie aide et protection, symbole du chevalier, de sa force mentale, de sa volonté d'action sans esprit vengeur.

C'est également comme autre symbole, l'élévation vers des plans supérieurs après avoir fait abstraction de la bassesse des sentiments matériels.

La croix en haut nous est apparue sous une luminosité indescriptible au moment où nous terminions notre ouvrage.

La croix indique les quatre points cardinaux. C'est l'équilibre et une conception de l'Absolu dans l'unique Indéfini qui est tout dans l'Espace.

En dessous, le visage astral de l'auteur. Le front est surmonté de 7 pointes verticales.

Le chiffre 7, considéré comme indivisible, est relatif à la Force suprême et à sa manifestation. Il est l'égal du 3 Divin et du 4 matériel.

7, c'est le triomphe par la lumière. Il achemine vers la victoire qui fait son devoir, tout son devoir.

Le menton de la figure astrale se terminant par une pointe vive est le symbole de l'inspiration, d'une communion avec les plans supérieurs par la descente des rythmes de l'Univers.

C'est le pouvoir d'extériorisation de l'âme du corps, la réponse de l'étincelle Divine à la vie spirituelle.

Ce sont les pensées d'en haut qui descendent, se rejoignent et se concentrent dans le cerveau récepteur.

Le double cercle, autour du sceau de Salomon, est destiné à contenir, dans la circonférence, la manifestation dégagée par le sceau au profit des deux lettres grecques H. M., initiales de l'auteur.

— 341 —

Le sceau de Salomon, c'est le symbole de deux polarités, des quatre éléments : Eau, Air, Feu, Terre et des six directions de l'Espace.

Au centre du sceau, le signe planétaire de Vénus en bonne conjonction avec le Verseau, signe zodiacal de naissance de votre serviteur.

EXPLICATION DES PANTACLES

figurant

en tête des chapitres du présent ouvrage.

Au début du livre :	Pantacle de la science occulte, captant les forces qui sont envoyées du plan spirituel. Symbolisant la porte, il permet de découvrir les mystères cachés, de pénétrer partout, et de lire dans la pensée du prochain.
Chapitre Diagnostic des sexes :	Pantacle de la femme, de la religion et de la science symbolisant la clef de la matière et de l'esprit, l'union du masculin et du féminin. Il permet d'obtenir le sexe désiré, mais sa confection exige un certain art pantaculaire.
Chapitre États préconceptionnels :	Pantacle du binaire, premier nombre. C'est le symbole de l'unité multipliée par elle-même. Il facilite la conception, l'accouchement et adoucit les douleurs de l'enfantement. Les attributs correspondants sont : la flèche, le bleu lumineux, le storax, l'opale, l'ibis et l'amandier.
Chapitre des Fleurs ·	Pantacle de la flèche d'amour, du triangle de Jéhovah. Il fait dominer l'amitié par les fleurs, favorise le mariage, la fidélité et la réconciliation.
Chapitre des Métaux :	Pantacle servant à connaître la valeur thérapeutique des minerais et métaux, il permet d'entreprendre des cures en **métallothérapie**.

Chapitre des Pierres Précieuses :	Pantacle permettant de découvrir les secrets des Pierres Précieuses et de s'en servir avec fruit. Il symbolise le saphir étoilé, le camphre, le faucon et le coudrier.
Chapitre des Figures Géométriques :	Pantacle talismanique de l'initié, il correspond au chiffre magique 9, carré de 3, de la preuve par 9, il termine la série des chiffres, il est associé aux éléments solaires principes de la vie spirituelle.
Chapitre de la Métagnomie :	Pantacle favorisant l'illumination spirituelle. Il fixe l'esprit, rend la pensée plus forte et sert comme de sacrements à la volonté.
Chapitre Vies Successives :	Un des plus puissants pantacles de protection contre les mauvais esprits est l'oiseau de proie des âmes. Par la purification et la régénération, il prépare à la vie de l'au-delà. Dans le mystère des nombres, les 5 cercles signifient 1 + 4, ou la puissance divine sur la matière ; 3 + 2, ou la Trinité dominant la dualité masculine et féminine. Ses correspondants symboliques sont : l'orangé vif, la topaze, le taureau ailé et les cornes de mouton.

NOTE SUR LE PANTACLE

L'objet d'un pantacle : talisman, amulette, médaille, figure géométrique ou dessin quelconque, est de procurer à son détenteur le moyen d'être constamment relié à des forces peu connues ou surnaturelles, à un passé dans l'espace, à un astre, à un événement, à une religion, à une entité, à un personnage ou à une conception philosophique.

*
* *

Le pantacle a un but déterminé pour une personne donnée. En effet, son pouvoir émissif se limite à celui ou à celle pour qui il est fait. Il est, par conséquent, rigoureusement personnel et ne peut sans inconvénient servir à quelqu'un d'autre, même de la famille. Au surplus, il doit être tenu à l'abri des regards étrangers.

En ce qui concerne les caractères à y incorporer il est nécessaire d'adopter un des alphabets suivants : Egyptien, Hébreu, Grec, Arabe ou Latin.

On le dessine avec rythme à l'encre de Chine, de préférence sur un parchemin d'agneau ou de mouton, ceci en raison de la pureté de cet élément.

Par ailleurs, le pantacle demande à être fabriqué avec harmonie et conformément à certains noms sacrés, à des correspondances astrologiques, minéralogiques, chromatiques, animales et végétales.

En vue d'y incorporer le maximum de **magnétisme**, il doit être consacré avec un certain sens de l'initiation, un accord de vibrations, un matériel adéquat, un symbolisme approprié et une heure propice.

* * *

Ainsi fait, cet accumulateur à rite figuré magique ou sacré, avec ses représentations émotionnelles, permet le maniement des forces occultes, lesquelles se manifestent sous forme de choc psycho-physiologique.

Il domine l'individu et attire sur lui des fluides bénéfiques et des énergies indiscutables.

Enfin, c'est un élément très efficace de protection contre les forces maléfiques.

CHAPITRE X

Métagnomie Radiesthésique et Couleurs Lecture dans le Passé, le Présent et le Futur

La métagnomie. — Le métagnome. — Les dons spéciaux. — Comment lire dans l'inconnu. — Procédés mécaniques. — L'hypnographe. — But de l'hypnographe. — Comment dessiner l'hypnographe. — Technique de l'hypnographe. — Télépathie. — Métagnomie tactile. — Métagnomie perceptive. — Métagnomie prophétique. — Métagnomie rétrospective. — Les pensées s'incrustent dans les murs, les meubles et les objets. — Astral des choses. — Des fantômes. — En forme de conclusion.

LA MÉTAGNOMIE

L'homme lucide peut, en dehors de ses sens habituels, être informé de phénomènes physiques et intellectuels, tels que vision, téléaudition, télévision de pensées, d'effluves, de lumières, de formes, d'objets, d'individus, d'événements passés ou à venir, de scènes se déroulant au loin.

Cela s'appelle voyance, lucidité, clairvoyance, ou mieux métagnomie. Ce mot, bien choisi, est de Boirac.

Cette faculté, capable de percevoir ces phénomènes subjectifs, relève d'un pouvoir mystérieux inconnu de notre psychologie classique.

*
* *

En effet, le dédoublement, la double vue, la matérialisation, l'ectoplasmie et autres peuvent apparaître comme appartenant au domaine de l'hallucination, de l'aberration ou de la fantaisie. Il n'est pas moins vrai que les faits de cet ordre sont assez nombreux pour justifier la métapsychique.

Point n'est besoin pour cela de recourir aux « Esprits », l'esprit seul suffit.

La métagnomie permet de comprendre la plupart des phénomènes spirituels créés par le puissant magnétisme de l'univers, racine de la survie. C'est la connaissance de choses sensibles, de pensées ordinairement inaccessibles à la raison. La métagnomie appliquée à la prévision de l'avenir, à la découverte du présent et à la mise à jour du passé, est une faculté transcendante appelée aussi clair-audience, extra-lucidité, télesthésie, cryptesthésie, mais nous nous en tiendrons au terme métagnomie qui résume toutes ces définitions.

Afin de bien se pénétrer de ce qui va suivre, il convient de retenir que nous possédons deux consciences n'ayant pas la même sensibilité.

La première est la conscience extérieure, propre à l'homme en général, qui lui donne la connaissance de tout ce qui est visible, audible et tangible jusqu'à sa propre forme humaine temporaire et périssable.

*
* *

La seconde est la conscience intérieure, plus ou moins développée, qui touche à tout ce qu'il est permis de concevoir au sujet du magnétisme historique, attaché aux vivants, aux morts et à leurs souvenirs : ossements, habitation, meubles, effets personnels, bibelots, bijoux, photographies, écrits, etc.

*
* *

Malgré l'ostracisme de ceux qui ne jugent rien sans s'aider de la psychologie et de la logique, lesquelles n'ont rien à voir dans la métagnomie, les éléments précités gardent très longtemps les traces matérielles des actes et des pensées, enregistrées on ne sait trop comment, sans que l'on s'en rende bien compte, un peu sans doute à la manière d'une plaque photographique qui s'impressionne furtivement des traits physiques et psychiques de celui qui s'est placé en face de l'objectif.

Autant de radiations rémanentes insaisissables au vulgaire qui ne peut voir, entendre ou sentir, mais perceptibles au sujet évolué qui sait éliminer de sa conscience ordinaire la notion corporelle de la forme qu'il revêt, sans la confondre avec son âme, devant subsister après la disparition de son individu matière.

L'erreur de beaucoup d'entre nous est de penser que l'état des consciences est semblable pour tous les humains.

Il y a toute une gamme de consciences allant de l'état proche de l'animal à la superconscience qu'il ne faut pas confondre avec la subconscience de Freud, (conscience obscure ou demi-conscience).

*
* *

C'est ainsi que certains sujets peuvent prospecter sur des formes disparues, présentes ou à venir, sortes de courants induits en relation avec les essences supérieures qui gouvernent les vivants et les morts, incarnés ou désincarnés.

⁎
⁎ ⁎

Les phénomènes de voyance dont nous allons vous entretenir ne peuvent, d'après nous, avoir lieu dans l'évocation des morts. C'est, à notre avis, par l'élévation pure et simple que l'on parvient à enregistrer et à traduire les courants supérieurs qui se manifestent en dehors de la conscience extérieure et de l'esprit des morts.

Ce serait, en effet, par l'habitude, une constante répétition de la méditation et la faculté supranormale de s'extérioriser que l'on parviendrait aux formes de vision, en partant de notre monde physique pour atteindre au monde spirituel.

⁎
⁎ ⁎

Il va sans dire que ce mode de perception élimine tous les travaux des médiums en état d'hypnose, dont l'exploration se limite aux radiations les plus basses et les plus vulgaires.

⁎
⁎ ⁎

Par la volonté, l'intention et le raisonnement, l'homme peut donc développer ses facultés psychiques jusqu'à des limites insoupçonnées, par l'initiation, il peut réveiller les sens endormis de son âme, par le recueillement, il peut se mettre en rapport avec les forces cachées de l'univers, par la méditation, il peut atteindre à la perception spirituelle, s'ouvrir la route de l'au-delà, diriger sa conscience intérieure vers les plans supérieurs où sommeille le passé des morts, où radie le présent des vivants, où se promène le futur des incarnés de toutes les sphères.

*
* *

Une fois transporté dans le Cosmos, l'esprit sorti des conditions corporelles du métagnome, ce dernier a l'illusion de ne plus sentir les limites de son corps-matière, il lui semble qu'il se dissipe dans l'infini, il voit à travers tout, il lit dans la pensée de ses semblables, il pénètre dans la vie interne des gens qu'il ne connaît pas, il touche le monde invisible, il met au jour des visions du passé des vivants et des morts, il voit problématiquement les choses à venir, les actions futures, les événements en puissance de réalisation à échéance plus ou moins lointaine. En un mot, le métagnome contemple les images du monde matériel et spirituel de tous les temps passés et à venir.

*
* *

Par conséquent, ni esprit de mort, ni transe à envisager.

D'ailleurs, la transe est un phénomène par lequel un médium cède son enveloppe matérielle à l'esprit d'un mort. Cession qui ne va pas sans certains inconvénients graves, comme on le verra au chapitre « *Envoûtements et Transferts* ».

*
* *

La voyance volontaire à l'état de veille est donc toute différente de la voyance par évocation en état d'hypnose.

C'est ce que nous allons tenter de démontrer.

LE MÉTAGNOME

C'est au vrai métagnome qu'il appartient de prouver qu'il possède cette possibilité plus subtile que notre conscience, ce qui expliquerait peut-être les phénomènes associés de la Radiesthésie physique objective et de la Radiesthésie psychique subjective.

La Radiesthésie physique objective est souvent congénitale, mais elle peut être provoquée ou favorisée accidentellement par la puberté, la ménopause, un traumatisme un choc moral ou post-opératoire. On estime que 85 % des individus pris au hasard sont capables de l'exercer.

La Radiesthésie psychique subjective, beaucoup plus psychologique que physique, ne peut être pratiquée que par un nombre très restreint de sujets encore rares, dont l'existence d'une aptitude spéciale apparait nécessaire. Cette aptitude est de nature métapsychique, nécessitant l'effacement du plan matériel pour comprendre l'ensemble des choses perçues.

Cette dernière relève donc de dons spéciaux qui sont au nombre de quatre : le don physique, le don naturel, le don spirituel et le don surnaturel.

LES DONS SPÉCIAUX

Le don physique concerne la santé équilibrée, la force et le courage. Il va à l'encontre de tout dérèglement, de toute tendance à la nonchalance, de toute débilité.

Le don naturel relève d'une mémoire exceptionnelle, de la faculté d'exercer un art plus facilement que ceux qui ne possèdent aucune disposition naturelle.

On naît musicien, peintre, mathématicien, poète ou mage. Mais, en dehors de ce don supra-normal, on peut se suggérer le goût — modéré et progressif — à ce don spécial.

Le don spirituel se traduit par l'intuition, la vision à toute distance, la lecture dans le passé, dans le présent et dans le futur, sans hypnose et sans transe, c'est-à-dire à l'état de veille, dans la neutralité de soi-même.

Le don surnaturel se reconnait à la facilité que possède l'initié de se dégager du naturel pour atteindre au surnaturel. C'est alors la possibilité d'accéder aux plans supérieurs, faculté sublime qui permet d'invoquer les Esprits bienfaisants et purs en pénétrant dans le domaine de la mystique Divine, au-delà des frontières du monde matériel, vastes espaces sans limites.

Il faut dire que ce moyen n'appartient qu'à ceux qui ont conscience de quelque chose de supérieurement Divin. Car les non préparés, les incroyants sont incapables de s'élever au-dessus de leur vie terrestre.

De tout cela rien, absolument rien, de spiritiste. D'ailleurs, nous qui pensons posséder les uns et les autres, nous renions toute coopération avec les Démons, les esprits inférieurs, désincarnés ou non incarnés.

Nous croyons en Dieu et reconnaissons son omniscience, son omniprésence et repoussons toute accusation de magie noire.

Disons que pour venir à la compréhension de Dieu il faut lutter contre sa propre forme congénitale, faire abstraction des plaisirs frelatés accessibles à la conscience extérieure, penser que l'on a une âme, être capable de cet élan qui inspire, à l'image de beaucoup de génies et de saints de toutes les races, de tous les climats et de toutes les religions. En un mot, il faut avoir une foi inébranlable en l'omnipotence Divine qui ordonne à l'Univers entier et le coordonne.

Bien entendu, faute de posséder ces dons en naissant, faute de ces aptitudes innées, on peut les acquérir par des préparations suffisantes au cours de l'existence. Exemple : l'élévation de l'âme dans la dignité, dans la discipline du corps et de l'esprit, en possédant au moins les trois vertus théologales.

Sans perdre de vue les lois qui régissent l'univers, en particulier notre misérable planète, nous voudrions exposer ici quelques moyens honorables, susceptibles de favoriser considérablement l'accession aux sphères supérieures.

Ces moyens sont les suivants :

Comment Lire dans l'Inconnu ?

1° Savoir s'isoler, se dégager de toutes contingences matérielles.

Se mettre en extase volontaire, se laisser envahir par les rythmes supérieurs et les harmonies divines.

Essayer de comprendre, de sentir, de pénétrer le sens éternel.

Concevoir Dieu Tout Puissant par la pensée, s'unir à Lui par le sentiment et l'amour.

*
* *

2° Se rendre inaccessible à tout mouvement de passion **et** de colère.

Respirer et expirer dans le calme absolu avec un rythme régulier et binaire, c'est-à-dire : le premier temps, par le nez pour la respiration, le deuxième temps par la bouche pour l'expiration. On parvient ainsi à faciliter les échanges gazeux et à percer les mystères du monde spirituel.

*
* *

3° En méditant, le souffle retenu et gardant le plus longtemps possible l'air inspiré, on s'attribue une puissance mystérieuse permettant d'atteindre à un haut degré de divination.

*
* *

4° Savoir libérer sa pensée de tout lien avec la matière, s'extérioriser, en quelque sorte, par une neutralité et une abstraction complètes : sorte de détente physique et morale permettant de réaliser des travaux de très grande importance.

*
* *

Ces travaux doivent être exécutés sans exigence, sans volonté, mais avec élan et désir. Il n'y a pour cela aucune offense envers le Divin.

Demandez et vous obtiendrez. A la condition toutefois de ne pas tenter un marché avec Dieu, car ceci est un véritable danger.

Tout est possible à celui qui croit fortement avec son cœur dans le désintéressement le plus complet.

*
* *

Certes, une volition est à l'origine de l'état moyen entre la conscience et la force, mais, après l'acte de volonté, il faut recourir à l'abandon total de l'organisme afin d'obtenir une détente du corps et de l'esprit, mécanisme profond différent de celui des autres phénomènes réfléchis ou provoqués, dont l'origine serait l'expression d'un état musculaire spécial se situant entre le physique et le psychisme.

*
* *

A ce sujet, il importe de souligner que l'esprit, même neutralisé, n'est jamais inactif pendant le sommeil du conscient. Nous voulons dire, quand nous cessons de penser logiquement, quand nous sommes dans l'abstraction la plus complète et que nous n'exerçons plus aucun contrôle sur nos pensées et nos sentiments. A ce moment là, nous pouvons faire de la lecture métagnomique.

Alors, les faits, les événements du passé et du futur se déroulent devant nos yeux comme un film.

L'absence totale de nos facultés conscientes à l'état de veille, la disparition de notre intelligence, de notre esprit critique, le néant de nos sens habituels doivent être considérés comme un phénomène positif de neutralité, pouvant nous permettre des reconstitutions et des prévisions surprenantes en nous procurant la faculté de voir avec une netteté, une puissance de virtualité supranormale les êtres, les choses et les lieux de tous les temps.

Cette conscience obscure ou demi-conscience — comme on voudra — prend connaissance avec l'imprégnation ou la rémanence des êtres et des choses, leur figure ou leur copie pour les restituer ou les deviner.

Dans tous les cas, et afin de réaliser une bonne condition de réceptivité, il convient de faire face au Sud-Est dans un état absolument pur de l'âme ; l'idée et le sentiment nobles étant les seules manifestations mentales autorisées.

L'homme épris de surnaturel doit toujours chercher à agrandir son horizon intellectuel, ses forces personnelles : magnétiques, électriques et psychiques par la forme passive exempte de toute préoccupation et de toute émotion.

PROCÉDÉS MÉCANIQUES

En dehors des moyens que nous venons d'énumérer, il existe des procédés mécaniques qui conviennent ordinairement bien.

Fig. 8.

En voici deux que nous estimons être les plus efficaces :

1° Dessiner sur fond blanc un disque mauve au centre duquel on fera figurer un petit cercle noir (fig. 8).

Afin d'accommoder l'esprit, on fixera l'ensemble du disque — sans regarder en quelque sorte — dans l'extase volontaire, sans remuer les paupières, l'observateur absolument immobile, jusqu'au moment où l'on éprouvera une sensation de fatigue des yeux.

Chaque jour, on répétera cette opération en augmentant progressivement la durée de l'extase.

Après quelques semaines d'entraînement, la circonférence mauve pourra être fixée avec calme et sans fatigue. C'est ainsi que l'on contribuera à fortifier la capacité de concentration, d'attention et d'attraction.

En effet, le plasma de la personne sollicitée sera attiré, une luminescence s'y concentrera, s'y concrétisera et une communication pourra alors s'établir entre le métagnome et le sujet. Ce dernier pourra être interrogé pendule en main et examiné de même.

Ce dispositif jouera en somme le rôle de vase, où s'accumuleront des forces qui apporteront, selon la volonté de celui qui commande, la connaissance du bien et du mal, de la lumière ou des ténèbres, de la vie ou de la mort.

Mais attention ! Nous crions prudence à ceux qui voudraient s'en servir dans un but maléfique. Car, par un juste retour des choses, ils risquent d'être la première victime si le sujet auquel ils s'attaquent possède la foi, ne fut-ce que très sommairement.

2° Le second procédé est un peu plus compliqué, mais peut-être plus conforme au désir pouvant être exprimé :

Il s'agit d'un hypnographe.

On a beaucoup écrit, beaucoup parlé des miroirs magiques. Ces miroirs, aussi variés dans leurs formes que nombreux dans leurs formules, ont de tous temps été confectionnés et utilisés par les sorciers et les mages en vue d'obtenir des visions symboliques, de créer des formes correspondantes aux désirs, d'attirer sur ces formes les forces nécessaires à la réalisation de phénomènes métagnomiques.

Ces miroirs masculins et féminins, grands et petits, normaux, planétaires, individuels ou autres, suivant des recettes multiples et embrouillées, servent encore aujourd'hui.

Par malheur, chaque fois qu'on est tenté d'en exécuter un, on ne sait pas toujours quelle formule choisir, ou alors il manque souvent un élément indispensable.

Nous avons pensé qu'il serait agréable au lecteur de posséder une bonne formule à laquelle il pourra se fier.

Il s'agit d'un hypnographe aux couleurs astrales. C'est un des plus simples et, faut-il l'ajouter, des meilleurs.

Fig. 9.

Pour la bonne raison qu'un dessin, convenablement exécuté dans les conditions requises, peut avoir la même valeur symbolique, en possédant autant de force magnétique et électrique — sinon davantage — que n'importe quel instrument magique.

Loin de nous la pensée de contester l'efficacité indiscutable des miroirs magiques servant à scruter les profondeurs du passé et à lire dans l'impénétrable avenir. Mais nous avons la ferme conviction que l'hypnographe correctement dessiné aux couleurs de l'opérateur peut offrir les mêmes possibilités, lorsqu'il est relié astralement aux correspondances zodiacale et planétaire (Fig. 9).

BUT DE L'HYPNOGRAPHE

Il a pour but principal de servir à la voyance, à la métagnomie en captant l'attention de l'opérateur, ce qui lui permet de se dégager du physique en laissant seule subsister sa personnalité psychique ou spirituelle.

Ce qui revient à dire que pour faire de la métagnomie et pour atteindre à la véritable activité psychique, il est indispensable de se mettre dans la passivité physique à l'exclusion de toute volonté.

Au reste, la volonté ne sert de rien. La volonté est une inquiétude d'agir dans tel ou tel sens. En prenant conscience de la volonté, il se produit dans l'individu une forte tension qui anéantit toute perception spontanée. Ce qui est spontané est toujours plus près de la vérité que ce qui est âprement désiré. Plus nous voulons, moins nous obtenons.

— 364 —

L'hypnographe ne reflète rien par lui-même, il est fait uniquement dans le but d'absorber le conscient matériel et d'attirer l'image ou l'idée qu'il retient, aussi longtemps que l'on veut, en donnant tout le sérieux désirable à des expériences consciencieuses.

En un mot, l'hypnographe est un dessin servant à concentrer le magnétisme et à être utilisé en vue de connaître beaucoup de choses cachées, par les humains, dans les replis de leur cerveau.

COMMENT DESSINER L'HYPNOGRAPHE ?

A la lumière artificielle jaune, dessiner à l'encre de chine sur une feuille de papier blanc, format commercial, le cadre de la figure 9, laquelle sera doublement cerclée de jaune.

En haut, on fera figurer la planète gouvernante du mois de naissance et en bas le signe zodiacal correspondant au mois de naissance.

Les deux branches supérieures de l'hypnographe seront à la couleur de la planète, les trois branches inférieures aux couleurs du signe zodiacal, ou des signes si le mois de naissance se trouve entre le dernier et le premier décan de deux signes.

La femme dessinera son hypnographe en lune croissante, l'homme le fera en lune décroissante. Dans chaque cas, la figure sera dessinée avec adresse et patience et, si possible, avec un certain sens initiatique.

A cet effet nous donnons ci-dessous le tableau des couleurs correspondantes aux signes zodiacaux et aux planètes gouvernantes :

Verseau, blanc	gouverné par	Saturne, gris,
Poissons, rose	—	— Jupiter, indigo,
Bélier, gris	—	— Mars, rouge,
Taureau, noir	—	— Vénus, jaune,
Gémeaux, marron	—	— Mercure, noir,
Cancer, rouge	—	— Lune, bleu,
Lion, orangé	—	— Soleil, orangé,
Vierge, jaune-vert	—	— Mercure, noir,
Balance, vert-bleu	—	— Vénus, jaune,
Scorpion, bleu	—	— Mars, rouge,
Sagittaire, violet	—	— Jupiter, indigo.
Capricorne, mauve	—	— Saturne, gris.

Le dessin terminé, il sera désimprégné à l'aimant et au soufre, puis on fera brûler de l'encens en larmes, de l'essence de benjoin et de myrrhe et dans la fumée on passera l'hypnographe, dans tous les sens, dans le but de faciliter la condensation du fluide de l'opérateur.

Pendant neuf jours qui suivront cette opération, l'hypnographe sera magnétisé chaque matin de la main droite préalablement bien savonnée et rincée à l'eau courante.

Ainsi fait, l'hypnographe permet d'animer un portrait en vue de lui infuser les radiations souhaitées.

Rigoureusement personnel, il ne doit pas être touché par une personne étrangère de manière à ne pas lui communiquer un autre magnétisme.

L'usage fréquent de l'hypnographe le rend aussi sensible qu'une plaque photographique et augmente graduellement sa puissance évocatrice.

Inemployé, il sera soigneusement conservé entre deux cartons noirs de sa dimension.

COMMENT SE SERVIR DE L'HYPNOGRAPHE ?

Pour se servir de l'hypnographe, il faut le tenir légèrement incliné en faisant face au jour. On cherche ensuite le plan incliné le plus favorable jusqu'à ce qu'apparaisse à sa surface un brouillard pellucide ; c'est-à-dire, après une période d'accomodation de durée variable, suivant la sensibilité fluidique de l'opérateur.

Lorsqu'on aperçoit des colorations diverses avec images semblant se dégager en haut de l'hypnographe, on a la certitude que le magnétisme s'est accumulé.

A ce moment précis, on évoquera la personne que l'on désire prospecter. On pourra se syntoniser avec une mèche de cheveux ou mieux une photographie.

*
* *

L'opération nécessite un calme absolu, une douceur stoïque, car, avec de la colère, de la nervosité ou la pensée orientée vers le mal, on n'obtiendra absolument rien si ce n'est que de risquer de laisser capter son esprit par quelque chose d'autre et plus puissant.

*
* *

Il est à conseiller, avant de commencer une opération, de mettre son parfum astral au creux de l'estomac, à la naissance de la gorge et à la face palmaire de chaque main.

*
* *

Si l'on opère le jour, on obturera la ou les fenêtres au moyen d'un tissu jaune, si c'est à la lumière artificielle, la lampe sera voilée d'un tissu de même couleur.

*
* *

Dans ces conditions, on fixera avec calme l'hypnographe en concentrant l'imagination dégagée de tous liens matériels. C'est alors que le fluide touchera la personne évoquée à n'importe quelle distance, là où elle se trouve, et sa silhouette apparaîtra dans les conditions vestimentaires habituelles.

*
* *

Ainsi, pourra-t-on étudier et influencer à volonté. Insistons sur le fait que l'hypnographe employé à des fins malhonnêtes réagit contre l'émetteur imprudent.

*
* *

Ce que nous espérons réaliser avec l'hypnographe est beaucoup plus noble par exemple : corriger une malchance, améliorer une mémoire, une santé, donner de l'ascendant et de l'assurance. En un mot, apporter l'idéal et l'espérance.

*
* *

En ce qui concerne les formes colorées qui apparaissent autour de l'hypnographe et pour leur interprétation, on voudra bien se reporter au chapitre des « *Auras* » de notre « *Secrets des Couleurs* », Tome 1.

*
* *

Détails ! Détails ! dira-t-on. Peut-être, mais on ne peut être bon métagnome qu'en attachant du prix à ces détails-là. C'est ainsi que l'on pourra trouver le passage qui mène au surnormal, voir les événements du passé le plus reculé et lire dans l'avenir le plus éloigné.

⁂

En dehors de cela, c'est plus ou moins de l'extravagance et malheureusement pour la plupart, la formation d'un radiesthésiste-métagnome exige des qualités plus réelles qu'un apprentissage « omnibus ».

⁂

Alors les pensées, les impulsions, les craintes, les remords, les convoitises, les bonnes et les mauvaises actions accumulées dans un vivant, sur sa photographie, sur les ossements, les cendres et les objets familiers d'un mort, tout cela apparaîtra ou réapparaîtra sur le miroir de la pensée.

Les pensées se refont choses, en ce sens que les pensées sont le résultat d'une contemplation, elles restent imprégnées des choses et peuvent devenir encore des choses.

⁂

Notre super-conscience va plus loin que notre intelligence consciente. Si la seconde se limite à nos connaissances normales, la première possède des connaissances étendues sur le passé, sur le présent et sur l'avenir.

Cela, sans avoir recours aux « esprits », aux tables tournantes utilisées dans les opérations spirites.

⁂

Il s'agit tout simplement de la conscience intérieure qui seule travaille sur des plans inconnus. C'est une sorte d'abolition de l'intelligence consciente qui fait place à l'activité de la superconscience.

Ainsi, on pourra distinguer les apparences de la réalité, les desseins humains seront révélés et l'on pourra plonger au tréfond du cerveau de tout individu, et rien désormais ne pourra plus être caché au radiesthésiste-métagnome.

Nous recevons la visite d'une dame désirant nous faire rechercher son chien disparu depuis plusieurs jours.

Quand vous aurez terminé votre recherche sur mon chien, nous dit-elle, vous voudrez bien me dire si mon mari m'aime bien ?

Un peu surpris par cette double question, nous interrogeons la dame :

Pour qui et pour quoi venez-vous nous consulter, Madame ?

Pour votre chien ou pour votre mari ?
Il s'agit de mon chien, bien sûr !

La prospection sur l'animal étant rapidement terminée, d'autant que nous annonçons que le chien est chez elle, la dame repose la question au sujet de son mari.

Madame, lui disons-nous, vous voudriez nous faire dire que votre mari n'a pas une conduite irréprochable afin de justifier vos nombreux déplacements extra-conjugaux.

N'insistez pas, Madame, car nous vous dirions le nombre de partenaires que vous avez tutoyés dans l'intimité depuis votre mariage.

Confuse et vexée elle prit congé d'assez mauvaise humeur.

Nous l'avions devinée, le chien n'était qu'un pur prétexte inventé pour entrer en matière.

Cet exemple nous fait voir comment on peut capter des pensées secrètes et ce en dehors des tables tournantes, en dehors aussi des sens habituels. De même que l'on peut voir des formes fugitives quasi-vivantes, des faits du passé, des événements du futur ; cela relève de pouvoirs anormaux propres à l'esprit individuel.

Il n'en sera pas de même avec la table mise en mouvement par contact humain, lequel mouvement peut être subordonné à la psychologie de celui ou de ceux qui la font mouvoir. Ce sont alors des mouvements intentionnels personnels.

Pour en revenir aux tables tournantes, reconnaissons que celles-ci peuvent annoncer un événement, au même titre que le craquement d'un meuble ou l'apparition d'un fantôme peuvent l'un et l'autre donner un avertissement. Mais, ce ne sont là, pour nous, que phénomènes identiques aux mouvements de la baguette et du pendule.

Ni pour la table, ni pour la baguette, ni pour le pendule nul besoin d'invoquer les esprits pour les faire s'agiter.

L'explication de Chevreul le confirme.

Il conclut que la table tournante, le pendule explorateur et la baguette divinatoire ne s'agitent que par des mouvements musculaires que nous exécutons sans en avoir conscience et que l'intention du sujet n'est pour rien dans ces phénomènes.

Mais il n'a pas expliqué pourquoi ces trois objets ont des connaissances supérieures à celui qui, inconsciemment, les fait mouvoir.

Cependant, les faits existaient déjà au temps du célèbre chimiste, puisque le pendule servait à désigner des lettres de l'alphabet, lesquelles, prises successivement et réunies dans l'ordre, donnaient la réponse à une question posée.

Si nous prenons le cas de deux enveloppes ; l'une contenant la photographie d'un homme, l'autre la photographie d'une femme, si ces enveloppes ne comportent aucun signe extérieur apparent et si, au surplus, elles sont prises au hasard, le pendule indiquera l'enveloppe contenant la photographie masculine et par conséquent la photographie féminine.

Dans cette identification sur inconnu, il ne peut être question d'esprits, mais il y a médiumnité.

Le médium entre la photo cachée et la révélation de son sexe c'est le radiesthésiste-métagnome.

Comme on le voit, l'activité de l'esprit individuel **est** réelle. D'ailleurs, ce qui est inactif est irréel, ce qui n'est pas actif n'existe pas. Or, les faits existent puisque le sexe est décelé à travers les enveloppes par l'activité psychique. Il en est de même pour les formes, les pensées, les **faits** passés et futurs.

TÉLÉPATHIE

Ne vous est-il jamais arrivé de penser à une personne de laquelle vous êtes sans nouvelles et de recevoir d'elle une lettre dans les quelques jours qui suivent cette pensée ?

Deux hypothèses sont à envisager :

La première est que la pensée, rayonnement qui ne connaît ni la distance, ni l'obstacle, est allé toucher la personne à laquelle vous avez pensé. Celle-ci est sollicitée à son insu d'avoir à vous écrire.

La seconde, c'est que la lettre écrite, mise en routage, est porteuse des radiations de la scriptrice, radiations qui viennent toucher votre subconscient avant son arrivée.

Cela s'appelle de la télépathie spontanée.

Autrement, ne vous est-il jamais arrivé de penser à quelqu'un pour le rencontrer quelques instants après ?

Ceci, c'est de la télépathie inconsciente.

Il y a également la télépathie provoquée.

Voici un fait :

Désirant démontrer à un de nos élèves qu'il était possible de faire la description d'un lieu sans le connaître, et par conséquent sans l'avoir vu, nous entreprenons de lui dessiner, sur une feuille vierge, la topographie de la localité qu'il habite en Seine-et-Oise.

« Votre propriété — car vous êtes propriétaire — est
« située à gauche en entrant sur la route venant de *Paris*.

« Derrière votre habitation, des prés entourés de fil de
« fer, un peu plus à gauche un plateau boisé.

« En face, de l'autre côté de la route, une petite vallée
« arrosée par une rivière, au fond, en perspective, un
« autre plateau plus élevé et surmonté d'une ancienne
« ferme fortifiée ».

Tout cela est rigoureusement exact affirme M. D...

Pour achever son édification nous lui faisons la description des tendances politiques et confessionnelles de son maire, de ses deux adjoints et des autres membres du Conseil Municipal.

**
* **

Un autre fait :

Chez l'ambassadeur de *France*, dans la capitale d'une nation voisine, une personne présente nous demande ce que nous pensons sur une de ses propriétés située en *France*. Pour cela, on nous propose de produire la photographie.

Absolument inutile déclarons-nous.

« Votre propriété, bâtie à flanc de coteau, est située à 50 m. d'une route départementale, elle est entourée d'un verger, en dehors de ce verger c'est l'aridité, la propriété comporte deux étages et un grenier perdu, les angles des murs sont en pierres blanches, le plein des murs en briques rouges, de face, à gauche, une humidité persistante occasionnée par un filet d'eau souterrain, la chambre de droite du premier étage est l'endroit où vous vous plaisez le mieux. »

La photographie nous est apportée et nous constatons avec satisfaction que notre plan est conforme à la réalité.

C'est une faculté mystérieuse de la connaissance à distance des choses jamais vues.

Une autre faculté similaire est celle de représenter des personnes qui ne sont point perceptibles aux sens connus et ce, par la création de formes éphémères, images fidèles des sujets sollicités.

A l'issue d'une conférence faite à l'Etranger, nous sommes invité par l'attaché militaire de l'Ambassade à aller prendre le porto à son domicile particulier.

Nous causions de choses et d'autres lorsque la jeune fille de l'attaché nous présente deux lettres avec prière de donner notre avis sur chacun des scripteurs.

*
* *

Ce sont deux prétendants, Mademoiselle, questionnons-nous ?

Absolument, Monsieur, nous est-il répondu !

Voyons la première lettre :

C'est celle d'un jeune homme d'excellente famille, situation de fortune non négligeable.

Grand, brun, distingué ; mais lymphatique, d'humeur inquiète, manifestant beaucoup d'indécision dans l'accomplissement de ses actes. Son jugement est bon, mais il est triste et fermé.

Il professe une certaine aversion pour le mariage. Il joue aux courses.

En résumé, c'est un pessimiste ; vous êtes optimiste, Mademoiselle, ne l'oubliez pas.

*
* *

Passons à la seconde lettre :

Jeune homme blond, comme vous Mademoiselle, comme vous de bonne famille mais peut-être un peu moins fortuné que le premier. Comme il est entreprenant et audacieux, il saura devenir plus riche qu'il ne l'est actuellement.

Mêmes affinités que vous, Mademoiselle : musicien, sportif, inventif, intelligent, spirituel, enthousiaste, gracieux et sentimental comme vous.

— Si nous avions un conseil à émettre timidement quant au choix, c'est certainement vers le second qu'irait notre préférence.

La jeune fille interrogea son père du regard...

Un moment de silence !...

— A présent tu désires connaître mon avis, dit le père à sa fille ?

— Oui, papa cela me ferait infiniment plaisir.

— Eh bien, je suis de ton avis !

Cette réponse eut pour effet immédiat d'éclairer le visage de la jeune fille d'un rayon de bonheur indicible.

A la suite du court dialogue engagé après cette révélation, nous avons appris que le père penchait pour le premier jeune homme, alors que la jeune fille aimait déjà le second. Tout se termina donc pour le mieux.

MÉTAGNOMIE TACTILE

Les objets conservent les radiations des personnes à qui ils ont appartenus. Cette persistance des radiations serait comme une sorte de « pensée condensée ». Plus l'objet ou le bijou, ou le vêtement est porté longtemps, plus le pouvoir évocateur est grand. C'est le cas d'une photo, de fragments organiques ou d'éléments physiologiques.

⁎ ⁎
⁎

Lorsque le radiesthésiste-métagnome touche l'un quelconque de ces éléments, il est envahi subitement d'un fluide intense qui le pénètre. Et, c'est ainsi que l'opérateur sensible pourra être saisi par les nuances morales, les accidents physiques du propriétaire, même si ce dernier est décédé.

⁎ ⁎
⁎

Monsieur C..., Maire de C..., nous apporte un mouchoir de poche et la photographie de sa mère supposée frappée d'amnésie et disparue depuis quatre semaines.

Il nous demande de l'aider à retrouver sa mère.

Notre recherche doit s'effectuer, au moyen du mouchoir de poche, dans un département où nous ne sommes jamais allé.

Nous prions Monsieur C... de retourner chez lui en lui annonçant que notre travail se fera mieux en dehors de sa présence.

Nos recherches sont entreprises à **3** heures du matin, heure très favorable pour ce genre de prospection.

Le mouchoir de poche est dans notre main qui tient le pendule.

Nous prenons la mère de Monsieur C... au départ de sa chambre et la suivons dans le jardin, sur la route de *Montiers* où elle s'engage pour faire subitement demi-tour et prendre la direction de *Saulcy* à **15** kilomètres environ de son point d'habitation.

C'est à *Saulcy* que nous la situons, dans une épicerie, à la bifurcation de deux routes. Nous indiquons épicerie car, à distance, nous percevons une odeur de café et de pétrole, émanation habituelle d'une boutique de ce genre de commerce.

*
* *

Sur ces indications, Monsieur C... se rend immédiatement à *Saulcy* et frappe à la maison indiquée. Il demande si une dame d'un certain âge ayant perdu la mémoire n'a pas été vue ?

— Si, Monsieur, lui est-il répondu, elle est là dans l'arrière boutique. Entrez et vous la verrez.

Déjà heureux, Monsieur C... ouvre la porte et quelle n'est pas sa stupéfaction de voir une femme frappée d'amnésie mais qui n'était pas sa mère. Un peu déçu, il demande s'il n'y a pas une épicerie non loin de là.

— Non, Monsieur. Mais ici, c'était encore une épicerie il y a six semaines environ.

Curieux ! Curieux se dit en lui-même Monsieur C...

Monsieur MELLIN m'indique une maison dans laquelle il sent le café et le pétrole. On nous dit que c'était une épicerie, il me signale une dame ayant perdu la mémoire dans cette maison et ce n'est pas ma mère.

*
* *

Rentré chez lui, il nous téléphone pour nous mettre au courant de ses démarches et nous prie de reprendre nos recherches.

Nous reprenons notre téléprospection à *Saulcy*, où nous nous étions arrêté et voici que notre pendule accompagné du mouchoir de poche nous conduit dans les bois de *Ville*, puis vers le château Saint-Victor et enfin vers la ferme du même nom où nous situons définitivement sa mère à 150 mètres sous bois à l'Est de la ferme, mais nous avons le regret de lui annoncer qu'elle n'est plus vivante.

Monsieur C... se transporte à l'endroit indiqué et dans les environs immédiats il découvre sa mère inanimée. Elle était morte d'inanition.

Plus tard, nous avons appris que l'amnésique avait séjourné à *Saulcy*.

Voilà un fait de métagnomie tactile très instructif, au double point de vue de l'erreur commise à la première recherche et du succès remporté à la seconde opération métagnomique.

L'objet est par conséquent très utile dans la métagnomie tactile, comme il est nécessaire, aussi bien pour les arts que pour les sciences.

Sans remonter bien loin dans l'histoire des lettres et de la musique, l'on pourrait citer Théophile GAUTIER écrivant son « *Roman de la Momie* » après avoir admiré et touché dans un musée un sarcophage, Léo DELIBES composant « *Lakmé* » après avoir caressé de ses mains un coffret hindou. On pourrait encore citer la pomme de *Newton* et le crâne de *Cuvier*.

*
* *

Comme on peut s'en rendre compte, les objets et les écrits frappent de leurs radiations l'imagination de ceux qui les touchent et restituent à l'auteur ou au métagnome l'histoire de leur passé.

MÉTAGNOMIE PERCEPTIVE

La métagnomie perceptive, c'est la vue à distance. Pour cette dernière le rayon d'action est presque illimité.

C'est ainsi que nous avons une vingtaine de puits qui fonctionnent à *Djibouti* et quatre à *Dakar* suivant les indications que nous avons données de *Paris*.

De *Paris*, également, nous renseignons le Secrétaire Général d'une de nos colonies de l'hémisphère occidental sur un forage dont nous lui donnons les détails suivants :

Votre forage n'a pas été sans difficultés. A 50 m. de profondeur je vois la terre craquelée, fissurée et bouleversée. Votre forage a atteint la profondeur de 82 m., votre sonde est bloquée à cette profondeur.

Par télégramme le Secrétaire nous informe que les renseignement donnés sont conformes à la vérité.

*
* *

Dans leurs détails, voici d'autres exemples de vue à distance :

Le Docteur F... sortant d'une représentation au théâtre National de l'Opéra constate que sa voiture a disparu. Par acquis de conscience, il cherche dans les environs, mais il est obligé de se rendre à l'évidence du vol.

*
* *

Il est une heure du matin, il nous téléphone pour nous demander de l'aider à éclaircir le mystère de la disparition de sa voiture.

Sur le champ et par conséquent par fil, nous lui annonçons que sa voiture n'est plus dans *Paris*, mais qu'elle lui sera rendue sous cinq jours par l'intermédiaire d'un Commissariat de Police.

Comme prévu, cinq jours après il reçoit un coup de téléphone du Commissariat du X°... arrondissement, l'invitant à venir prendre sa voiture qui y est en station depuis plusieurs heures.

*
* *

Il est 21 h. 30, le téléphone retentit !

— Allô ! Allô ! Ici Madame M...

— Monsieur, nous déclare cette dame, j'ai perdu mes carnets de chèques, depuis deux jours je les cherche vainement.

— Ne pourriez-vous pas m'aider à les retrouver ?

— Ne quittez pas l'appareil Madame !

— Vous possédez un bureau double Madame, interrogeons-nous ?

— Effectivement !

— La place que vous occupez ordinairement est en face de celle de votre mari ?

— Parfaitement !

— Madame, retirez complètement le tiroir supérieur gauche vos carnets de chèques sont derrière !

Silence !...

Quelques instants après Madame M... reprend l'appareil pour nous annoncer qu'en effet les carnets de chèques étaient tombés derrière le tiroir par nous indiqué.

En 1936, époque à laquelle fleurissaient la haine et l'esprit de basse vengeance, M. R... est victime de deux incendies.

Il estime que ces sinistres sont l'œuvre malveillante d'une main criminelle, et, en sa qualité d'officier de police judiciaire, nous prie de venir sur place afin d'identifier l'auteur de ces attentats.

Rendu sur les lieux du dommage, nous commençons nos investigations sans autres renseignements que le corps du délit, c'est-à-dire les débris fumants des deux hangars qui abritaient une partie de la moisson.

⁎

Effectuant radiesthésiquement notre tour d'horizon, nous sommes arrêté en direction du village distant de 2 km. environ et dont M. R... est le Maire.

⁎

Nos recherches terminées, voici notre rapport verbal :

Contre la maison blanche que l'on aperçoit là-bas, à gauche de l'église, il existe une autre habitation avec jardin potager devant. C'est dans cette dernière, au rez-de-chaussée, que le malfaiteur habite. On pénètre chez lui par une porte centrale, de chaque côté une fenêtre, à gauche, en entrant, une grande cheminée ancienne.

L'auteur de cet acte inqualifiable a mis le feu avec un briquet en cuivre, long de 6 cm. et non estampillé ; sa forfaiture commise, il a ensuite jeté le briquet dans un puits.

— C'est bien sur celui-là que pèsent mes doutes, affirma le Maire, de plus, votre description sur son domicile est absolument exacte. Du briquet, j'avoue ne savoir absolument rien.

— Si je vous présentais mon personnel au travail pourriez-vous me désigner le forfaiteur ?

— Parfaitement Monsieur le Maire, déclarons-nous !

— Dans ce cas allons à la ferme, ajoute le représentant de l'administration communale.

*
* *

Une activité générale règne au siège de l'exploitation agricole.

On bat... C'est tout dire !

Très rapidement, nous désignons un individu juché sur une voiture de paille.

C'est bien l'homme qui habite à l'endroit indiqué par vous, confirme M. R...

*
* *

L'incendiaire présumé, appelé sur le champ et interrogé en présence de deux de ses camarades nie énergiquement. Puis questionné au sujet de son briquet, il assure n'avoir jamais eu d'instrument de ce genre, mais les deux camarades contestent sa déclaration.

*
* *

La remise du coupable entre les mains de la justice ne faisant plus l'ombre d'aucun doute, le délinquant est emmené peu après par les représentants de l'autorité légale.

MÉTAGNOMIE PROPHÉTIQUE

Il est des faits de prévision de l'avenir.

C'est ce qu'il est convenu d'appeler « Métagnomie prophétique ».

A ce sujet, le Professeur Richet conclut ainsi : dans certaines conditions mal déterminées encore, certains individus... peuvent annoncer des faits à venir, des détails précis, et tellement précis que nulle sagacité, nulle coïncidence, nul hasard ne pourraient expliquer cette prédiction ».

Le Docteur L..., s'étant rendu acquéreur depuis quelques mois d'une gentilhommière située au centre d'un vaste et magnifique parc, nous prie de venir étudier sa propriété.

Arrivé sur place et de l'extérieur, nous désignons une chambre à droite, au premier étage, où nous percevons des radiations d'une vie désordonnée et tragique.

— On a bu copieusement dans cette chambre, affirmons-nous. Au surplus, l'ancien propriétaire s'y est suicidé.

— « Vous êtes surprenant, avoue le Docteur ! »

Réellement l'ancien propriétaire a mis fin à ses jours dans cette chambre.

Quant aux beuveries, c'est encore vrai. La preuve la voici :

Le Docteur écarte de ses mains un bosquet non loin de là.

Et de nous montrer les objets du délit : derrière les arbres gisait un nombre considérable de bouteilles à champagne vides.

*
* *

Nous fîmes ensuite le tour du propriétaire. Au cours de cette promenade, la femme du praticien nous prie de la renseigner sur des châtelains voisins.

La réponse fut immédiate : famille dont la situation financière est incertaine et dont le fils unique caresse le projet de se marier avec votre fille aînée afin de redorer son blason !

Continuant notre petite excursion, nous apercevons un pavillon de chasse au fond du parc.

— Dites-moi, Docteur c'est votre garde-chasse qui habite là ?

— Comme vous l'avez deviné, confirma le Docteur !

— Cet homme est-il malade, demandons-nous ?

— Pas que je sache, répondit le Docteur. Je le sais, au contraire, en excellente santé !

— Je regrette beaucoup, mais il en a encore pour un an.

— Nous verrons bien, fit le Docteur un peu sceptique !...

Un an passe et quelques mois avec, nous rencontrons le Docteur qui, sans préambule, nous annonce qu'un an, jour pour jour, après notre passage son garde-chasse mourait d'un cancer à la gorge.

Quelques temps après, nous recevons une lettre de la femme du Docteur par laquelle elle demande des nouvelles de ses voisins à la bourse plate.

« On y constate un remue-ménage peu courant, écrit-elle. » Elle ajoute que les voitures de livraisons des grands magasins fourmillent au château, on a rééquipé les chevaux de chasse à courre, les effectifs de la meute ont été remis au grand complet.

— Que se passe-t-il donc ?
— Pourriez-vous nous dire ?

Voici notre réponse :

— La situation de fortune de vos voisins s'est subitement améliorée du fait de l'échéance heureuse d'un gros lot.

Peu après nous apprenons qu'en effet, les châtelains avaient été les bénéficiaires d'un lot important.

Monsieur M... désire vendre sa ferme, il n'a aucun acheteur en perspective et nous interroge à cet effet.

Nous sommes en octobre 1938.

Voici nos prévisions :

Vous recevrez une offre en décembre prochain, vous aurez à demander les 4/5 comptant, vous quitterez votre ferme fin décembre.

Comme indiqué, un acquéreur se présente au début de décembre, il accepte les 4/5 comptant, mais exige de prendre possession de la ferme le premier janvier 1939.

*
* *

Une autre faculté, ayant un certain degré de parenté avec ce que Richet appelait « diagnose intérieure » des maladies, est la découverte de l'origine d'une maladie restée inconnue.

Le Docteur J... nous demande de passer chez lui en Province pour voir son fils. Il est entre la vie et la mort depuis huit jours nous dit le Docteur. Quatre de mes confrères viennent journellement auprès de mon petit, mais personne jusqu'ici n'a osé formuler un diagnostic ferme.

Si vous acceptez de venir, ma voiture ira vous prendre à votre domicile.

Nous ne pouvions qu'accepter, cela va de soi, en pareil cas.

Arrivé, nous nous transportons avec le Docteur dans la chambre du petit malade.

En moins de cinq minutes nous déclarons : choc anaphylactique par suite d'une piqûre antidiphtérique et une broncho-pneumonie provoquée inutilement par des bains froids.

Notre diagnostic établi, voici les quatre médecins venant faire leur visite quotidienne. Après quelques explications sur notre façon de procéder, nous leur demandons de tenter, sans danger, une opération qu'ils n'ont certainement pas l'occasion de voir tous les jours.

En présence du Docteur, père de l'enfant et de ses quatre confrères, nous prenons dans nos bras cette petite loque qu'est l'enfant ; sa tête retombe sur notre épaule comme celle d'un blessé à mort.

Cinq minutes suffisent pour qu'aussitôt l'enfant moribond redresse la tête et demande à son papa son livre d'images.

Il était sauvé.

L'enfant étant complètement guéri quelques jours après notre visite, le Docteur nous adressa ses félicitations et ses remerciements ainsi qu'une attestation justifiant notre heureuse intervention.

MÉTAGNOMIE RÉTROSPECTIVE

Ici, il s'agit d'explorer des formes, des acquis, des faits oubliés dans le fond de la mémoire d'un vivant et de les ramener sur le plan de la conscience.

Mieux encore !

Il s'agit aussi de ressusciter des souvenirs visuels des ancêtres, des sensations anciennes de la mémoire spirituelle, laquelle conserve, grâce à la mémoire, des sensations vécues, des réminiscences de vies antérieures, des impressions du passé.

Pour obscur que cela puisse paraître, ces radiations du passé pourront être mises à jour et donneront l'impression de sensations présentes aussi vivaces que lorsqu'elles furent acquises.

Les effets enregistrés par le métagnome sont traduits par son pendule. Cela suppose une cause ; s'il n'y a pas de cause, il ne peut y avoir d'effet, s'il y a effet, il y a cause.

Voici un premier exemple :

M. P... âgé de 57 ans vient nous consulter.

Il nous dit que, depuis sa tendre jeunesse, sa vie a été remplie de choses troubles et indéfinissables.

Ses parents lui ont laissé une fortune et une situation industrielle en tous points enviables, mais il a toujours été incapable de faire fructifier ce qui lui avait été légué.

Il est contrarié dans ses décisions par des forces qu'il ne discerne pas très bien. Il est hésitant, il manque d'activité et d'initiative, à telle enseigne que ses proches le considèrent comme un fruit sec, un raté, un paresseux.

De l'âge de 57 ans nous remontons sa vie, année par année jusqu'à l'âge de 15 ans. Là, il nous surgit qu'il avait à cet âge respiré des gaz de chlore.

M. P... fait un retour en arrière et se rappelle en effet que vers l'âge de 15 ans, il avait au « labo » du Lycée respiré du chlore.

Eh bien ! Monsieur voilà la cause de votre infériorité.

Portez donc dans la poche gauche de votre gilet un petit tube de chlorure de sodium et tout ira bien.

Ce qui fut dit fut fait !

Quelques temps après, M. P... constate avec une vive satisfaction une tendance à devenir normal.

L'amélioration s'accentue journellement pour aboutir à un équilibre parfait.

Actuellement, M. P... est apte aux affaires, capable de les concevoir et de les diriger. Les luttes et les difficultés ont fait place à la facilité et à la réussite.

Au moyen d'une photographie et d'une clé ancienne, nous retraçons assez fidèlement l'histoire du château de Beaudésert.

Nous annonçons que le château a été incendié en l'an 940.

Nous précisons que le château reconstruit sur les fondations de l'ancien, appartenait à un châtelain-bandit qui rançonnait les pélerins, les assassinait et les précipitait dans une oubliette.

Nous découvrons sur les murs de la douve Nord des radiations suffisamment persistantes pour indiquer l'endroit où une châtelaine, vêtue de blanc, les bras en forme de croix, fut assassinée par des soldats de la Réforme.

La clé nous permet de désigner l'endroit où elle fut trouvée 55 ans auparavant entre les jambes d'un ancien propriétaire lâchement assassiné et inhumé dans sa propriété et dont les restes furent ultérieurement transférés en l'église de *Montauban*.

La Baronne de B..., connaissant parfaitement l'histoire de son château, confirma tous nos dires.

LES PENSÉES S'INCRUSTENT DANS LES MURS ET LES OBJETS

Les faits qui précèdent démontrent bien que des personnes sensibles sont capables d'enregistrer les radiations d'individus ayant séjourné dans un endroit quelconque.

L'intensité de ces radiations est en raison du séjour et de la puissance affective ou combative des anciens occupants.

Les lieux dits hantés ne sont pas, à notre avis, autre chose que des milieux conservant les radiations des disparus.

C'est ainsi qu'une scène d'assassinat, de suicide, de supplice, d'orgie s'incruste dans les murs et dans les meubles, lesquels gardent en eux les traces du paroxysme de la criminalité, de l'immoralité, de la cruauté et de la débauche.

Ces lieux conservent pendant des années, des siècles, des millénaires, non seulement une puissance évocatoire, mais troublent la vie de ceux qui vivent dans ces lieux.

Ainsi donc, on ne peut aller dans un endroit, dans une chambre, s'asseoir quelque part, sans laisser sa personnalité derrière soi.

* * *

Ne vous est-il jamais arrivé de partir d'un point donné pour aller prendre quelque chose et qu'arrivé à l'endroit où vous deviez prendre ce quelque chose, la mémoire vous fait subitement défaut ?

Vous ne savez plus ce qui avait motivé votre déplacement.

Si vous revenez sur vos pas, il est bien rare qu'en cours de route vous ne retrouviez pas la cause de votre déplacement.

Qu'est-ce à dire ?

Vous aviez tout simplement laissé votre pensée à un point de votre course, et c'est en revenant que vous avez repris contact avec la pensée laissée derrière vous.

*
* *

Vous ne pouvez habiter une maison sans que les murs enregistrent pour les âges à venir chacun de vos mouvements, chacune de vos pensées.

Vous ne pouvez posséder un meuble, un bijou, une relique, un vêtement sans que ces objets saisissent votre image, vos radiations les plus intimes, vos particularités mentales, vos troubles pathologiques et les conservent soigneusement pour les restituer ensuite au radiesthésiste-métagnome.

Les sentiments, les idées, les actes s'insèrent donc dans la matière. Rien de surprenant qu'ils agissent sur ceux qui viennent ensuite à habiter ces lieux ou à posséder ces objets.

Voici quelques faits que nous avons observés :

Deux dames nous apportent la photographie d'une magnifique propriété qu'elles viennent d'acquérir dans le département de l'*Eure*.

— Depuis que nous sommes fixées dans cette propriété, affirment-elles, il nous est impossible de dormir convenablement.

— Nous ne sommes pas superstitieuses, mais cependant nous avons l'intime conviction qu'il se passe quelque chose d'insolite dans ce château.

— Le personnel domestique est devenu irritable au point que nous avons dû le remplacer deux fois déjà, pour finalement observer le même phénomène sur les nouveaux venus.

— Au surplus, nous sentons bien que notre santé n'est plus la même, nous avons de fréquentes migraines et notre appétit diminue de façon inquiétante.

— Bref ! Monsieur est-il en votre pouvoir de nous dire ce qui se passe exactement ?

Au moyen de la photographie qui nous avait été remise nous signalons une vaste salle à manger à gauche, en entrant, au fond une magnifique cheminée en bois sculpté. Dans cette cheminée on a brûlé un nouveau-né, affirmons-nous. D'autre part, sous le porche, dans la cour d'honneur, un crime a été commis sur la personne d'une des anciennes propriétaires et de deux de ses écuyers.

— Nous pensions, dit l'une d'elles, que l'histoire de l'enfant brûlé était une légende. Mais voilà que, sans connaître l'endroit, vous nous confirmez cette rumeur du pays. Par ailleurs, nous savons qu'un crime a été commis sous le grand porche.

— Jamais, nous dit-elle, nous n'aurions pu penser que ces actes criminels pussent nous troubler à ce point, des années après leur perpétration.

— Cela n'a rien de surprenant soutenons-nous, car les pensées, les gestes, les actes des occupants qui vous ont précédés ont impressionné les murs. C'est à ces radiations que s'alimentent nos visions. Nous arrivons ainsi à des reconstitutions frappantes et à des révélations qui laissent parfois rêveur.

Quoiqu'il en soit, si vous désirez vivre en paix dans votre propriété, il est indispensable de la désastraliser.

— Pas nécessaire nous fut-il répondu, nous allons la revendre.

Nous ignorons complètement l'endroit de cette propriété, mais nous plaignons sincèrement les nouveaux propriétaires.

ASTRAL DES CHOSES

Ici nous touchons à ce qu'il est convenu d'appeler l'Astral des choses.

Cet astral peut se classer en trois parties :

L'astral de fabrication,
L'astral du milieu,
L'astral de constitution.

L'astral de fabrication est en rapport avec l'état d'esprit de celui qui a travaillé l'objet.

**

L'astral du milieu imprégne les individus de ce milieu.

C'est ainsi qu'en vivant au milieu d'assassins, les radiations de ceux-ci finissent par gagner celui qui n'avait aucune tendance au crime.

**

L'astral de constitution garde les radiations familiales.

Le magnétisme reste concentré dans ce qui a été touché et surtout affectionné. Le centre des objets sera à tout moment un foyer de vie véritable.

Une madone peinte peut donner lieu à des surprises agréables ou désagréables, selon que le peintre s'est servi d'un modèle pur ou d'un modèle dévergondé.

Du tableau peint avec modèle pur, il se dégagera des radiations nobles, tandis que du tableau peint avec modèle impur, il se dégagera des radiations désordonnées.

Dans le même ordre d'idées, une marine représentant une mer agitée procurera de l'agitation, une scène de soupe populaire apportera une tendance à la tristesse et, peut-être aussi, la perte de biens ; une représentation de pays chaud inclinera au « farniente », une nature morte : fruits, poissons, gibiers assurera par ses radiations un ravitaillement continu.

Votre tailleur, votre couturière, votre modiste couchent leur magnétisme sur vos effets. A vous d'apprécier leurs mœurs.

Le boulanger qui fabrique votre pain peut être de mauvaise condition, dans ce cas il laissera son magnétisme personnel sur votre pain.

Le boucher qui découpe votre viande, peut être un mauvais sujet, ici comme sur le pain ses radiations s'y incrusteront.

Le signe de croix fait sur le pain et avant le repas par les chrétiens n'a d'autre but instinctif que de désastraliser les aliments touchés par des inconnus.

S'agit-il de meubles vendus aux enchères, ils tendront toujours à retourner à la vente publique.

Un bijou ayant été au « Mont de Piété » y retournera envers et contre tout.

Le propriétaire aura de la peine à le conserver.

Ou il le perdra,

Ou il sera dans l'obligation de le revendre,

Ou il le mettra lui-même chez « Ma Tante ».

Après cela, on ne sera pas surpris d'apprendre que des momies, des stèles, des scarabées, des bijoux, même de l'époque des Pharaons, puissent encore être reliés à des scènes antiques : rites, banquets, fêtes, victoires, meurtres, défaites, etc., et conservent durant des millénaires la charge fluidique dont ils furent dotés à l'époque.

D'après ce qui vient d'être dit, on comprendra que ce n'est pas toujours une bonne affaire d'acheter ou d'accepter des meubles baladeurs, des bibelots plus ou moins exotiques et des bijoux dont l'origine et la fabrication sont plus ou moins douteuses.

Dans tous les cas, et par mesure de précaution, il y a lieu de les faire désastraliser, si l'on ne veut pas s'exposer aux radiations maléfiques que peuvent véhiculer de tels meubles, de tels bibelots, de tels bijoux, que notre entendement normal ne peut pas toujours identifier, souvent ne pas concevoir.

Cependant, il ne peut être question d'esprits, mais il peut s'agir de phénomènes relevant de la magie, que la métapsychique peut seule résoudre.

Au fond, l'histoire du spiritisme se confond avec la métapsychique. C'est pourquoi on voit de nos jours les spirites se servir de la Radiesthésie et de la Métapsychique pour codifier leurs messages, moyens plus louables que celui de taquiner l'esprit des morts.

DES FANTOMES

Puisque nous en sommes aux esprits, disons que c'est souvent par un phénomène de télékinésie (mouvement d'objets sans contact) que l'esprit matérialisé déplace les objets dans une maison, mais cela se fait avec douceur.

Tandis que dans le cas de maisons dites hantées c'est tout différent.

• Il semble qu'une force brutale invisible s'acharne avec violence à projeter à terre et dans l'incohérence les objets de literie en particulier.

Les portes qui grincent, les meubles qui craquent n'ont pas d'autre explication que le fait dit des revenants, des génies, des sylphes et des gnomes dont la substance incorporelle des morts se manifeste en frappant les meubles ; les spectres vus par certains sont l'explication des fantômes, nature secondaire de l'homme.

Les faits et gestes de ces fantômes fluidiques ou naturels ne sont visibles et perceptibles que par quelques rares privilégiés.

Ajoutons que le fantôme fluidique ne marche pas, il glisse ; car il n'a ni jambes, ni bras et se présente sous une forme drapée très fugace.

Le fantôme naturel obtenu par dédoublement porte en général les effets habituels du sujet dédoublé.

Son plasma nébuleux reste visible aussi longtemps que le métagnome n'est pas rappelé à la réalité par un bruit insolite.

On voudra bien nous permettre de donner, dans tous ses détails, un cas typique de dédoublement :

On nous demande d'aller prospecter chez le Comte de X... à *Provins*.

Une voiture vient nous prendre à notre domicile.

Dans cette voiture trois Messieurs inconnus de nous.

Nous étions mollement installés, et nous roulions sur cette magnifique route de *Créteil* où l'homme et la nature semblent avoir conjugué leurs efforts, l'un pour avoir fait disparaître les ornières profondes que creusaient autrefois les lourdes roues des fardiers de nos aïeux, l'autre pour y entretenir une vénérable frondaison qui, aux jours ensoleillés, arrête au passage les rayons trop chauds de l'astre du jour.

Nous étions absorbés par le féerique enveloppement de la majesté de ce décor qui confère à cette route une dignité antique lorsque soudain, comme obsédé, un de ces Messieurs se mit à nous faire le récit de ses déboires conjugaux :

— « Voyez-vous, Messieurs, commença-t-il, l'ange du foyer ce n'est pas toujours la femme ; quelquefois elle s'érige en démon.

— C'est le cas chez moi !

— Ainsi, moi l'éternel sacrifié, le molesté, le rudoyé, le brimé, l'opprimé, je ne suis pas bon à jeter aux chiens.

— Pourtant, je ne suis pas méchant, j'ai le cœur sur la main.

— Je n'ai pas l'impression d'être un paresseux, mais malheureusement pour moi, Dieu a mis la femme à côté de l'homme.

— Cette femme, qui ne connaît aucune borne dans ses calomnies mensongères, dans son audace, dépasse avec un malin plaisir les limites de l'excès.

* * *

— Pour moi, cette femme est une substance neutralisante, voire mortelle, puisque c'est un poison qui n'a pas son pareil.

— Par son esprit d'égalité, elle veut être, non seulement mon égal, mais se targue d'être ma supérieure.

— C'est en petit garçon qu'elle me traite, au point qu'elle ruine ma santé, annule mon courage et mon initiative. En un mot, elle me tue lentement.

* * *

— Je ne suis pas le seul dans ces conditions !

— Vous le savez bien, Messieurs.

— Ils sont nombreux, plus nombreux qu'on ne le croit, ces pauvres maris qui travaillent avec acharnement et creusent silencieusement et prématurément leur tombe sous les assauts répétés et inconsidérés d'une femme qui n'a de l'esprit que dans la vengeance et la méchanceté.

— Je sais bien que la vertu de ce monde attire le mal sur celui qui la pratique et que non récompensée ici elle doit l'être ailleurs.

— Il serait injuste que je fusse puni sur terre et que je ne fusse pas gratifié là-haut.

— Quoiqu'il en soit, j'ai mon calvaire, elle aura le sien.

C'est dans un silence religieux et avec un profond respect que nous écoutâmes les doléances de ce malheureux homme se mettant soudain à pleurer comme un enfant et se frappant la poitrine dans laquelle, sans aucun doute, battait un cœur pur.

Nous comprîmes que nous avions devant nous le type bien caractéristique de l'homme qui dispute à son sombre destin quelques jours d'une vie vraiment misérable.

L'indignité et la scélératesse de cette épouse tyrannique avaient éveillé en nous des scrupules touchants. C'était, en effet, poignant de voir couler les larmes de cet homme sensible, sottement bon et incapable de haine réciproque.

Durant ce récit notre voiture avait filé, nous étions rendus au lieu de notre prospection.

Notre recherche terminée nous reprîmes le chemin du retour.

Parmi les rayons ardents de l'astre prodigue, nous percevions de lourdes bouffées d'une chaleur accablante. Des nuages menaçants, présage certain d'un orage violent devant s'abattre sur la région, nous incitèrent à nous arrêter à *Nangis* pour nous mettre à l'abri et prendre un raffraichissement. La nécessité de cette décision était d'autant plus impérieuse que notre voiture était découverte.

A peine étions-nous installés au café que l'image de la femme-harpie nous apparut derrière son infortuné mari...

— Monsieur, lui disons-nous à brûle-pourpoint, votre femme est brune, très brune, elle a le front large et dégagé, elle porte souvent des corsages avec col montant et manches à poignets.

Pour bien vous la décrire, nous ne saurions mieux la comparer qu'à la gitane dont la Régie Française des Tabacs se sert pour sa publicité.

Autre détail ! Il y a belle lurette que votre femme ne vous prouve plus sa reconnaissance comme vous vous doutez !

Un peu interloqué par cette avalanche de précisions notre homme nous regarda avec un air épouvanté !...

— Mais ! Monsieur, vous la connaissez donc pour me dire toutes ces choses qui sont l'exacte vérité ?

— Non ! Monsieur, mais elle était là derrière vous au moment où nous faisions son portrait physique et vestimentaire !

A ces mots, il sursauta sur son siège, virevolta comme pour se mettre en état de légitime défense et s'écria !!

— Ah! la ch... vipère elle me suit donc partout ?

— Rassurez-vous, cher Monsieur !

Ce n'était pas elle en réalité, mais son fantôme, son double si vous voulez mieux !...

Voilà un fait, entre beaucoup d'autres, qui pourrait

justifier l'hypothèse hardie que l'être humain possède un deuxième corps invisible à la plupart d'entre nous.

*
* *

Les Egyptiens croyaient déjà au double qu'ils appelaient « ka » derrière le corps physique.

*
* *

Comme on vient de le voir par cet exemple, il est facile de matérialiser le double. De là des phénomènes inexpliqués en apparence, des maisons dites hantées et, qui permettent d'envisager le dédoublement et la matérialisation du double des vivants ou le fantôme extériorisé des morts.

L'un ou l'autre sont capables de penser, de vouloir et d'agir en restant le siège de la conscience et de l'intellect du corps physique animé ou inanimé.

*
* *

Quant à expliquer le mécanisme psychique ou physiologique qui nous permet de voir une personne dédoublée, cela semble assez difficile à première vue.

Quoiqu'il en soit, on peut admettre que la forme, en elle-même, est un mode de conscience. Mais il est évident que cette forme devient perceptible par notre sensibilité, et c'est cette sensibilité qui établit le rapport entre la personne dédoublée et nous, qui nous apparaît ou plus exactement se manifeste à nous très subitement.

Quelle que soit l'opinion de certains négateurs obstinés, la faculté de plonger notre regard dans l'inconnu, vaste réceptacle des formes disparues et de celles en puissance d'êtres avant leur réalisation sur le plan physique ou d'ailleurs, est un fait, pour nous indiscutable ; comme celle de transmettre à distance des pensées, des radiations curatives est chose positivement possible.

*
* *

Nos réussites dans ce domaine sont suffisantes pour nous permettre de l'affirmer.

Toutefois nous tenons à poser les deux questions suivantes :

Pourquoi et comment en 1635, PASCAL, à l'âge de 12 ans, sans l'aide d'aucun livre, a-t-il pu trouver les premières propositions de géométrie d'EUCLIDE, vivant 300 ans avant Jésus-Christ ?

*
* *

Pourquoi et comment, au cours de la guerre 1914-1918, ayant donné aux services compétents de l'Aéronautique les plans d'un viseur pour avion de bombardement, toujours en service, avons nous employé des termes scientifiques et des formules de mathématiques spéciales que nous n'avons jamais appris et que l'on ne nous a jamais enseignés ?

EN FORME DE CONCLUSION

Le fait qu'un être humain, vivant ou mort, peut laisser quelque chose derrière lui, sur sa photo, sur ses objets familiers, s'appuie sur un grand nombre d'observations concluantes qui commencent à la métapsychique pour finir aux matérialisations.

Indiscutablement, l'ensemble de ces faits ne nécessite aucune transe, aucune hypnose, aucune crise convulsive et, par conséquent, ne relève d'aucune forme spirite, mais appartient à la métagnomie, faculté soumise à des dons naturels.

Il va sans dire que ces dons innés ou acquis éclipsent, pour une bonne part, les plus belles théories des sciences exactes.

Leur résultante a pour corollaire un avantage exclusif permettant de scruter, de capter et de traduire des souvenirs qui dorment dans la matière informe ou les traces conservées par les corps sous la loi de l'espace et du temps. Ou encore de percevoir et de mettre à jour des radiations étrangères au plan dans lequel nous évoluons journellement, mais qui appartiennent à des régions supérieures aux vivants et ressortissent à des forces généralement inconnues.

*
* *

Ce privilège de caractère intermittent et particulier fonctionne dans des conditions encore peu connues de ceux qui ne s'occupent que des phénomènes intellectuels et nient les phénomènes spirituels.

*
* *

Dans ce domaine, comme dans tant d'autres, chacun a sa personnalité propre. Plus facile sera celle de l'individu doué, plus ingrate et plus variable sera celle de celui qui n'a aucune disposition naturelle s'il désire s'affirmer au cours de son existence.

*
* *

Alors ! dira-t-on, il faut exiger du métagnome un acte de naissance ?

Non, bien sûr, mais on ne peut, en tout cas procéder de façon mathématique.

La règle de trois n'a point encore étendu son empire au royaume de la métagnomie.

*
* *

Si ce que nous venons de dire n'est pas de nature à satisfaire tous les cerveaux, nous pensons que notre exposé est suffisamment éloquent pour faire admettre aux personnes de bonne foi que la radiesthésie-métagnomique s'apparente à toutes les facultés de perception dont elle est l'Alpha et l'Oméga.

FIN DE LA TROISIÈME PARTIE

Intercalaire de pagination
Ces pages assurent le nombre et la chronologie de la pagination pour correspondre à la table des matières du livre imprimé d'origine.

QUATRIÈME PARTIE

Envoûtements, Désenvoûtements, Transferts, Idéoplastie, Les Vies successives

CHAPITRE XI

Envoûtements, Transferts et Idéoplastie

L'envoûtement. — Des Différents Esprits. — Philtres d'Amour. — Moyens de Défense. — Les Végétaux. — Les Animaux. — Comment se faire désenvoûter. — L'épée. — Exorcismes. — Transferts. — Idéoplastie.

L'ENVOUTEMENT

Qu'est-ce que l'envoûtement ?

C'est la production de phénomènes magnétiques tendant à empoisonner la vie des individus, technique qui consiste à amener le malheur sur quelqu'un par la pensée, par la parole ou par l'action.

* * *

Par la pensée c'est l'envoûtement mental. L'opérateur souhaite puissamment du mal à son prochain.

Petit à petit, jour par jour, la pensée de l'auteur malfaisant prend corps et le sujet visé est attaqué par la funeste pensée comme un cadavre l'est par les vers.

* * *

Par la parole, c'est agir sur ses semblables plusieurs fois par jour et tous les jours en proférant des paroles de haine, de jalousie et de rancune.

Un individu de cette sorte est un générateur de poison et de maléfices. C'est un être redoutable.

En effet, après un certain nombre de ces odieuses machinations en aparté, les paroles se concrétisent, se matérialisent, engendrent l'événement et la maladie désirés par l'auteur.

Par l'action, c'est monter quelqu'un en effigie en nourissant de sombres desseins dans le but de le maléficier secrètement.

Après avoir fait subir une préparation rituelle à la statuette, en cire ou en argile, dans laquelle on a incorporé un élément personnel du futur martyr, on exerce sur l'effigie d'abominables menées : piqûres, incisions, fractures, injections de microbes, de poisons ou de narcotiques avec l'idée criminelle que la personne représentée ressentira tous les effets de ces actions tortionnaires, barbares, morbides et toxiques.

En dehors de ces détraqués, au regard terne, qui toutes les nuits et à la même heure utilisent leur mauvais fluide à l'adresse d'une victime déterminée, il existe des envoûteurs professionnels, misérables trafiquants battant monnaie sur d'odieux personnages, en mettant leurs funestes pratiques à leur disposition afin d'ébranler la santé, de persécuter, de torturer, de tyranniser, de prostituer, par les conséquences de leurs actes ignobles, ceux qu'ils ont mission de mettre à mal.

Il existe en outre des sujets qui s'envoûtent eux-mêmes.

— 417 —

Ordinairement ce sont des faibles ou des hypersensibles qui se livrent au hasard à la pratique du spiritisme, et, sans y prendre garde, abritent les esprits qu'ils ont invoqués.

Ou bien ce sont de malheureux infortunés qui fréquentent certaines sociétés occultes où ils subissent des accidents divers comme celui de se substituer aux esprits errants que l'on a appelés au cours des séances.

Suivant les tendances de leur vie passée, ces âmes abandonnées sont parfois brutales, sans traces d'éducation, médiocres d'esprit et de vertu et, lorsqu'on les invoque, on n'est pas toujours certain de les congédier, car fort souvent, elles restent farouchement attachées à la matière de ceux qui les ont introduites. C'est pourquoi, les typtologues les plus éprouvés ont parfois de la peine à les renvoyer dans leur ténébreux séjour. C'est alors qu'elles flottent dans l'atmosphère des travaux pour le plus grand danger de l'évocateur ou des auditeurs.

Phénomène aussi de prosopopèse au cours duquel le spirite ou l'auditeur change son individualité pour prendre celle de l'esprit qui parle par la bouche de celui qui l'incarne.

C'est ainsi que cette substance incorporelle s'incruste dans la composition physique et psychique de l'un ou de l'autre pour n'en sortir que par un exorcisme bien compris.

DES DIFFÉRENTS ESPRITS

A ce sujet, disons qu'il y aurait trois sortes d'esprits :

1° Les esprits fixes, de nature très pure, plus pure et pure. Ceux-ci sont affranchis des lois qui régissent la matière. On ne peut s'attirer à soi ces esprits transcendants. On ne peut davantage les évoquer. Si l'on désire entrer en relation avec eux, il faut se donner à eux afin de les engager à nous évoquer.

*
* *

2° Les esprits errants, de nature inférieure, plus inférieure et très inférieure. Ils fourmillent dans les ténèbres du monde astral, conséquence normale de leur séjour passé dans la matière d'hommes voisins de la bête.

Pour les invoquer il suffit de flatter tant soit peu leur cupidité et leur avidité. On ne peut normalement évoquer que ces derniers, car eux seuls se donnent facilement pour mieux vivre aux dépens de celui qui les sollicite.

*
* *

3° Les esprits mixtes parvenus en partie à se diriger. Ils émanent d'hommes généralement intelligents qui, selon la nature angélique ou diabolique de leur vivant, deviennent des esprits fixes ou errants.

*
* *

D'après ce qui vient d'être dit, il n'est pas indifférent d'ajouter que ceux qui invoquent les esprits s'exposent à de graves inconvénients.

En voici un exemple :

Nous sommes appelé rue de Washington auprès de trois dames, qui, depuis plusieurs années, étaient aux prises avec des forces adverses.

Elles avaient appelé ces forces pour les diriger, à titre d'expérience et aussi par ignorance, sur une personne de leur entourage.

Comme cela se passe souvent en pareil cas, ces forces avaient évité leur vraie destination pour s'abattre sur ces imprudentes dont l'existence était devenue insupportable au point que la folie rôdait autour d'elles.

Ce n'était que cauchemar sur cauchemar, pas de maladie bien déterminée, mais des troubles à caractère insolite et indéfinissable, notamment des actions nocturnes d'esprits **incubes**.

En un mot, en voulant envoûter, elles s'envoûtèrent elles-mêmes.

Notre premier travail est de leur conseiller de pratiquer un peu de charité, puis nous entreprenons de les désenvoûter. Opération assez délicate en elle-même lorsqu'il s'agit de s'opposer à des forces inconnues.

L'opération est cependant couronnée de succès, puisque les phénomènes cessent quelques jours après notre intervention.

*
* *

On peut encore citer l'envoûtement par l'intermédiaire d'objets maléficiés.

Ces objets sont très agissants en ce sens qu'ils gardent longtemps leur magnétisation et que leur seule présence dans un intérieur est suffisante pour perturber la vie des occupants.

*
* *

Quelquefois cet envoûtement, par objets interposés, est l'œuvre malsaine de gens qui fréquentent la maison. D'autres fois il est transmis par des meubles, des bibelots, des tableaux, des bijoux reçus en héritage ou simplement acquis dans les ventes publiques ou chez les marchands d'occasions.

*
* *

L'envoûtement par objets persiste même après la mort de l'envoûteur ou du propriétaire initialement désigné et constitue une sorte de vampirisme « Post Mortem » pour quiconque les possède.

*
* *

Alors ! Ne nous étonnons pas si des objets ayant appartenu à un envoûté, même décédé, arrivent à troubler longtemps encore la vie de leur nouveau détenteur et à le faire tomber dans l'infortune. A moins, bien entendu, qu'ils n'aient été désastralisés.

*
* *

Il est des magiciens qui les recherchent pour leurs attaques. Ces agressions se traduisent par des maladies plus ou moins étranges, des troubles suspects dont l'origine n'est pas toujours facilement identifiable.

*
* *

Cette affirmation peut paraître singulière à quantité de braves gens, il n'empêche que des faits de cet ordre sont là avec leurs mystères assez difficiles à comprendre pour bien des intelligences peu informées. Nous avons nous-même observé et même combattu de nombreux cas de cette espèce.

*
* *

D'autres fois l'envoûteur prend comme support les parents immédiats de sa victime. Cela revient à dire que le magnétisme dirigé sur un père ou sur une mère peut rebondir sur un enfant. Incontestablement ce dernier est plus sensible, souvent plus vulnérable, à l'action magnétique.

Ainsi s'expliquerait peut-être les troubles mystérieux qui gagnent parfois les jeunes gens en pleine santé.

C'est ainsi que des enfants ayant grandi normalement et considérés comme normaux jusqu'à un âge avancé sont brusquement l'objet de troubles divers tels que : épilepsie, « Delirium tremens », inconsistance, imbécillité, démence, idiotie et autres qui déconcertent parfois la science médicale.

Certains envoûteurs ont recours au Haschich comme inébriant ou stupéfiant. A défaut de ce produit, obtenu au moyen du chanvre indien, ils opèrent avec la même plante textile qui croît dans nos régions et déterminent à distance une véritable ivresse voisine de l'hallucination.

Par l'enfumage quotidien d'un élément personnel, au moyen de cette plante brûlée sans flammes, ils arrivent à créer une mélancolie chronique généralement sans délire, mais qui se traduit vite par une démence apathique et ensuite par une idiotie tout court.

D'autres, enfin, se servent de chloroforme, d'éther, de morphine ou de protoxyde d'azote.

Ce sont là autant de substances extériorisantes qui peuvent présider aux opérations malhonnêtes.

A noter que l'envoûteur de mauvais aloi — car il y a l'envoûteur bénéfique — s'appuie sur le noir, le vert associé au rouge.

C'est tout bonnement de la magie noire. Heureusement

il y a la magie dite blanche, ennemie redoutée de la première. Cette dernière se sert du blanc pour combattre les sortilèges, elle adopte en outre certains attributs colorés, exemple : le jaune d'or le dimanche, le rouge le mardi, le bleu le jeudi, le vert le vendredi, etc.

PHILTRES D'AMOUR

Le philtre d'amour est un breuvage destiné à séduire, à charmer et à inspirer des passions violentes. Mais comme tout est possible par la malice des hommes égarés, il n'est pas inutile de dire un mot sur les incubes et les succubes dont les travaux à distance s'appuient précisément sur la technique des philtres.

Disons que l'incube se réfère à l'homme, le succube à la femme.

Chacun de ces dépravés, d'après sa sexualité, se matérialise réellement pour satisfaire sa passion avilissante. Et, malgré l'invraisemblance de cette aberration monstrueuse, la réalité de ces faits et gestes reste incontestable.

La préoccupation dominante de ces passionnels et de ces névrosés est d'abuser de l'homme ou de la femme pendant leur sommeil en donnant libre cours à leur basse **luxure**.

C'est par des intentions perverses et des actes immondes que ces tristes personnages parviennent à provoquer l'excitation génésique, à troubler la vie de ceux qu'ils ont choisis comme partenaires pour leurs ignobles agissements.

La conséquence de ces pratiques impures se caractérise bien souvent par des maladies du système nerveux, des spasmes de la boule hystérique, une dilatation des organes sub-abdominaux et une tendance morbide à abuser des plaisirs de la chair.

Ceux qui sont infestés de ces radiations voluptueuses sont souvent de pauvres imbéciles qui, poussés par la curiosité, prêtent naïvement le flanc à des opérations qu'ils sont incapables de comprendre et impuissants à combattre. D'autant que ces actes libidineux sont exercés sur eux, malgré eux et contre leur volonté.

A cet effet, nous allons exposer quelques moyens propres à combattre ou à braver la malignité de ces funestes individus.

MOYENS DE DÉFENSE

Si l'on désire triompher dans la lutte contre les sortilèges de cette nature trois choses sont indispensables :

1° Avoir une vie droite, chaste et probe. En d'autres termes, il faut avoir un bon confort moral solidement étayé par des convictions énergiques et pures.

2° Avoir confiance en l'infini de Dieu. En un mot, avoir la foi et savoir lever les yeux au ciel autrement que pour savoir le temps qu'il fera le lendemain. Essayer de sonder le firmament, de pénétrer l'indéfinissable.

3° Faire en sorte d'augmenter son aura, cage aurique qui entoure chaque vivant de toute part et capable de l'isoler complètement de l'ambiance des tristes vivants et des lamentables morts.

*
* *

Si par impossible, il y avait maladie cérébrale et si la vie était anormale on aurait soin de procéder à la dispersion énergique des mauvaises forces psychiques par un lessivage complet du mental.

Pour ce faire, il est indispensable d'observer un grand mutisme, une carence complète de produits carnés pendant douze jours. Au surplus, durant ce temps, loin de la foule des ambitieux, des ignorants et des médiocres, on surveillera attentivement le domaine des pensées, des paroles et des actes.

C'est à cette condition que l'on obtiendra une bonne hygiène mentale capable à elle seule de s'opposer efficacement aux maléfices et aux embûches les plus diaboliques.

Afin de se prémunir au maximum contre ces intoxications, ces empoisonnements des fonctions intellectuelles, il y a lieu d'y ajouter la prière, laquelle a une influence bénéfique considérable sur les forces malsaines des esprits inférieurs. Mais la prière ne consiste pas seulement à marmotter un chapelet avec plus ou moins d'attention et de conviction.

La prière exige une base, un support, un effort qui coûte, un sacrifice de soi ; tout comme la charité et l'altruisme ne vont pas sans un amour plus ou moins développé du prochain.

En effet, la charité exige une action énergique et désintéressée du corps et de l'esprit.

Elle n'a aucun mérite sans cela.

Faire la charité en donnant de l'argent par habitude et peut-être par vanité n'est pas faire la charité.

Ne confondons pas la charité avec l'aumône. La vraie charité est faite avec son cœur et non avec sa bourse.

Dans tout cela, ce qui compte par dessus tout c'est l'action et la conviction. Au reste, l'action n'est-ce pas un acte qui consiste à faire le mal ou le bien ?

Or, si nous faisons le bien de préférence au mal c'est parce que nous sommes forts, si nous sommes forts c'est parce que notre volonté est basée sur l'effort et la foi.

Soyons donc charitables. C'est un apprentissage à faire. Après tout, il n'est pas plus difficile de faire le bien que de pratiquer le mal, il n'est pas plus pénible, bien au contraire, de transmuer les peines en joies, les chutes en essors que de rêver plaies et bosses.

On peut toujours, quand on le veut, faire acte d'abnégation, de renoncement et trouver à consoler des malheureux, des malades, des désespérés en ayant soin toutefois de ne pas encourager l'indigence, la maladie et l'affliction professionnelles.

Engageons-nous donc résolument dans la voie du dévouement et bannissons la maxime égoïste « Charité bien ordonnée commence par soi-même ». Laissons cette formule paresseuse, qui est à la fois une imperfection du cœur et de l'intelligence, à ceux qui songent à eux avant de penser aux autres.

C'est en agissant ainsi que nous serons armés pour faire le bien autour de nous. Car, en faisant le bien nous chassons le mal et nous nous ajoutons une force tendant à exécuter le bien et capable de l'exécuter.

Alors, seulement, nous pourrons nous élever au-dessus des mesquineries matérielles d'ici-bas, nous acquerrons les forces spirituelles nécessaires à la lutte contre les mauvais génies.

Bien plus, nous serons dynamisés de telle sorte par les forces supérieures astrales que nous augmenterons notre aura individuelle contre laquelle les forces malignes viendront se heurter...

Ne savons-nous pas que toute la force humaine réside dans l'aura développée. Or, c'est par cette auréole invisible — qu'il ne faut pas confondre avec l'aura des hystériques — que l'individu produit son activité physique, et c'est par la vitalité que cette aura accumule qu'il peut se défendre contre les manœuvres de toutes sortes.

En bref, si l'on sait s'appuyer sur les forces spirituelles, si l'on sait se dynamiser par les puissances astrales, il n'y a rien à craindre des envoûteurs.

Au surplus, si l'on veut rompre le cercle noir dans lequel des hommes sinistres ou leurs suppôts enferment ceux dont ils oppriment la conscience, on brûlera de l'encens en larmes. Pendant que la fumée se répandra et lorsqu'elle montera régulièrement vers le ciel, on appellera la conscience Universelle pour le bon droit et l'on prononcera trois fois la formule suivante :

« Que celui qui fait le mal en soit responsable. Pour « nous serviteur de Dieu, le bien est notre droit ».

Un autre moyen de défense passive consiste à utiliser les pointes.

Les pointes sont des éléments contraires aux esprits démoniaques.

A ce sujet, rappelons que le fluide humain est de l'ordre de l'électricité.

Or, les pointes agissent sur les forces psychiques au même titre que le paratonnerre sur la foudre.

Toutes forces mauvaises, toutes actions à distance convergent vers les pointes. C'est-à-dire qu'elles déterminent l'étincelle en rencontrant le fluide individuel du jeteur de maléfices.

Le magicien sait cela. Aussi dans ses opérations magiques tient-il toujours son épée. Le sorcier ne sort-il pas son couteau lorsqu'il entreprend de jeter un sort à quelqu'un de ses adversaires ?

Les pointes sont, par conséquent, des instruments de protection effective contre les forces mauvaises.

Le bâton ferré et terminé par une pointe du cheminot ou du voyageur pédestre n'a pas d'autre but.

* * *

Si l'on croit être visé par un de ces abominables forfaits, qu'on appelle envoûtements, même sans cela, et ceci afin de prévenir toute tentative de ce genre, nous conseillons d'avoir sur soi un petit canif à deux lames ouvert, une des lames dirigée dans le sens de la marche, l'autre vers l'arrière.

Les Dames le disposeront au fond de leur sac-à-main qu'elles tiendront sous le bras, les Messieurs dans l'une des poches de leur veston.

Si l'on est chez soi, il suffit de diriger la pointe d'une épée, d'un poignard, d'un couteau ou d'un simple coupe-papier vers la porte d'entrée.

Ce dispositif est amplement suffisant pour barrer la route aux forces occultes maléfiques.

* * *

On peut, en outre, organiser un plan de défense continue.

Rappelons que c'est principalement la nuit que les esprits malicieux exercent leur action pernicieuse.

Ce moyen a son essence dans le charbon de bois. Une

soucoupe blanche, mise sur la descente de lit avant de se coucher, contenant trois morceaux de braise rend les meilleurs services.

Le charbon de bois est un excellent absorbant et clarifiant, puisqu'il purifie et filtre tous liquides troubles et absorbe les gaz délétères. Comme tel il retient les fluides psychiques ou autres d'où qu'ils viennent.

* * *

Signalons toutefois un léger inconvénient inhérent à ce corps : il est indispensable de veiller à sa faculté d'absorption assez limitée. C'est la radiesthésie qui saura apprécier si le degré de saturation le rend inefficace.

A noter en sus qu'il ne faut jamais brûler ces charbons imprégnés. On les enfouit dans la terre ou on les jette à l'eau courante.

Pour plus d'assurance, on doublera l'action du charbon de bois de signes tels que : pentagramme, pakoua avec monades, monogramme du Christ, sceau de Salomon, que l'on disposera dans la chambre à coucher. A ce sujet, on voudra bien se reporter au chapitre « Figures Géométriques » du présent Tome.

LES VÉGÉTAUX

Si l'on est aux prises avec des forces adverses on peut, comme autre moyen de défense, utiliser les végétaux.

Exemple : en vous promenant, arrachez quelques feuilles ou brins d'herbe qui bordent le chemin et jetez-les énergiquement. Ce geste constitue un puissant dégagement magnétique.

Vous pouvez également appliquer vos mains sur des plantes. Si vous êtes envoûté, vous verrez ces plantes s'étioler petit à petit et mourir ensuite en même temps que le mauvais fluide se dissipera.

On peut encore se protéger par sa propre photographie, de préférence une épreuve directe ; mais à défaut, un contre type, reproduit par image, fait très bien l'affaire.

Dans ce cas, on renforce la photo ou sa reproduction par un double cercle fermé.

Afin d'obtenir le maximum d'efficacité, il n'est pas inutile de s'appuyer sur un principe odorant, notamment fumée d'encens, de myrrhe et de benjoin mélangés, en lune croissante pour la femme, en lune décroissante pour l'homme.

Ainsi fait, il est bien rare que le mal ne retourne pas d'où il vient.

L'ortie, l'épine et le houx apportent, d'autre part, un contingent incontestable dans les moyens de défense. Aussi pourra-t-on les disposer autour, en dehors, de la photographie cerclée.

Le maximum de garantie dans cette résistance se trouvera assuré en armant le cercle extérieur de pointes divergentes. La photo toujours au centre, les herbes protectrices disposées sur les pointes dont la mission est de projeter dans toutes les directions leur magnétisme et leur principe urticant.

Alors, les mauvaises pensées seront réfléchies et se retourneront contre le mage nuisible qui subira lui-même les méfaits de l'urtication, de l'exfoliation ou de la desquamation.

L'esprit du mal sera alors impuissant, il s'éloignera, vaincu, de la demeure ou de la personne.

*
* *

Devant une telle protection les ensorcelleurs conscients ou inconscients n'ont qu'à bien se tenir. Car lorsqu'il s'agit de lutter contre le mal, même le plus terrible, son renvoi est toujours assuré par l'emploi du bien et du bon.

L'ennemi est souvent terrassé à sa complète confusion, si celui qui se défend n'est pas un méchant, un hypocrite, un pervers ; si, au surplus, il pratique la miséricorde, l'altruisme et la vraie charité basés sur la foi.

Le plus grand mal que l'on puisse faire à son pire ennemi n'est-ce pas de lui vouloir du bien ? Rien n'est plus neutralisant en effet.

LES ANIMAUX

Les anciens usaient beaucoup des animaux ou de leur symbole pour se préserver de l'envoûtement. Mais ce moyen n'est réellement efficace que si l'on sait discerner un envoûtement par animal et par lequel. Tout est là.

Ici encore la radiesthésie ne sera pas négligeable.

Les reptiles et les batraciens sont d'excellents défenseurs. Placés dans un endroit convenable ils absorbent les radiations d'où qu'elles viennent et quelle que soit la puissance de l'émetteur ou de l'entité émettrice.

L'éléphant, même symboliquement représenté, est très apprécié des initiés. En effet, ce quadrupède représente la force et le calme. Ses défenses doivent être dirigées vers la porte d'entrée principale de l'habitation.

*
**

On peut encore procéder par intuition ou affectionner, par raisonnement, un animal de son choix.

Quoiqu'il en soit, il est indiqué de mettre la photo ou sa reproduction sur la figure de l'animal choisi ou correspondant au mois de naissance, et dont voici une liste succincte :

Février	Poissons fluviaux,
Mars	Brebis,
Avril	Taureau,
Mai	Singes,
Juin	Animaux aquatiques,
Juillet	Animaux féroces,
Août	Chiens,
Septembre	Gallinacés,
Octobre	Rapaces et voraces,
Novembre	Carnassiers,
Décembre	Ruminants,
Janvier	Poissons marins.

Si, par impossible, les animaux indiqués en face de chaque mois de naissance s'avéraient antipathiques on s'arrêterait au chien uniquement qui est toujours bon et pour tout le monde. Mais ne jamais utiliser le chat domestique.

Ajoutons, en ce qui concerne le chien, qu'en magie, lorsqu'il s'agit de neutraliser une sexualité débordante, on coupe une mèche de poils sur le crâne d'un chien que l'on met ensuite sur la photo de la personne aux sentiments excessifs à rectifier.

A savoir pourtant que pour l'homme on prend du poil de chienne, pour la femme du poil de chien.

Dans ces conditions l'exubérance de la personne représentée ira rejoindre l'instinct de l'animal pour n'être plus **qu'un instrument matériel de l'amour.**

COMMENT SE FAIRE DÉSENVOUTER

Il s'agit de prime abord de savoir si l'on est réellement envoûté, puis, dans l'affirmative, de connaître un bon radiesthésiste magnétiseur, ou, à défaut, une personne amie sincèrement acquise pour procéder au dégagement magnétique.

L'envoûté fera face au Nord dans la position verticale, le magnétiseur ou la personne amie se placera derrière la personne à désenvoûter, les mains de cette dernière pointeront le ciel, celles du désenvoûteur envelopperont la ceinture du sujet en revenant en arrière et en se dégageant prestement.

Cette opération sera répétée trois fois par jour.

La désimprégnation de celui qui dégage s'effectue en soufflant sur les mains et en les secouant énergiquement.

Suivant le degré d'intoxication on renouvellera ces opérations durant huit, seize ou vingt-quatre jours.

L'ÉPÉE

En cas d'insuccès on pourra recourir à l'épée avec laquelle on fera le signe de croix sur chaque point cardinal. On terminera cette opération en décrivant autour de la personne des cercles complets ne dépassant pas trois.

*
* *

Si l'on a affaire à des envoûtés d'une religion autre que le catholicisme on aura recours aux pantacles faits sous la signature d'une planète bénéfique.

*
* *

L'action invincible de l'épée ou du pantacle déroutera les envoûteurs les plus savants.

Les pantacles peuvent affecter différentes formes : dessinés, écrits sur papier ou sur étoffe ou encore en argile ou en cire.

S'ils sont sous formes de figures géométriques ou manuscrites ils seront portés ou mis derrière les meubles meublants, sous formes d'objets ils seront enfouis dans le sol, à droite et à gauche de la porte d'entrée avec leur sens spirituel secret.

*
* *

Parmi les pantacles, le pentagramme est peut-être le plus puissant des signes protecteurs contre les entités nuisibles de l'invisible et de leurs suppôts d'ici-bas.

Les puissances de l'astral ne résistent pas au pentagramme, elles se dissolvent.

Le pentagramme c'est la quintessence des pantacles, c'est le talisman suprême. Dans les mains d'un initié il acquiert une vertu merveilleuse et domine tous les esprits élémentaires. Ses caractères constituent comme des signaux entre son détenteur incarné et ses guides d'outre-tombe.

Retenons qu'un pantacle sacré ou consacré, une figure talismanique ayant cessé de jouer son rôle doit être soigneusement mis dans un tissu de soie noir au fond d'un vase.

Lorsque le besoin s'en fait sentir, on peut extraire l'un ou l'autre de sa cachette et s'en servir à nouveau. Mais ne jamais laisser ces choses entre des mains profanes, encore moins les brûler. Ces éléments font partie intégrante de celui à qui ils ont servi.

EXORCISMES

L'envoûtement est également combattu par l'exorcisme, moyen spirituel pouvant se superposer aux modes de défense déjà décrits.

Pour les cas les plus ordinaires, il existe de nombreux

exorcismes que l'on peut employer à défaut de tout prêtre ; mais dans les cas spéciaux et extraordinaires il y a nécessité de s'adresser à un ministre du culte compétent et ayant reçu le troisième ordre mineur.

A défaut de lui, ou sur son refus, tout homme qui a la foi, qui se sent fort et pur pourra le remplacer comme exorciste auprès de ceux qui souffrent d'un mal douteux.

*
* *

Nous disons à défaut d'un prêtre, car de nos jours l'église romaine n'enseigne plus, ou presque plus, à ses prêtres les exorcismes comme au temps de sa foi ardente.

Elle néglige ou méprise ces pouvoirs que le Christ a donnés à ses disciples contre les puissances infernales. Pourtant quelles forces n'ont-ils pas, ces exorcismes, lorsqu'il s'agit de dissiper des choses étranges ou de combattre des terribles agissements comme ceux auxquels nous venons de faire allusion.

*
* *

Dans les opérations d'exorcisme, quel que soit le jour, c'est toujours le violet qui sert de support coloré. Cette couleur extrêmement psychique contribue efficacement à la délivrance des malheureux livrés à la passion d'individus détestables ou à une maladie extravagante.

*
* *

Les mécréants, les incrédules, de toutes catégories, riront, se moqueront, mais il faut les laisser dans leur ignorance crasse, dans leurs affaires ténébreuses et incertaines, avec leurs enfants atteints de maladies obscures qui mettent si souvent en échec les médecins les plus qualifiés. Ces malheureux ne savent pas.

On peut à leur sujet se rappeler cette parole du Christ : « Mon père pardonnez-leur, car ils ne savent pas ce qu'ils font ».

En résumé, pour se dégager de l'emprise de l'envoûtement, il faut utiliser certains signes que l'on consacre ou fait consacrer, ce qui ne dispense pas de l'exorcisme.

Quoiqu'il en soit, il est bon d'avoir la foi et d'aller prier de temps en temps dans une vieille église où des milliers de paroissiens sont venus eux-mêmes.

C'est dans ces murs puissamment dynamisés que l'on puisera aux forces mystérieuses accumulées depuis des années, des siècles parfois.

C'est dans un sanctuaire ancien que ceux qui souffrent, ceux qui sont tourmentés ou obsédés, doivent aller pour retrouver le calme, le salut, le charme de la vie dans la sérénité de l'esprit et la paix du cœur.

C'est après ce pélérinage que les chagrins, les désespoirs seront anéantis comme par enchantement. La fureur des adversaires se brisera sur la cuirasse de la confiance, la lumière se fera, les ombres qui obscurcissaient l'existence se dissiperont, le courage reviendra et la douceur de vivre rayonnera à nouveau.

*
* *

UN CAS TYPIQUE D'ENVOUTEMENT

A l'issue d'une conférence faite dans la Banlieue de Paris, nous vîmes venir vers nous un petit homme très insignifiant, maigre et chétif, à l'œil vif et clair.

Nous abordant, il décline ses qualités de journaliste et nous demande de prendre quelques notes supplémentaires en vue de faire passer un article en faveur du sujet traité au cours de notre manifestation.

Ses notes prises, il s'échappe de ses obligations professionnelles pour nous confier qu'il jouit d'un certain pouvoir.

« Voilà ! nous dit-il, au cours de votre exposé vous avez parlé d'envoûtements et des conséquences qui peuvent en résulter.

« Eh bien ! moi j'ai une puissance terrible : en dehors de ma volonté, absolument à mon corps défendant, lorsque quelqu'un me fait des misères que j'estime être offensantes, c'est plus fort que moi je prononce spontanément une phrase « *Tu ne passeras pas l'année* ».

« Je connais, ajoute-t-il, un certain nombre d'individus qui, malgré moi, mordent prématurément la poussière pour m'avoir attaqué sous divers prétextes.

« C'est épouvantable, mais c'est ainsi ».

*
* *

Après tout, nous disons-nous en nous-même, ce petit Monsieur pratique peut-être le chantage au cimetière, ou c'est un procédé d'intimidation qu'il emploie pour affoler ses ennemis, ou pour se rendre intéressant.

*
* *

Notre homme comprend que nous faisons ces réflexions. Il reprend : mais ! Monsieur vous semblez douter de ce que je vous avance ? Je vous assure que le danger est réel. Avec votre complaisante discrétion, je puis vous en donner des preuves, affirme imperturbablement ce nécrologue.

*
* *

En face de cette affirmation, que celui qui n'a pas le don de lui plaire peut, sans autre forme de procès, être expédié six pieds sous terre, notre inquiétude pour nos semblables est vite alertée.

*
* *

Alors ! Monsieur, reprenons-nous, vous savez avec certitude que vous avez supprimé des ennemis, et ce qui est plus grave, vous pouvez encore le faire, sans autre raison valable que votre auto-réflexe, et vous n'avez jamais cherché à vous corriger de cette étrange possibilité ?

Ma foi non ! répondit-il, d'autant plus que la phrase fatale est articulée dans mon for intérieur avant que ma conscience extérieure en soit devenue responsable.

Mais ! c'est criminel de votre part ?

Je le sais, approuva-t-il, mais je vous le répète, c'est plus fort que moi.

*
* *

Cet aveu, fait avec un cynisme déconcertant, eût pour effet de créer chez nous une idée-réflexe de défense.

Comment ! nous sommes-nous dit : voilà un gaillard qui, sans la moindre inquiétude de conscience, dispose à son gré de vies humaines, mais c'est un danger public.

Vite il faut, sans possibilité de retour, neutraliser le pouvoir diabolique de ce sinistre individu.

N'était-ce pas un service à lui rendre autant qu'à ceux qui, par la suite, auraient pu devenir la proie de ce vampire inconscient ?

Mais ! Voilà !! Fallait-il trouver la formule et le geste ? Et puis, se laisserait-il faire ? De plus la salle n'était pas entièrement évacuée.

Cette réflexion faite mentalement, avec la rapidité de l'éclair, notre décision est prise, et sur le champ nous décidons de procéder à l'annulation de ces dispositions inquiétantes à mettre ainsi le prochain en coupe réglée.

*
* *

Comment cela s'est-il passé ? Impossible de le dire ! Toujours est-il qu'en moins de temps qu'il ne faut pour le décrire, notre journaliste, on ne sait trop par quel phénomène, était assis à califourchon sur une chaise, sa tête tenue par nos deux mains.

Dès lors nous pouvions assurer que nous possédions le possédé. Nous prîmes congé comme si rien ne s'était passé entre nous.

*
* *

Peu de temps après, nous reçûmes un mot de notre homme, mot par lequel il nous informait, sans se l'expliquer, sa complète impuissance à prononcer sa phrase funeste.

*
* *

Longtemps après, nous l'avons revu, il n'avait pas changé au point de vue physique, mais cette force mystérieuse qu'il utilisait pour terrasser ses ennemis continuait à lui faire défaut. Ce n'est certes pas nous qui la lui aurions rendue.

*
* *

UN CAS PEU BANAL DANS SA BRUTALE EXCEPTION

M. L..., garçon-coiffeur, ne s'entend pas avec sa patronne. Ce sont des heurts constants, des « prises aux cheveux » fréquentes.

Sous les assauts farouches et répétés de cette femme emportée et méchante, la place devient intenable.

*
* *

Un jour, après avoir essuyé une fougueuse algarade, notre garçon-coiffeur demande son compte pour aller travailler chez des gens un peu plus sociables.

A l'annonce de cette décision, la mégère irritée entre dans une excitation folle et gratifie le malheureux commis d'un torrent d'injures et d'imprécations. Puis, au paroxysme de la colère, elle s'empare du rasoir de son ouvrier et, à grands coups, taillade le marbre du lavabo en articulant « Tu ne raseras plus ».

*
* *

De fait, à partir de ce jour-là M. L... est dans l'impossibilité de raser et de faire la mise en plis. La lame arrache plus qu'elle ne coupe et ses mains sont inhabiles en tout.

Il change dix fois, vingt fois de rasoir, le fait affûter ou affiler par ses camarades, mais le tranchant refuse d'entamer la barbe la moins dure.

Cet état de choses met M. L... en fâcheuse situation car, à peine est-il chez un nouveau patron qu'il est mis à l'index, et pour cause...

*
* *

Cinq années durant il va de maison en maison, principalement aux environs des gares où la clientèle est passagère. Grâce à ce subterfuge, il dissimule son incapacité et gagne sa vie tant bien que mal.

Incidemment, on lui indique un prêtre lequel, après exorcisme, lui fait porter une médaille et un talisman. Dès lors, M. L... reprend normalement son travail, et ce pendant quinze ans.

Subitement, il redevient inapte à exercer son métier, en même temps, il apprend la mort de celle qui était à l'origine de ce maléfice.

M. L... cherche sa médaille et son talisman, il ne les retrouve pas. Il s'inquiète de l'adresse de l'ecclésiastique, on lui annonce son décès.

Que faire ?

Résolument, il reprend la tactique de la clientèle de passage.

Quatre ans après ce nouveau calvaire, il nous est adressé.

Nous avons vu M. L... quatre fois sans aucun résultat. La cinquième visite lui permet de raser sept jours. Ce n'est qu'après la septième application que nous pûmes avoir raison de cet ensorcellement.

Ce fut une belle revanche sur le fluide diabolique que

lui avait lancé cette professionnelle du système pileux, qui, par delà les morts, manifestait encore sa férocité.

La foule des humains que nous coudoyons, qui court affairée à la conquête de la loi du moindre effort et qui est affolée quand les principes directeurs de la vie sont menacés ou s'écroulent, néglige ces forces infernales comme les forces de Lumière.

C'est de l'ignorance de ces faits que sort bien souvent notre misère. C'est dans l'horrible matrice du Mal que prennent naissance ces impondérables qui bouleversent toute une vie ou compromettent toute une santé.

Voilà qui, sans doute, révolutionnera la méchanceté de la plèbe infernale, mais peu nous importe si nous parvenons — sans vouloir nous imposer ici un des douze travaux d'Hercule — à couper les sept têtes de l'hydre de Lerne et à faire sortir les malheureux envoûtés de leur cruel Tartare, où leur ignorance, à l'égard des choses occultes, les a précipités.

Tant mieux si ce que nous venons de dire peut contribuer à éviter des maladies multiples, des misères sournoises qui frappent impitoyablement les hommes mal défendus.

Tant mieux si nous arrivons à soulager, même partiellement, des souffrances engendrées par la moitié de notre belle civilisation moderne et par les vices de l'autre moitié.

TRANSFERTS

Le transfert est un autre phénomène d'envoûtement ou de télesthésie.

C'est autrement dit une transmission à distance de forces, de sensations ou de volitions.

Le Docteur Albert LEPRINCE dans son livre « *Ondes de la Pensée* » (1) définit cette faculté comme suit :

« La plaque qui produit ce phénomène, que l'on peut
« rapprocher de l'extériorisation de la sensibilité, se
« charge toujours sur le corps de l'examinateur ou de
« l'émetteur.

« Elle se trouve sur la face postérieure de la jambe
« gauche. Pendant la charge de cette plaque, si l'émet-
« teur se pique en regardant la photographie d'un être
« vivant, celui-ci en quelque endroit du monde qu'il se
« trouve, ressent une piqûre au point piqué ».

Ajoutons qui si la personne est visible par l'émetteur, celui-ci, en piquant son propre champ cutané, détermine le même trouble, mais avec plus d'acuité.

**

Voici quelques cas fort intéressants de transfert :

C'était en 1934, le Congrès International de Radies-

---

(1) Editions DANGLES, Paris, 38, rue de Moscou, et à La Maison de la Radiesthésie, 16, rue Saint-Roch, Paris.

thésie tenait ses assises au Palais de « *Mon Repos* » à Lausanne.

Cette demeure, restée historique, donnait asile à toute une pléiade de curieux, de dilettantes, de mystiques, d'opérateurs fantaisistes ou consacrés, de métaphysiciens, de savants et d'hommes de sciences venus de toutes les parties de l'Europe pour observer, collaborer, exposer, définir et dégager les lois de la Radiesthésie à partir de l'observation des faits jusqu'à l'expérimentation vérificative de travaux contrôlés et concluants.

Il y avait là des Allemands, des Anglais, des Français, des Belges, des Espagnols, des Suisses et d'autres encore ; tous très heureux de se trouver rassemblés dans une atmosphère scientifique, sous cette même hospitalité légendaire Suisse.

On aurait dit que tout ce monde international était là comme pour braver les railleries que Voltaire fit de son vivant, à ce même endroit, à l'adresse des pendulisants et baguettisants de tous les temps.

Une fois de plus, on pouvait dire que la science avait abattu les frontières de races pour ne parler qu'une seule langue, celle de la Radiesthésie.

— 450 —

*
* *

Un peu avant l'ouverture de la séance inaugurale, de nombreux groupes s'étaient formés ça et là dans le parc délicieusement ombragé et coquettement orné de massifs floraux.

C'est à ce moment que nous vîmes venir vers nous le Général L...

Il nous confia que le voyage l'avait beaucoup fatigué et nous demanda s'il n'était pas en notre pouvoir de le remonter afin qu'il puisse dignement représenter le pavillon de la *France*.

Quand prenez-vous la parole lui demandons-nous ?

Cet après-midi, répondit-il !

Dans ce cas, mon Général, ayez l'obligeance de me chercher dans la salle du Congrès ; de ma place, je vous enverrai de quoi vous dynamiser.

*
* *

Après le déjeuner la séance commença par une magistrale communication du Docteur J. R...

Pendant ce temps nous avions posé notre main droite sur le dossier de la chaise en face de nous et pointions le Général. Simultanément de la main gauche, mais discrètement, nous cherchâmes dans la salle une personne susceptible de céder un peu de son potentiel et trouvâmes un grand gaillard de structure herculéenne, au teint fleuri et qui, selon toute apparence, n'avait pas dû bouder à une bonne table copieusement arrosée de vins de choix.

Dans ces conditions, n'était-ce pas un service à rendre à ce bon vivant débordant de santé, ne fut-ce que de lui permettre de mieux assimiler les rapports scientifiques qui, à l'ordinaire, ne se digèrent mentalement bien que si l'estomac n'est pas chargé par un trop substantiel repas ?

Un signe du Général nous fit savoir que tout allait pour le mieux.

La théorie des vases communicants ne s'était pas trouvée en défaut. En effet, on pouvait lire sur son visage un rayonnement d'extraordinaire vitalité.

Quelques instants après ce fut au Général de prendre la parole. Avec l'autorité et la compétence que chaque Français lui connaissait il fit, sans le moindre signe de fatigue, un magnifique exposé sur les applications de la Radiesthésie à l'agriculture.

La séance dura trois heures. Puis, le Congrès s'ajourna au lendemain.

A nouveau, dans le parc, chacun bavardait amicalement sur les ondes, les radiations, les rayonnements et les radiesthésistes lorsque nous entendîmes un congressiste déclarer à un autre : Monsieur, c'est la première fois que j'assiste à un Congrès de Radiesthésie. J'avoue que c'est passionnant. C'est très prenant même, à telle enseigne que j'ai l'impression très nette d'être totalement vidé. Après tout, ajouta-t-il, cela ne m'a pas fait de mal, car j'avais fort bien déjeuné.

Nous retournant, nous reconnûmes celui qui, anonymement, avait servi d'accumulateur involontaire au Général.

Quant à nous, notre rôle s'était borné à prendre à l'un pour donner à l'autre.

*
* *

En 1939, nous étions, ma femme et moi, à *Annecy*.

On connaît cette partie délicieuse de la *Savoie* et cette suprême variété d'aspects autour de son lac aux eaux majestueuses et reposantes.

A la faveur du climat enchanteur de ces Alpes, nous étions assis, un après-midi, au bord de ces grèves si diversement contrastées par les monts savoyards et goûtions à loisir le charme de ces journées du mois d'août lorsque, du premier au second banc à notre droite, un colloque s'engagea entre deux dames.

Cet entretien ne tarda pas à dégénérer en une véritable cacophonie de cancans vulgaires assaillant cruellement nos oreilles.

C'était un interminable fatras d'anecdotes banales dans lesquelles, en une discordante compagnie, se coudoyaient des recettes de cuisine, des exploits de marché couvert, des potins et des faits divers qui encombrent les journaux de banlieue.

Tout était jeté pêle-mêle d'un banc à l'autre au préjudice de notre repos.

*
* *

Nous étions là pour nous abandonner à la douce joie de vivre quelques instants de détente sur les bords de ces eaux idylliques. Et, voilà que nous sommes rappelés, de la tranquillité d'esprit où nous étions plongés, à la dure réalité du verbiage effréné de ces deux jacasses grisées de leurs paroles insipides et écumantes de satisfaction.

*
* *

Quelques jours auparavant, le Docteur Albert Leprince nous avait adressé son superbe livre « *Ondes de la Pensée* » dans lequel il traite des plaques de sensibilité à exciter pour provoquer à distance diverses envies, notamment celle de se taire.

Nous nous rappelons que derrière le mollet il existait une plaque cutanéo-psychique à percuter pour inciter au mutisme.

Prenant notre canif que nous ouvrons nous piquons sur nous-même cette plaque avec l'intention bien arrêtée de mettre une fin à cette insupportable jacasserie, en même temps que nous braquons notre regard vers la plus loquace de ces dames.

Le résultat ne se fit pas attendre, car presque sur le champ, le flot de paroles fut endigué.

Inutile de dire que ce fut un véritable soulagement pour tout l'entourage des estivants.

Un silence réparateur régna une demi-heure environ durant lequel chacun s'était repris à rêver et à vivre en soi.

Mais après ce temps, trop court en vérité, l'attaque recommença avec une ardeur accrue.

Décidément, nous disons-nous, nous n'avons pas assez fort piqué notre plaque.

Reprenant notre canif, nous procédons cette fois à une percussion plus incisive.

La bataille était gagnée.

La bavarde avala sa langue, plia bagages, se leva et s'en alla sans même prévenir sa partenaire qui en resta coite de surprise.

C'est alors, seulement, que nous pûmes continuer à admirer, dans le calme absolu, les merveilles naturelles du lac d'*Annecy*, se conjuguant avec l'harmonie indéfinissable de ses paysages environnants.

IDÉOPLASTIE

Pour être complet, nous croyons utile de dire deux mots sur l'Idéoplastie de l'énergie :

C'est une faculté d'émettre une énergie et de la transmettre à distance sous forme de pensées, de sensations, de volitions et de forces psychiques.

On peut dire que c'est une forme de la télépathie active, dirigée à volonté, vers un point donné, vers une personne déterminée d'avance et à n'importe quelle distance, c'est aussi une sorte de transfert.

Une mère de famille, habitant *Quimper* avec ses quatre enfants, nous adresse la photo de son mari comptable à *Dakar* et nous prie de faire notre possible afin que ce dernier rejoigne son foyer.

« En effet, nous écrit-elle, puisque mon mari travaille à *Dakar* il pourrait tout aussi bien exercer sa profession ici.

« Ce ne sont pas les emplois qui manquent ! Je le sais !

« Comprenez ma situation, Monsieur !

« Ce serait faire une bonne œuvre s'il vous était possible de déterminer mon mari à revenir. »

***

Le désir exprimé par cette femme étant très louable, nous ne ménageons rien en vue de lui donner satisfaction.

La photo du mari globe-trotter est mise en batterie.

Six semaines plus tard il prend le bateau et rentre à *Quimper*.

Aux dires de sa femme, il ne s'est jamais expliqué pourquoi et comment il a pris cette décision.

Sa femme le sait, elle !

***

De *Paris* à *Jussy*, près *Genève*, à l'insu du Prince de la Radiesthésie, M. l'Abbé MERMET, un certain mercredi, à 22 heures, nous lui adressons des radiations en vue d'adoucir les souffrances dont nous le savons tenaillé.

Nous l'en informons le lendemain.

Par retour du courrier, l'Abbé nous écrit :

Cher Monsieur MELLIN, vous avez fait le miracle, mes douleurs ont disparu comme par enchantement mercredi vers 22 heures.

***

Madame M... de l'Opéra nous confie que sa grand-mère aurait dû, depuis plusieurs années, verser à sa mère un reliquat de succession.

Après avoir utilisé le même procédé, nous apprenons que, deux semaines après, la grand-mère a enfin versé la somme tant attendue.

*
* *

M. C... de l'Opéra souffrant d'un embarras gastrique, le mettant dans la complète impossibilité de chanter dans un rôle qui doit décider de sa situation, nous insufflons par téléphone la potentialité nécessaire.

Contrairement à ce qu'il n'osait espérer, il se surpasse ce soir-là, ce qui lui vaut des applaudissements de la part du public, des félicitations de la Presse et du Directeur.

*
* *

Nous pourrions continuer nos citations et donner de nombreux cas similaires.

Pour nous résumer, ajoutons cependant qu'au moyen de photos nous avons fait régner l'ordre dans maints ménages, commes nous avons, souventes fois, fait rentrer au foyer des amours qui n'auraient jamais dû changer de domicile.

Et combien d'indécis pour le mariage n'avons-nous pas dynamisés dans le but de leur faire prendre une décision !

Les partisans de la loi des grands nombres mettront sans doute ces nombreux faits au compte de la coïncidence ?

Tout à leur aise !

Peu nous importe d'ailleurs.

CHAPITRE XII

Les Vies Successives

La Vie, la Mort. — L'être Humain. — Qu'est-ce que la Mort ? — Les Matérialistes. — Les Spiritualistes. — Théosophie et Théologie. — Mystère de l'Ame Immortelle liée au Corps Périssable. — Mystère du Passage de l'Esprit au Corps Astral. — Prospection Radiesthésique sur les Morts. — Le cas d'un Condamné à Mort. — Il ne faut pas Pleurer ses Morts. — Ce qui plait aux Défunts. — Incinération. — Conscience et Inconscience. — Des Dernières Volontés. — Le Culte du Souvenir. — Conclusion.

LA VIE, LA MORT

Ici, nous entrons dans le domaine du blanc et du noir.
Le blanc, c'est la clarté, la joie et la vie.
Le noir, c'est l'obscurité, la tristesse et la mort.
Le blanc, la lumière, le noir les ténèbres.

*
* *

Lumière et ténèbres sont deux phénomènes saillants qui frappent la rétine de l'homme dès qu'il ouvre les yeux. De même, lorsqu'il commence à penser, deux autres phénomènes frappent son imagination : la vie et la mort.

*
* *

La vie, c'est le but essentiel de tout être incarné et matérialisé. Chacun cherche à la rendre le plus agréable possible. On peut même dire que tout, chez un vivant, tend à la vie facile, tranquille et sans angoisse, en pensant le moins possible à cette implacable puissance, la *Mort*...

*
* *

La *Mort !*... voilà de quoi donner la chair de poule à ceux qui sont mollement installés dans les conditions heureuses d'une vie terrestre.

Pourtant, aux yeux de ceux qui ne redoutent pas cette échéance, cette question de la mort n'est ni plus lugubre, ni plus étrange que celle de la vie ; elle n'est pas terrifiante pour qui connaît ses Mystères. Tout au plus s'agit-il là d'un simple changement au cours duquel la Terre reprend la matière qu'elle avait prêtée à l'esprit pour que ce dernier libéré puisse évoluer dans un nouveau plan.

*
* *

Sans doute, parler d'un endroit où personne ne veut aller, même le plus tard possible, trouble un peu l'esprit de ceux qui ont une peur morbide de la mort, et dont le plus grand nombre n'a que le souci de manger, de boire, de dormir ou de jouir sans chercher à comprendre si après cette vie terrestre il n'y a rien d'autre.

A ceux-là les vers de La Fontaine :

>Le trépas vient tout guérir,
>Ne bougeons pas d'où nous sommes ;
>Plutôt souffrir que mourir,
>C'est la devise des hommes.

Combien, en effet, se sont posé les questions suivantes :

>D'où venons-nous ?
>De quoi sommes-nous faits ?
>Où va notre matière ?
>Que devient notre esprit ?

Essayons d'éclairer leur lanterne !

Cette digression peut se montrer déplacée dans l'ordre

du travail que nous nous sommes imposé, mais il nous a semblé que cet exposé devait faciliter la compréhension des chapitres qui précèdent.

L'ETRE HUMAIN

L'être humain est constitué par trois éléments :

    1° Le corps physique,
    2° Le corps astral,
    3° L'esprit.

Le premier est un support momentané de l'homme incarné.

Le second est un lien dans le Temps appelé double astral ou éthérique.

Le troisième est l'ouvrier caché, impérissable des vies futures.

Résumé de la conception :

    L'Homme, L'Univers et Dieu.
    Le Passé, le Présent, le Futur.

Des trois éléments dont se compose l'homme devenu cadavre, le premier retourne à la Terre et reste attaché par un lien très subtil à l'Esprit qui l'habitait.

Le second se décompose dans la vie universelle attachée aux astres.

Le troisième est destiné à subsister, traînant derrière lui, avec lui, sa personnalité complète, le fardeau de ses passés successifs dans les vies futures du Plan invisible.

QU'EST-CE QUE LA MORT ?

Elle est simple en elle-même du fait que c'est un événement identique pour tout le monde et auquel personne n'échappe.

Ici deux thèses s'affrontent :

LES MATÉRIALISTES

La première est celle des matérialistes qui n'admettent que l'existence des éléments que leurs sensations permettent de voir et de sentir.

Par ailleurs, que signifie ce mot que tant de personnes prononcent avec épouvante ?

Rien, sinon qu'une sombre ignorance.

Pour beaucoup, la mort c'est l'arrêt du cœur, des fonctions du système nerveux, des artères ; c'est l'anéantissement de tout et la négation de l'esprit après la transformation physique et chimique des constituants de la matière. Pour eux il n'y a point d'immortalité de l'âme.

La mort n'est qu'un mot vide de sens, une explication creuse de l'homme pour cesser de vivre.

*
* *

Ce fut l'opinion première d'Auguste Comte, créateur du positivisme. Mais on sait que ce dernier, par une évolution normale, était devenu mystique à la fin de ses jours, et cela au grand scandale de ses disciples qui le traitèrent de fou.

Il en vint donc à la reconnaissance de quelque chose après la mort du corps physique.

D'autres enfin se préoccupent, non sans frayeur, d'un lendemain possible de la mort. Malheureusement, ni leur curiosité, ni leur imagination ne suffisent à les renseigner sur l'énigme de la survie de l'âme dans un autre monde.

Souvent il leur arrive de réfléchir sur la mort, mais ils n'osent pas trop y penser. Terrifiés et glacés d'effroi jusqu'à la moelle des os, ils restent au seuil de cette macabre pensée.

Il en est encore pour qui il est indifférent de vivre ou d'être mort. Mais si on leur demande « Alors ! Pourquoi vivez-vous ? » Ils répondent, c'est précisément parce qu'il est indifférent de vivre ou d'être mort.

— 465 —

Au fond, ces hommes, d'un matérialisme obtus qui a perverti tant de consciences, restent sur la ligne de leur matière, craignant d'ouvrir la porte de l'Univers, vastes espaces, sans limites, où cependant ils entreront un jour de gré ou de force malgré leur désir de jouir et leur peur de mourir.

Le trait particulier de ces hommes du monde superficiel, généralement isolés de la sensibilité générale, est qu'ils sont souvent peu courageux devant les dangers de la vie courante. Timides ou poltrons, ils tremblent de toute leur carcasse lorsque l'ange du flambeau renversé vient les prévenir d'avoir à laisser palais et fortune, comme le pauvre Diogène laissa le tonneau qui lui servait de maison, pour passer ailleurs où l'on n'emporte pour tout bagage que les souvenirs de ses actes.

Ces esprits systématiques sont facilement reconnaissables ; le moins sagace d'entre nous peut très vite les cataloguer, même s'ils sont passés maîtres dans l'art de déguiser leurs sentiments.

Ce sont, en général, des individus peu marquants, des médiocres à émotions brèves, à aspirations plates ; n'ayant aucune caractéristique transcendante, n'éveillant en personne ni sympathie, ni amour.

En principe, lorsqu'aucun danger ne les menace, on les trouve égoïstes, avides, arrogants et méchants. Mais dès que leur petite personne est en péril, leur vanité et leur outrecuidance s'effondrent subitement et font place à la plus obséquieuse amabilité. C'est la crainte, l'effroi, la lâcheté devant la mort qui annulent leur courage de marcher au devant du mystère d'outre-tombe.

*
* *

On a bien raison de dire que la peur rend meilleur.

*
* *

Ces hommes peuvent parfois être très intelligents pour les choses matérielles, mais il ne le sont pas obligatoirement pour les choses spirituelles, parce que ces choses spirituelles sont trop éthérées et trop sérieuses pour leur esprit matérialiste. Ce qui se détache de la vie ne dépasse pas ce qui concerne leur vanité impudente.

*
* *

Au reste, l'intelligence et l'érudition dans l'ordre naturel n'ont rien à voir avec la spiritualité dans l'ordre surnaturel.

Pourtant, encore assez souvent, on voit ces nécrophobes de tout étage et de tout poil se raccrocher aux branches de la vie matérielle lorsque sonne l'heure du grand départ.

On les voit même, après avoir toute leur vie professé une sainte horreur de toute doctrine religieuse, rechercher dans la religion le moyen « in extrémis » de se blanchir.

Avouons que ce serait vraiment trop commode !

※

Apprenons à ceux qui ne croient que ce qu'on leur dit de croire, que, sur terre et ailleurs, l'homme devient ce qu'il pense, le résultat de ses actes le suit et le poursuit dans le Temps et dans l'Espace.

※

Apprenons-leur encore que l'âme est immortelle, qu'elle subsiste après la mort comme elle préexiste avant la naissance ; que celui qui fait le mal souille sa vie future, que celui qui fait le bien l'embellit.

Chacun de nous n'a donc que la mort qu'il s'est préparée, laquelle est réclamée telle quelle par le Destin. La puissance de volonté que l'on peut avoir de choisir et de se déterminer au moment de la mort, est réduite à zéro.

※

Ce n'est pas lorsqu'on a un pied dans la tombe qu'il faut songer à mourir. Ce n'est pas quand la vie se détache de nous qu'il faut chercher à quitter les choses profanes pour passer sans transition aux choses divines.

※

Il y a dans l'élévation une priorité de hiérarchie qu'on n'improvise pas du jour au lendemain, et ce n'est pas au moment de passer de vie à trépas qu'il faut s'inquiéter de l'au-delà et se faire absoudre.

LES SPIRITUALISTES

La seconde thèse est celle des spiritualistes. Pour eux on ne meurt pas de la mort. Tout être vivant a été mort et renaît pour mourir et renaître.

A l'encontre des premiers qui professent que le bonheur est la possession de tous les biens terrestres, ceux-ci affirment la réalité d'autres éléments qui constituent notre individualité au point de vue psychique et que la seule façon de posséder tous les biens est de savoir s'en dispenser.

Ils savent que notre existence est plus haute que toutes les réalités terrestres, que le passé, le futur sont unis dans un seul instant universel, dans une seule unité incommunicable.

Ils ont le mépris des plaisirs, des honneurs, des richesses ; pour eux tout est méprisable sauf la vertu individuelle.

Ils croient qu'il y a ailleurs qu'ici-bas des choses probables, plus probables même que les choses de la Terre, ce qui n'est pas autre chose qu'une conviction accompagnée de modestie.

Ils ne s'irritent jamais, ne s'émeuvent jamais, ne se chagrinent jamais à l'idée de la mort.

Ils savent que la vie d'ici-bas est une sorte de terrain d'épreuve sur lequel chacun est libre d'agrandir son entité psychique ou de l'amoindrir.

Ils savent que la matière n'est qu'un support momen-

— 469 —

tané que l'âme anime pour un temps, juste le temps d'y subir l'essai de l'élévation ou de la chute dans l'Espace.

*
* *

Pour eux c'est la reprise d'un autre corps dans l'invisible qui est partout, c'est la réincarnation de l'essence indestructible de notre « moi ».

*
* *

Ils savent que l'homme survit à ses actes et que les conséquences de ses actes lui survivent, que tous ses états de conscience se transmettent dans l'infini de Dieu qui est un point dans le cercle, et comme l'a dit Pascal : le point est partout, la circonférence n'est nulle part.

En conséquence, le libre arbitre, ayant subi les altérations de nos sentiments et de nos tendances, s'achève accompagné de deux facteurs principaux :

1° La rémanence de la constitution du corps physique,
2° La mémoire organique.

Les deux tendent à préciser la vie nouvelle dans l'illimité du non-être et dans l'absolu Divin.

*
* *

Donc deux catégories bien distinctes : l'une concernant les athées, l'autre les croyants ; les premiers matérialistes purs, négateurs obstinés, souvent fatalistes qui ne croient en rien ; les seconds animés d'une croyance raisonnée et personnelle et suivant l'impulsion de préceptes d'une religion.

*
* *

En dehors des deux catégories précitées, il en existe une troisième dite des Théosophes. Ces derniers savent de leur vivant se créer un système personnel sur les vérités spirituelles en pratiquant la reconnaissance en Dieu révélée par la nature de l'élévation de leur esprit jusqu'à s'unir avec la Divinité.

THÉOSOPHIE — THÉOLOGIE

Ne confondons pas toutefois théosophie et théologie.

La Théosophie est une faculté inspirée de Dieu ayant pour principe l'intuition directe par un appel aux diverses sources des connaissances supra-normales, tandis que la Théologie c'est la science des choses divines. Le Théosophe pratique son aspiration naturelle, alors que le théologien constate sa science dogmatique et enseigne les choses à pratiquer.

*
* *

Hallucinations, folies, dira le savant qui nie tout ce qui ne tombe pas dans sa logique mentale !

Mais nous savons bien, par des faits plus forts que la science de beaucoup d'humains, qu'il y a des choses auxquelles on ne pense pas, auxquelles on ne veut pas penser, et qu'une intuition mystérieuse se charge de mettre en relief aux yeux de quelques-uns.

Pour qui cette intuition n'est pas déformée par le savoir incomplet de notre époque, l'affirmation que la Mort n'est qu'un changement de domicile de l'Esprit lui apparaîtra au moins une fois dans sa vie.

Si tout était faux, comme le prétendent les incroyants, que deviendraient alors les études, les recherches, les expériences, les observations, les constatations d'hommes éminents qui ont reconnu et affirmé, sans pouvoir se dérober à cette constatation, que l'existence d'une vie future est absolument démontrée ?

Nous possédons nous-même des observations qui nous obligent à penser qu'il y a encore quelque chose après la mort. Ce « quelque chose » c'est la survivance de l'âme, conséquence et raison de son immortalité.

*
* *

Si tout était faux, que deviendrait l'opinion de Camille Flammarion, du Professeur Charles Richet de l'Institut, du Professeur d'Arsonval de l'Institut, du Professeur Edouard Branly de l'Institut, du Docteur Alexis Carrel, du Docteur Osty Directeur de l'Institut métapsychique de *Paris*, du Docteur Calligaris de l'Université de *Rome*, du célèbre mathématicien Henri Poincaré, des Docteurs Viguier, Mardrus, etc. ?

Ceux-ci ont honoré et reconnu les faits métapsychiques, tous sans exception concluent à l'existence de l'âme et à son immortalité.

**

On objectera que ces hommes sont une infime minorité, et que l'opinion d'une poignée de savants n'est pas une raison suffisante pour que la masse incline à penser dans leur sens.

Henri Poincaré a dit : les hommes demandent aux *Dieux* de prouver leur existence par des miracles ; mais la raison éternelle, c'est qu'il n'y ait pas sans cesse des miracles.

De même, ajouterons-nous : la vérité n'est pas du côté du plus grand nombre, c'est dans le plus grand nombre que domine l'ignorance.

La foule, qui se régit par le caprice, attribue tout au hasard.

Si tout le monde était Dieu, il y aurait encore un Dieu suprême.

Si tout le monde était intelligent, il y aurait encore des plus intelligents.

Si tout le monde était sot, il y aurait encore des plus sots.

MYSTÈRE DE L'AME IMMORTELLE LIÉE AU CORPS PÉRISSABLE

Le terme réincarnation auquel nous venons de faire allusion donne une idée inexacte du processus suivi par la nature pour désigner la doctrine des vies successives.

Il ne s'agit pas, en effet, pour l'être psychique d'entrer « ipso facto » dans un nouveau corps physique antropomorphe, mais de contribuer dans une certaine mesure à la formation de ce corps, lequel, sous une forme quelconque peut devenir ultérieurement le support et l'instrument d'action dont il disposera au cours d'une autre existence. Conséquence logique de la loi universelle de Dieu.

*
* *

Certains nous objecteront qu'il est dit dans l'Ecriture Sainte qu'au jugement dernier le corps-matière doit rejoindre l'âme et que, par conséquent, il est difficile d'admettre autant d'âmes que de corps-matière.

*
* *

Nous répondrons que l'âme est une, puisqu'elle n'est pas périssable comme la matière. Quant au corps-matière il est pris comme échantillon de l'espèce humaine, absolument comme l'homme est pris comme spécimen de l'humanité, c'est-à-dire tous les hommes, toutes les **femmes**.

Il n'y a pas d'homme, il y a des hommes et le mot humanité ne sert qu'à désigner la collectivité.

* * *

Si l'on admet que l'esprit vit d'une vie qui dépasse l'individu, il peut être commun à plusieurs individus, à beaucoup d'individus.

En conséquence, un esprit peut avoir plusieurs domiciles carniformes sur Terre ou ailleurs sans pour cela nous obliger à croire à sa multiplicité.

* * *

La matière a bien plusieurs sens, alors que l'âme n'a qu'une sensibilité et n'a pas de sens.

* * *

Comme on le voit la matière n'est rien, l'esprit est tout. La matière est une création multiple et divisible de Dieu, l'esprit est une création indivisible.

La matière fait partie de l'univers. L'univers est une désintégration. Or, si tout est supposé émaner de l'esprit, essence impérissable comme Dieu lui-même, tout tendrait à y revenir pour s'y réintégrer.

C'est pour cela que toute chose créée tend vers Dieu et veut retourner à son principe créateur.

L'esprit étant spirituel, il n'y a pas de raison pour qu'il se désagrège et en effet il ne meurt pas.

MYSTÈRE DU PASSAGE DE L'ESPRIT AU CORPS ASTRAL

La rupture, entre la matière visible et l'âme invisible, n'est pas toujours immédiatement suivie de la mort éthérique quand elle ne la précède pas.

Cette âme peut errer durant le coma ou après la mort. Alerte et éveillée, elle reste longtemps sensible et parfaitement consciente à toute parole, à toute pensée secrète, à tout fait, à tout geste de ceux qui restent.

*
* *

L'âme immortelle, dans sa forme extériorisée du corps-matière, peut flotter au-dessus ou aux environs du mourant plusieurs jours avant la mort s'il s'agit d'une longue agonie ; comme elle peut rôder longtemps encore dans la chambre du mort après le départ de la matière au cimetière ou au crématoire.

*
* *

Par un phénomène encore inexpliqué de la psychologie animale, le chien qui hurle à la mort lorsque quelqu'un du voisinage est en train de trépasser prouve bien qu'il perçoit les radiations de l'esprit extériorisé cherchant sa direction.

PROSPECTION PENDULAIRE SUR UN MORT

Lorsque l'on prospecte sur un mort si l'esprit est toujours là, le pendule tourne dans le sens des aiguilles d'une montre.

Suivant qu'il est calme ou inquiet, le pendule tourne comme un roulement à billes dans l'huile ou par des mouvements saccadés et nerveux.

Si l'esprit s'est échappé vers des plans extérieurs, le pendule se balance pour nous dire qu'il n'y a plus que la rémanence de la matière.

Les sceptiques, hommes de paradoxes, de boutades, d'insolence ou de cynisme nous diront : personne n'est jamais revenu après la mort pour nous dire comment cela se passe ailleurs, si comme d'aucuns l'affirment il y a un ailleurs ?

Ceux-ci ont tort, car cette survivance de l'âme est l'enseignement des sanctuaires depuis 35.000 ans. Dans tous les pays et de tous les temps l'Initiation aux mystères de la mort a toujours tendu vers la même croyance : l'existence de l'esprit après la mort,

De nombreux millénaires avant notre ère, au temps de Ram, inspiré direct et de premier ordre, les antiques

Aryas, ou Aryens, sentirent les premiers frissons de l'Invisible, ils discernèrent le tressaillement de la vie au fond de la mort, ils avaient déjà connaissance de la préexistence et de la survivance de l'âme.

*
* *

Il y a 7.000 ans environ, Krishna, un initié de race aryenne, fit la conquête de l'Inde. Ce puissant génie jeta dans le monde sa doctrine sur les vies successives.

Ce fut la première manifestation de la théosophie.

*
* *

Peu après les Hindous affirmèrent hautement l'immortalité de l'âme.

En ce temps-là, la religion védique professait le principe de la réincarnation.

*
* *

Hermès Trismégiste (trois fois grand) le grand initiateur de l'*Egypte*, enseigna la philosophie du Feu-Principe et du Verbe-Lumière. Ce dogme avait pour point de départ une synthèse des sciences connues sous le nom d'Osiris, Dieu protecteur des morts.

*
* *

Cinq mille ans avant Jésus-Christ la lumière de Ram rayonna sur l'*Egypte* et devint la loi de *Hammon-Ra*, lequel soutenait que le passé de l'âme est sans origine et que son futur n'a pas de terme.

*
* *

Puis, vint l'époque des Ramsès et du fameux « Livre des Morts » qui raconte sous une forme symbolique le voyage d'outre-tombe de l'âme après la vie. Le culte du double astral ou du « Ka » prend alors une importance considérable.

*
* *

Nos guides d'aujourd'hui sont, pour la plupart, des sceptiques, des incrédules pratiquant la méthode expérimentale par l'étude de l'univers visible, vivant dans la négation systématique de l'âme, tandis que ceux d'autrefois savaient que la vérité réside, avant tout, en nous-mêmes. Pour eux, l'âme était la divine réalité de l'univers. Au nombre de ces derniers nous pouvons citer : Rama, Krishna, Zoroastre, Hermès, Moïse, Orphée, Pythagore, Platon, Jésus, Jeanne d'Arc qui furent de puissants éveilleurs d'âmes et, qui par les temps les plus divers, sont arrivés à des conclusions identiques par le fond, quoique différentes de forme, par la même voie de l'initiation et de la méditation.

*
* *

Après cela, n'est-il pas permis de dire qu'il y a un ésotérisme universel que beaucoup de nos philosophes et de nos moralistes ont fini par ne plus admettre et à ignorer totalement ?

Comment pourrait-on admettre que la Nature, si parcimonieuse, ait passé des siècles à faire évoluer le cerveau humain pour, en une minute, anéantir tout le travail de la vie terrestre.

En ne considérant que la vie terrestre, rien n'est plus facile de nier la survivance de l'esprit, plus difficile est d'en admettre seulement l'hypothèse.

Si l'on admet un instant que la Terre fait partie d'un ensemble — ce n'est pas chose impossible — c'est donc par cet ensemble qu'il faudrait juger. Or, cet ensemble est beaucoup trop vaste pour être jugé par l'homme.

Alors ! Ne nions pas de parti pris, et si nous ne nions pas, nous ne serons pas éloignés de la vérité qui est toute autre.

LE CAS DU CONDAMNÉ A MORT HAUPTMANN

En ce qui concerne la libération de l'esprit avant la mort de la matière, voici le résumé d'une magnifique observation faite par un de nos élèves, Monsieur Em Devaux, ingénieur-expert :

« Je crois devoir vous signaler le résultat d'une observation faite à l'occasion de l'exécution aux *Etats-Unis* du condamné Hauptmann.

« Je possédais sa photographie reproduite par les journaux. Presque journellement je prenais ses radiations au pendule, jusqu'au jour où il devait être mis à mort, le mardi 31 mars. A partir de cette date mon pendule m'indique qu'Hauptmann était mort.

« Quelques jours après les dépêches, transmises par la presse, annonçaient que l'exécution n'avait pas eu lieu, que le condamné s'était vu accorder un sursis de 48 heures, non pas une grâce. Je me faisais des réflexions philosophiques sur le degré d'humanité qu'il peut y avoir dans ce mode de mise à mort.

« Le fait brutal, est que mon pendule m'avait trompé en m'indiquant la mort d'un sujet qui était encore vivant.

« Devant ce désaccord entre l'indication pendulaire et la réalité des faits, je m'étais permis une hypothèse : quel peut être l'état mental d'un condamné à mort, et qu'on a réintégré dans sa cellule en le prévenant charitablement qu'on remettait la suite au surlendemain ?

« Comment vit alors un tel individu et comment réagit-il devant ce supplice supplémentaire ? On peut imaginer qu'il devienne fou, on peut imaginer qu'il se croit mort...

« Or, ce que j'ai lu me permet de croire que le pendule a enregistré l'état d'âme du sujet dont j'avais la photographie.

« En effet, un assistant, un écrivain Américain qui a publié ses impressions dans l' « Evening Standard » écrit :

« J'ai constaté qu'Hauptmann, le jour de son exécution, définitive cette fois, était dans une sorte de torpeur quand il parut sur le seuil de la chambre de la mort. Il était blême mais ne paraissait pas effrayé.

« Ses yeux profondément enfoncés dans leurs orbites brillèrent au moment où il prit place dans la chaise électrique. Mais ses membres ne tremblaient pas. Ses mains elles-mêmes étaient immobiles quand les gardiens les fixèrent aux bras du fauteuil.

« Hauptmann ne laissa pas un mot pour sa femme, pas un mot pour son fils.

« L'écrivain Américain eut la sensation que les sens d'Hauptmann étaient paralysés et qu'il s'était dirigé d'instinct vers la chaise. »

*
* *

Voici la brève conclusion que nous avons adressée à notre élève :

Le souffle vital d'Hauptmann avait quitté la matière du jour où, pour la première fois, on devait l'électrocuter.

On a tué une matière sans âme, car cette dernière irritée par les procédés inhumains des hommes, n'avait pas attendu les formalités de la mise à mort pour s'échapper vers des plans plus cléments.

* * *

Nous avons nous-même fait des observations analogues, non pas sur des condamnés à mort, mais sur des mourants et des décédés de notre voisinage.

Parfois, la matière est encore là que nous constatons l'absence de l'esprit.

D'autres fois, et c'est beaucoup plus fréquent, la matière est retournée à la terre que l'esprit reste encore plusieurs jours, même plusieurs semaines dans la chambre du défunt.

* * *

L'hypothèse que l'on peut admettre est qu'aux approches de l'agonie l'âme de l'homme évolué se détache rapidement du corps-matière à peine refroidi et s'envole vers le plan spirituel qu'elle s'est préparé.

Il est à présumer qu'il en est tout autrement de l'âme de l'homme ordinaire, celle-ci comme alourdie dans sa torpeur reste attachée au cadavre qu'elle ne quitte souvent qu'à regret et plusieurs jours après la mort.

IL NE FAUT PAS PLEURER SES MORTS

Sans savoir comment se comporte l'âme avant ou après la mort de la matière, malgré la douleur que l'on éprouve de voir un des siens malade ou décédé, ce n'est pas au moment du départ solennel qu'il faut se lamenter, se plaindre avec amertume, discuter intérêt, aller contre les dernières volontés du mort, tenter de se mettre en rapport avec le désincarné, de l'évoquer dans le but d'obtenir la connaissance de l'avenir ou de l'appeler à son secours.

*
* *

Ces procédés sont injurieux pour le « *De Cujus* » ou le moribond. Il se crée un état pathologique de l'âme, un état d'irritation pouvant l'empêcher de s'élever.

*
* *

L'âme reste attachée à ces sentiments matériels, elle se révolte et sa colère peut parfois se retourner contre ceux qui ont recours aux moyens précités.

*
* *

On croit généralement que de se laisser aller à l'affliction, à l'explosion des larmes sont des gestes qui soulagent. C'est une grave erreur. On contrarie, on gêne le défunt dans son orientation, laquelle ne réclame des survivants qu'un peu de douceur d'âme.

L'abandon désordonné aux douleurs extrêmes est proscrit au moment de la grande séparation.

A nous plaindre, à nous apitoyer nous augmentons les souffrances du disparu.

*
* *

S'il faut pleurer ce n'est certes pas le mort, mais plutôt les pauvres humains égarés qui, de bonne foi, songent que, dans l'homme, tout revient à l'humus et que tout est fini après la vie terrestre.

*
* *

Pleurons les égoïstes, les nécrophages ne pensant qu'à eux-mêmes, à leurs intérêts lésés qui s'abandonnent aux crises de larmes dans la chambre du mort, ou, suivant l'exemple des pleureuses à gage font semblant d'avoir de la peine.

Ces crises sincères ou affectées font souffrir le trépassé.

En effet, le seul geste qui puisse ternir la félicité d'un mort est la douleur à laquelle s'abandonnent nonchalamment les vivants.

*
* *

Notre premier devoir envers le mort est d'être plein de mansuétude à son égard en le laissant partir dans le calme de nous-même avec une parfaite confiance dans la continuité de la vie spirituelle.

Vénérons-le de notre impérissable souvenir en l'aimantant de notre sincère sympathie et non de larmes et de désespoir.

*
* *

Il ne faut pas pleurer ses morts, il faut au contraire les accompagner de notre bénignité, de notre tendresse stoïque et de notre indulgence si nous désirons rester ou devenir dignes d'eux.

Si la séparation des êtres chers laisse toujours un vide tragique pour les matérialistes, elle est une forme de courage pour ceux qui savent subir l'attraction zénithale.

Voilà comment nous devons dire adieu à celui qui nous devance dans le Grand voyage.

CE QUI PLAIT AUX DÉFUNTS

Qu'il s'agisse d'un croyant ou d'un athée, on doit être assez fort pour ne pas pleurer et pour prier.

Les prières sont efficaces, les derniers sacrements de l'église du choix du mort, la pénitence, l'eucharistie, l'extrême-onction pour un catholique, ou tout rite relatif à une autre foi, servent à apaiser les tourments de la séparation entre le corps et l'âme pendant le processus de la mort et même après celle-ci.

— 486 —

Si des assistants ne comprennent rien au cérémonial de la religion du mort, qu'ils se tiennent passivement respectueux et condescendants, s'ils désirent à leur façon influencer favorablement l'âme de celui pour qui ils font une ultime démarche.

Avant de laisser partir le corps et afin de créer autour de lui une ambiance favorable on baissera les stores, on fermera les volets. Car la lumière solaire ou simplement du jour, voire de la nuit lorsque le ciel est clair, que la Lune rayonne, désagrègent le corps éthérique.

On ornera la chambre mortuaire de fleurs coupées dont la vitalité sera recherchée et absorbée par le corps éthérique.

Mais ce travail doit être exécuté par des personnes étrangères à la famille, car les parents qui sont déjà dans la détresse, dans un grand état de faiblesse sont très vulnérables et deviennent facilement la proie inconsciente du vampirisme du corps éthérique.

Il est démontré que ce dernier a besoin de prendre de la vitalité et tire cette force de ceux qui approchent le corps-matière.

On connait d'ailleurs la sensation de dévitalisation éprouvée dans une chambre mortuaire.

On veillera à ne pas brûler d'encens dans la chambre du mort avant son départ. Ce geste a pour conséquence de favoriser la matérialisation prolongée de l'esprit ainsi que l'absorption des radiations des personnes présentes au profit de l'éthérique qui tarde ainsi à prendre sa direction.

A signaler à ce sujet que dans beaucoup d'endroits en *France* on a l'habitude de rassembler les parents du défunt dans la maison d'un voisin.

Cela n'a d'autre raison intuitive que de soustraire les vivants à l'influence absorbante du défunt.

Dans certaines de nos régions, après la cérémonie mortuaire, on convie les membres de la famille à un repas qui sans être frugal ou copieux n'en est pas moins un repas de famille.

Lorsque tout le monde est à table les langues se délient, les larmes ont séché, la tristesse s'est effacée des visages les plus meurtris par la douleur ; chacun parle de son enfance, de sa jeunesse, de son adolescence, de ses fiançailles, de son mariage, des lieux où il a vécu, des faits marquants de sa vie. Les pensées, les souvenirs sont évoqués dans une atmosphère de douce détente tendant à la joie. Il se crée alors, en toute simplicité, une bonne et franche gaieté.

Voilà ce qui convient, voilà ce qui plaît à l'âme de celui que l'on vient de quitter.

INCINÉRATION

En ce qui concerne l'incinération elle n'est admise que pour les initiés et les âmes avancées qui, de leur vivant, avaient pris l'habitude d'accéder aux plans supérieurs. Mais il y a un certain danger lorsque l'incinération est faite dans l'ignorance de cette initiation. Car elle peut provoquer une désintégration prématurée de l'âme notamment dans le cas d'une mort violente ou subite.

Enfin, comme dernier conseil et pour nous résumer, ne pensons pas avec trop de tristesse au disparu. Ne l'accablons pas de nos larmes, de notre anxiété de savoir si nous le retrouverons dans un autre monde.

Si nous l'avons mérité rien ne peut hâter ni retarder ce jour.

Le lien établi sur la Terre ne sera pas changé.

Dans la vie de l'au-delà, ceux qui ne s'aiment pas se fuient, ceux-là seuls qui se comprennent se retrouvent.

CONSCIENCE ET INCONSCIENCE

Nos pensées ne sont pas toutes conscientes et nos actes conscients sont moins graves que nos actes inconscients.

Nos actes conscients font partie de notre conscience intellectuelle.

Nos actes inconscients font partie de notre connaissance **spirituelle.**

De sorte que l'on peut dire que celui qui fait le mal en le sachant, en le voulant est plus avancé que celui qui fait le mal sans s'en rendre compte.

Le mal fait consciemment suppose qu'il peut cesser, le mal peut alors avoir une fin.

*
* *

Il n'en est pas de même pour celui qui fait le mal inconsciemment, ne se rendant pas compte de sa mauvaise action, il ne peut s'amender puisqu'il n'a pas conscience que son acte soit mauvais.

Or, au moment de la mort, l'âme n'exprime que son essence même, une fois séparée de la matière, **il est alors trop tard pour le fauteur inconscient.**

*
* *

C'est à ce moment que les dernières pensées dirigent l'esprit vers l'élévation ou la chute.

Ce que nous semons sur terre est récolté dans les vies futures du Cosmos universel.

DES DERNIÈRES VOLONTÉS

Il n'est pas inutile de dire un mot sur les dernières volontés.

Celles-ci sont à respecter, car agir à l'encontre est un affront, une injustice déplorable à la mémoire de celui qui les a formulées même si elles sont contraires à la bienséance.

*
* *

Les fleurs dans la chambre mortuaire n'ont rien de contraire à la dernière volonté du défunt s'il a exprimé « ni fleurs, ni couronnes ». Mais il en est autrement pour l'église et le cimetière. Car, si sa dernière volonté a été de ne recevoir aucune fleur cela fait présumer que le défunt est désolidarisé d'avec la société des vivants pour séjourner sous forme d'élémental non réincarné, ce qui n'est pas toujours l'indice d'une vie heureuse immédiate dans l'au-delà, ni d'une vie terrestre exempte de reproches.

Ce qui tendrait à prouver que l'ultime pensée est bien souvent dictée par la vie future, quand elle n'est pas la synthèse de la vie passée.

*
* *

Il est des dernières volontés qui peuvent sembler étranges :

Exemple : cet Anglais qui a demandé qu'à chaque anniversaire de sa mort dix jeunes filles vinssent danser sur sa tombe.

Hystérie, dira-t-on ?

Volonté consciente de restitution des anciennes pensées, dirons-nous.

En effet, il apparaît que nous ayons là le cas d'un homme qui, toute sa vie, et par habitude subliminale, a entretenu sa pensée dans le sens unique des fonctions procréatrices, sans avoir pu obtenir les satisfactions convoitées.

Jusqu'à son dernier souffle, ses pensées se sont accumulées pour dicter sa dernière volonté que d'aucuns qualifieront d'hystérie morbide.

L'éthérique accompagné de la mémoire du vécu devait, comme un vampire inconscient transcendant, se nourrir dans le sens indiqué par la dernière volonté, image textuelle du passé conscient.

Cet autre, ayant manifesté le désir d'être immergé après sa mort.

Celui-ci a demandé la noyade « post mortem » pour échapper, sans doute, à une vie trop pénible dans l'autre monde et pour adoucir la rémanence d'une vie terrestre trop enflammée devant se renouveler suivant les états de conscience de son vivant.

∗
∗ ∗

Les sensations, les idées vives dont s'imprègne le corps-matière y restent sous forme de vestiges — de traces dirait MALEBRANCHE —. Ces traces ou ces vestiges, qui s'attachent ensuite à l'âme, sont destinés à perpétuer les souvenirs du vécu. Ces souvenirs peuvent être bons, mais ils ont leur mauvais côté, ce qui fait qu'ils peuvent devenir mauvais par la corruption du passé ou devenir bons suivant les tendances nobles des passions.

LE CULTE DU SOUVENIR

Le culte du souvenir des morts a généralement une très grande importance pour les vivants autant que pour les défunts.

Pour les premiers, le fait d'aller, au moins une fois l'an se livrer à des pensées pieuses sur la tombe de ceux qui ne sont plus est un moyen très efficace de renforcement qu'ils ne doivent pas négliger. Car les restes contenus dans la tombe sont toujours en relation fluidique avec le corps astral. Les vivants peuvent ainsi se recharger des radiations ancestrales de leur race, des sentiments de leurs morts, par un lien établi entre deux mondes.

∗
∗ ∗

Le phénomène est identique à celui d'aller de temps en temps dans sa maison natale, ou à défaut, dans son pays natal pour reprendre contact avec les radiations familiales.

* *

C'est, sans doute aussi, par un phénomène analogue que l'on voit des émigrés emporter avec eux un morceau de terre du pays qui les a vu naître. Ce morceau de terre est toujours lui aussi en communication avec l'endroit où il a été prélevé.

* *

Autant de traditions respectées instinctivement, mais que l'on ne s'explique pas toujours, ou que l'on néglige d'expliquer.

* *

Honorons et vénérons nos morts de nos pensées sympathiques, affectueuses et ferventes.

L'erreur est de ne pas attacher suffisamment d'importance au culte du souvenir si nous ne désirons pas tomber nous-même dans l'oubli de ceux qui nous survivront et si nous voulons préparer notre renaissance dans l'au-delà.

* *

Afin d'illustrer notre exposé, nous vous donnons la

photographie de deux molosses se recueillant sur la tombe de leur père (Fig. 10).

On remarquera l'attitude respectueuse et la fixité du regard de ces deux chiens dont l'expression significative de tristesse et d'affliction semble démontrer que les radiations paternelles sont toujours capables de retenir leur esprit chien. Pourtant, ils n'ont perdu leur temps dans aucune école. Mais une force circule en eux, plus forte que la science de beaucoup d'entre nous, et cette force, comme l'écrivait Papus, c'est l'intelligence de la Nature que le profane appelle : Instinct.

A l'exemple de ces braves bêtes sachons nous recueillir de temps en temps sur la tombe de nos ancêtres.

*
* *

Trop de spirites ont une tendance fixée à évoquer les esprits des morts, en vue d'obtenir des communications avec les défunts, par le truchement des tables tournantes.

Cette tendance s'émousse fortement et il ne leur apparaît plus que des esprits incertains et errants, agents d'outre-tombe les mieux disposés à servir d'intermédiaires serviles aux spirites et qui guettent ces derniers comme une proie facile.

Concluons en disant que rappeler les morts sur terre par évocation c'est les condamner à mourir une seconde fois en s'exposant à se faire dévorer par eux.

Après la mort, l'âme appartient à Dieu et malheur à celui qui l'ignore.

*
* *

Fig. 10.

Tout individu, qui comprend quelque peu ces lois spirituelles, évitera d'évoquer un disparu par crainte de lui porter un préjudice certain ; par crainte aussi de s'exposer à de graves inconvénients.

Les esprits font partie d'un monde et survivent selon des lois faites pour eux et dont nous ne sommes pas juges.

Ces lois les entourent, les emportent pour les soustraire à l'action sacrilège des vivants.

FIN DE LA QUATRIÈME PARTIE

N. B. — Nous regrettons de ne pas donner la référence de la fig. 10. C'est par hasard qu'elle nous est tombée sous la main, dépourvue de son origine.

CONCLUSION

Arrivé au terme de notre Tome II « *Secrets des Couleurs* » nous sommes dans l'obligation de reconnaître qu'en raison de l'abondance des chapitres, nous avons négligé un certain nombre de rubriques annoncées dans notre Tome I. Nous nous en excusons et envisageons un Tome III.

Les nombreuses observations que comporte le présent ouvrage sont amplement suffisantes pour en faire un volume que l'on conservera soigneusement. Ne serait-ce qu'au titre des minerais, des pierres, des fleurs et des parfums il trouverait déjà sa place dans chaque foyer. Et, si on y ajoute les études relatives aux forces naturelles et surnaturelles, on a là tout un champ immensément vaste dans lequel chacun, avec un peu de bonne volonté, pourra trouver l'explication de ses souffrances ou de ses joies, de son agitation ou de son calme, de son anxiété ou de sa confiance, de la santé de son corps physique, de la tourmente de son corps-désirs et la tranquillité de son corps-esprit.

Intercalaire de pagination
Ces pages assurent le nombre et la chronologie
de la pagination pour correspondre à la
table des matières du livre imprimé d'origine.

TABLE DES MATIÈRES

                                                         Pages

INTRODUCTION 7

PREMIÈRE PARTIE

Chapitre Premier
Chromo-diagnostic.

Diagnostic par les Couleurs	12
Accord de Résonance	14
Maladies Positives et Négatives	17
Un exemple de Chromo-diagnostic	20
Technique du Chromo-diagnostic	21
Sens des Interprétations	23

Chapitre II
Diagnostic des Sexes. (*Etats conceptionnels*)

Diagnostic Prénatal	33
Prospection en Antenne	35
Fille ou Garçon	36
Prospection Directe	37
Diverses Grossesses	38
Vrais et Faux Jumeaux	39
Prospection sur Photographie	41
Procédé des Couleurs	44
Causes d'Erreurs	48

QUATRIÈME PARTIE

Chapitre XI
Envoûtements, Désenvoûtements, Transferts, Idéoplastie.

	Pages
Envoûtements	415
Différents Esprits	418
Philtres	423
Moyens de Défense	425
Végétaux	431
Animaux	434
Comment se faire Désenvoûter	436
L'Epée	437
Exorcismes	438
Divers Cas d'Envoûtement	441
Transferts	448
Idéoplastie	455

Chapitre XII
Les Vies Successives.

La Vie, la Mort	460
L'Etre Humain	462
Qu'est-ce que la Mort ?	463
Les Matérialistes	463
Les Spiritualistes	468
Théosophie, Théologie	470
Mystère de l'Ame Immortelle	473
Mystère de l'Esprit et du Corps Astral	475
Prospection sur les Morts	476
Le Cas d'un Condamné à Mort	480
Il ne Faut pas Pleurer ses Morts	483
Ce qui Plaît aux Défunts	485
Incinération	488
Conscience et Inconscience	488
Dernières Volontés	490
Culte du Souvenir	492
Conclusion	496
Table des Matières	497

IMPRIMERIE SAINT-DENIS. — NIORT

Chapitre III

Diagnostic des Sexes. (*Etats Préconceptionnels*)

	Pages
En forme de Préambule	53
Force électro-motrice d'induction	55
Flux Inducteurs	58
Rayonnement des Corps	62
Ambiances Déterminantes	63
Déterminisme des Sexes	70
Conception Dirigée	74
Stérilité	81
Acidité, Alcalinité	90

Chapitre IV

Glandes et Couleurs.

Diverses Glandes	94
La Pinéale	97
Hypophyse	98
Thyroïde	98
Thymus, Rate	100
Surrénales	102

Chapitre V

Parfums, Hygiène et Microbes.

Les Parfums à Travers les Siècles	104
Adversaires et Partisans des Parfums	112
Les Odeurs Antipathiques et Sympathiques	113
Classification des Odeurs	114
Comment se Propagent les Parfums	115
Action physiologique des Parfums	117
Hygiène par les Parfums	117
Parfums et Mois de Naissance	124
Couleurs et Microbes	128

Chapitre VI

Plantes, Fleurs et Couleurs.

	Pages
Notes de l'Auteur	133
La Chlorophylle	134
Pourquoi l'herbe est Verte	135
Les Plantes	**137**
Un cas d'Amaigrissement	154
Plantes d'Accompagnement	157
Microdoses et Macrodoses	159
Topographie des Plantes	162
Attributions des Plantes	164
Plantes Emblématiques et Symboliques	168
Les Fleurs	169
Action des Fleurs	**174**
Signification de la Couleur des Fleurs	182

DEUXIÈME PARTIE

Chapitre VII

Pierres Précieuses.

    Pages

Géologie Générale	188
Oxydes non Métallifères	192
Pierres Fines et Précieuses	193
Pierres Inorganiques	199
Pierres Restrictives	218
Pierres à Diverses Influences	221
Pierres Organiques	223
Bijoux Divers	228

Chapitre VIII

Minerais et Métaux.

Règne Minéral	233
Classification des Minerais	234
Les Métaux, les Métalloïdes	235
Eaux Minérales	236
Correspondances Colorées	236
Minerais Minéralisateurs	237
Vie des Minerais et Métaux	237
Ionisation, Ions	240
Anode, Cathode	241
Actions des Métaux	242
Métallodynamie	247
Métallothérapie, Ionothérapie	249
Actions à Distance	253
Quelques Exemples	255
Description des Métaux	258

TROISIÈME PARTIE

Chapitre IX
Figures Géométriques.

	Pages
Talismans, Signes et Figures	280
Figures Géométriques	284
Hiéroglyphes	286
Chevaliers du Temple	288
Franc-maçonnerie	288
Templiers et Franc-maçons	290
Symbolisme des Figures	297
Pakoua	306
Explications des Pantacles	342
Note sur les Pantacles	344

Chapitre X
Lecture dans le Passé, le Présent et le Futur.

Métagnomie	347
Métagnome	352
Dons Spéciaux	353
Comment Lire dans l'Inconnu	355
Procédés Mécaniques	359
Hypnographe	363
Comment Dessiner l'Hypnographe	364
Comment se servir de l'Hypnographe	366
Télépathie	373
Métagnomie Tactile	377
— Perceptive	381
— Prophétique	386
— Rétrospective	391
Les Pensées s'incrustent dans la Matière	393
Astral des Choses	397
Fantômes	401
En Forme de Conclusion	409

Ebook Esotérique réédite,
sous forme de livres électroniques
ou Ebooks, des livres ésotériques et
d'occultisme qui sont devenus rares ou
épuisés.

Visitez Ebook Esotérique

www.ebookesoterique.com

Inscrivez-vous pour recevoir
notre Bulletin-Info.
Vous serez informé des
nouvelles parutions et promotions.

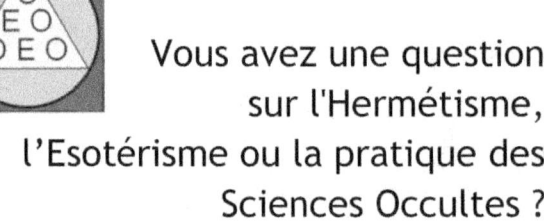 Vous avez une question sur l'Hermétisme, l'Esotérisme ou la pratique des Sciences Occultes ?

L'*Encyclopédie Ésotérique vous apportera des réponses et des mises au point précieuses.
Cliquez* www.ceodeo.com

L'*Encyclopédie Ésotérique* ainsi que les articles, dossiers, cours et essais que vous trouverez sur notre site s'adressent tant aux profanes qu'aux spécialistes.

Collège Ésotérique et Occultiste *d'Europe et d'Orient*
(CEODEO) www.ceodeo.com

www.ingramcontent.com/pod-product-compliance
Lightning Source LLC
Chambersburg PA
CBHW080417230426
43662CB00015B/2134